IBK기업은행

직업기초+직무수행

IBK기업은행
직업기초 + 직무수행

개정 4판 발행	2024년 09월 25일
개정 5판 발행	2025년 03월 21일

편 저 자 | 취업적성연구소

발 행 처 | ㈜서원각

등록번호 | 1999-1A-107호

주　　소 | 경기도 고양시 일산서구 덕산로 88-45(가좌동)

교재주문 | 031-923-2051

팩　　스 | 031-923-3815

교재문의 | 카카오톡 플러스 친구[서원각]

홈페이지 | goseowon.com

우리나라 기업들은 1960년대 이후 현재까지 비약적인 발전을 이루었다. 이렇게 급속한 성장을 이룰 수 있었던 배경에는 우리나라 국민들의 근면성 및 도전정신이 있었다. 그러나 빠르게 변화하는 세계 경제의 환경에 적응하기 위해서는 근면성과 도전정신 이외에 또 다른 성장 요인이 필요하다.

IBK기업은행에서도 업무에 필요한 역량 및 책임감과 적응력 등을 구비한 인재를 선발하기 위하여 고유의 필기시험을 치르고 있다. 본서는 IBK기업은행 채용대비를 위한 교재로 IBK기업은행 필기시험의 출제경향을 분석하여 응시자들이 보다 쉽게 시험유형을 파악하고 효율적으로 대비할 수 있도록 구성하였다.

- IBK기업은행 필기시험 직업기초(NCS) 출제분석과 자주 출제되는 유형을 정리하여 한눈에 볼 수 있도록 정리하여 수록하였습니다.
- IBK기업은행 필기시험 직무수행에 경제·경영 관련 직무상식과 시사 관련한 용어를 정리하여 수록하였습니다.
- 면접을 준비하는 방법, 면접에해 해야하는 기본 지식을 정리하여 수록하였습니다.
- 면접기출 질문을 복원하여 수록하였습니다. 또한 직접 면접 질문에 답변을 해보고 예상답변을 확인해볼 수 있도록 하였습니다.

자신이 노력했던 땀과 열정을 결과로 보상받기 위해서는 끝까지 노력하여야만 합니다. 마지막까지 자신을 믿고, 노력하는 수험생 여러분을 위해 힘이 되는 교재가 되길 바랍니다.

STRUCTURE

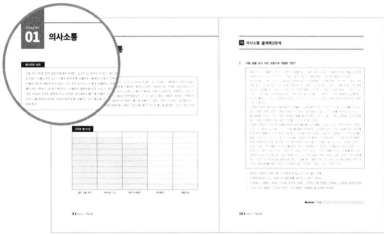

직무수행(NCS)

의사소통, 문제해결, 자원관리, 조직이해, 수리, 정보를 과목별로 분류하였습니다. 또한 과목별로 시험 출제경향을 분석하였으며 빈번하게 출제되는 유형을 그래프로 보기 좋게 정리하였습니다. 과목별로 기출문제를 복원하여 수록하고 출제가 예상되는 문제를 통해 실력향상에 도움이 되도록 하였습니다.

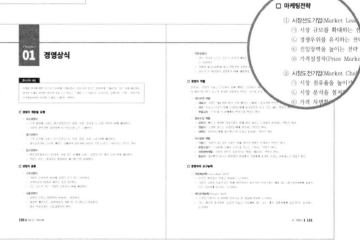

직무상식

경제 관련 직무상식, 경영 관련 직무상식, 시사 관련 문제를 정리하였으며 최근 이슈가 되고 있는 금융상식도 정리하였습니다. 또한 과목별로 출제경향을 정리하여 시험에 어떻게 나오는지를 알 수 있도록 하였습니다.

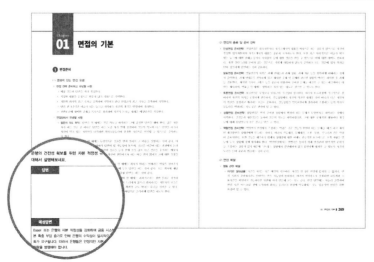

면접

필기시험이 끝나고 최종 마무리인 면접까지 잘 마무리할 수 있도록 빈번하게 출제되는 면접질문을 복원하여 수록하였습니다. 또한 면접을 준비하는 방법도 간략히 정리하여 쉽게 파악할 수 있도록 하였습니다.

CONTENTS

PART

01

직업기초

출제경향 예측

금융 또는 보험 관련 상품설명서나 안내문, 공고문 등 난이도가 있는 지문 및 자료를 제시하고 글의 흐름이나 유추하는 독해능력을 묻는 문제가 빈번하게 출제된다. 제시된 문장이 들어가야 하는 위치는 어디인가와 같은 문제나 지문의 내용을 보고 옳고 그른 것을 고르라는 문제가 출제된다. 또한 모듈형보다는 피셋형으로 자주 출제가 되는 편이다. 하지만 헷갈리는 문제보다 명확하게 답을 고를 수 있는 문제가 출제되는 편이다. 은행과 관련된 시사나 지식을 명확히 알고 있다면 지문내용을 빠르게 이해할 수 있다. 글의 흐름 파악, 지문내용 유추, 목적/주제 파악과 관련한 유형이 빈번하게 출제되고 있기 때문에 긴 지문을 빠르게 해석하는 연습을 하는 것이 필요하다.

유형별 출제빈도

글의 흐름 파악	지문내용 유추	목적/주제파악	문장배열	어법/어순

다음은 워킹홀리데이 공고 중 일부이다. 잘못 이해한 것은?

- 모집 인원 : 3,000명(선착순)
- 신청 기간 : 2025.05.30.(금) 한국 시간 오후 6시까지
- 신청 방법 : A국가 이민성 홈페이지를 통한 온라인 접수만 가능
- 자격 요건
- 만 18세 ~ 30세(비자신청 기준)
- 워킹홀리데이 비자를 받은 적 없는 자
- 체류 주요목적이 관광(holiday)인 자(근로 또는 학습은 부차적)
- 체류기간 동안 최소 생활비와 왕복 항공권 비용을 충당할 재정적 능력이 있는 자
- 구비서류 : 출입국사실증명서, 신분증, 해외 사용이 가능한 신용카드, 기준에 상당하는 은행 잔고 증명서
- 주요 특징
- 어학연수 : 최대 6개월
- 취업조건 : 최대 12개월
- 기타 사항
- 신청 시 구비 서류는 최근 6개월 이내 서류로 함
- 평생 1회에 한해 발급
- 입국 유효 기간은 비자 발급 후 1년 이내이며, 체류 기간은 입국일로부터 12개월로 함
- 신체검사는 필수이며 정해진 병원에서 검사 후 뉴질랜드 이민성으로 송부함(온라인 신청 후 40일 이내로 신체검사 결과가 도착해야 하므로 비자 신청 직후 신체검사 요망)

---

① 우편 및 방문 접수는 불가하며 인터넷 접수만 가능하다.
② 신청은 2025년 5월 30일 한국 시간으로 오후 6시까지 가능하다.
③ 비자신청 기준으로 만 18세에서 30세이고 체류하는 주요 목적은 근로 또는 학습이어야 한다.
④ 은행 잔고가 기준에 미달한다면 워킹홀리데이 비자 선정에 제한될 수 있다.

---

③ 워킹홀리데이의 체류 주요 목적은 관광이어야 하며, 근로 또는 학습은 부차적 목적이어야 한다.
① 신청 방법에서 온라인 접수만 가능하다 명시되어있다.
② 신청 기간에서 확인이 가능하다.
④ 체류기간 동안 생활비나 항공권 등을 구입할 수 있는 재정적 능력이 있는 자가 자격 요건이다.

답 ③

1 다음 글을 읽고 보인 반응으로 적절한 것은?

이어폰으로 스테레오 음악을 들으면 두 귀에 약간 차이가 나는 소리가 들어와서 자기 앞에 공연장이 펼쳐진 것 같은 공간감을 느낄 수 있다. 이러한 효과는 어떤 원리가 적용되어 나타난 것일까?

사람의 귀는 주파수 분포를 감지하여 음원의 종류를 알아내지만, 음원의 위치를 알아낼 수 있는 직접적인 정보는 감지하지 못한다. 하지만 사람의 청각 체계는 두 귀 사이 그리고 각 귀와 머리 측면 사이의 상호 작용에 의한 단서들을 이용하여 음원의 위치를 알아낼 수 있다. 음원의 위치는 소리가 오는 수평·수직 방향과 음원까지의 거리를 이용하여 지각하는데, 그 정확도는 음원의 위치와 종류에 따라 다르며 개인차도 크다. 음원까지의 거리는 목소리 같은 익숙한 소리의 크기와 거리의 상관관계를 이용하여 추정한다.

음원이 청자의 정면 정중앙에 있다면 음원에서 두 귀까지의 거리가 같으므로 소리가 두 귀에 도착하는 시간 차이는 없다. 반면 음원이 청자의 오른쪽으로 치우치면 소리는 오른쪽 귀에 먼저 도착하므로, 두 귀 사이에 도착하는 시간 차이가 생긴다. 이때 치우친 정도가 클수록 시간 차이도 커진다. 도착순서와 시간 차이는 음원의 수평 방향을 알아내는 중요한 단서가 된다.

음원이 청자의 오른쪽 귀 높이에 있다면 머리 때문에 왼쪽 귀에는 소리가 작게 들린다. 이러한 현상을 '소리 그늘'이라고 하는데, 주로 고주파 대역에서 일어난다. 고주파의 경우 소리가 진행하다가 머리에 막혀 왼쪽 귀에 잘 도달하지 않는데 비해, 저주파의 경우 머리를 넘어 왼쪽 귀까지 잘 도달하기 때문이다. 소리 그늘 효과는 주파수가 1,000Hz 이상인 고음에서는 잘 나타나지만, 그 이하의 저음에서는 거의 나타나지 않는다. 이 현상은 고주파 음원의 수평 방향을 알아내는 데 특히 중요한 단서가 된다.

한편, 소리는 귓구멍에 도달하기 전에 머리 측면과 귓바퀴의 굴곡의 상호 작용에 의해 여러 방향으로 반사되고, 반사된 소리들은 서로 간섭을 일으킨다. 같은 소리라도 소리가 귀에 도달하는 방향에 따라 상호작용의 효과가 달라지는데, 수평 방향뿐만 아니라 수직 방향의 차이도 영향을 준다. 이러한 상호작용에 의해 주파수 분포의 변형이 생기는데, 이는 간섭에 의해 어떤 주파수의 소리는 작아지고 어떤 주파수의 소리는 커지기 때문이다. 이 또한 음원의 방향을 알아낼 수 있는 중요한 단서가 된다.

① 사람은 음원을 들었을 때 그 음원의 위치를 알 수가 없는 거네.
② 음원의 위치는 모든 사람들이 정확하게 지각할 수 있는 거구나.
③ 음원이 두 귀에 도착하는 순서와 시간의 차이는 음원의 수평 방향을 알아내는 중요한 단서인거네.
④ '소리 그늘' 현상은 고주파 음원의 수직 방향을 알아내는데 중요한 단서야.

Answer 1.③

2 다음은 甲금융 공사의 경제동향 보고서이다. 이를 평가한 것으로 글의 내용과 부합하지 않는 것은?

연방준비제도(이하 연준)가 고용 증대에 주안점을 둔 정책을 입안한다 해도 정책이 분배에 미치는 영향을 고려하지 않는다면, 그 정책은 거품과 불평등만 부풀릴 것이다. 기술 산업의 거품 붕괴로 인한 경기 침체에 대응하여 2000년대 초에 연준이 시행한 저금리 정책이 이를 잘 보여준다.

특정한 상황에서는 금리 변동이 투자와 소비의 변화를 통해 경기와 고용에 영향을 줄 수 있다. 하지만 다른 수단이 훨씬 더 효과적인 상황도 많다. 가령 부동산 거품에 대한 대응책으로는 금리 인상보다 주택담보대출에 대한 규제가 더 합리적이다. 생산적 투자를 위축시키지 않으면서 부동산 거품을 가라앉힐 수 있기 때문이다.

경기 침체기라 하더라도 금리 인하는 은행의 비용을 줄여주는 것 말고는 경기 회복에 별다른 도움이 되지 않을 수 있다. 대부분의 부분에서 설비 가동률이 낮은 상황이라면, 2000년대 초가 바로 그런 상황이었기 때문에, 당시의 저금리 정책은 생산적인 투자 증가 대신에 주택 시장의 거품만 초래한 것이다.

금리 인하는 국공채에 투자했던 퇴직자들의 소득을 감소시켰다. 노년층에서 정부로, 정부에서 금융업으로 부의 대규모 이동이 이루어져 불평등이 심화되었다. 이에 따라 금리 인하는 다양한 경로로 소비를 위축시켰다. 은퇴 후의 소득을 확보하기 위해, 혹은 자녀의 학자금을 확보하기 위해 사람들은 저축을 늘렸다. 연준은 금리 인하가 주가 상승으로 이어질 것이므로 소비가 늘어날 것이라고 주장했다. 하지만 2000년대 초 연준의 금리 인하 이후 주가 상승에 따라 발생한 이득은 대체로 부유층에 집중되었으므로 대대적인 소비 증가로 이어지지 않았다.

2000년대 초 고용 증대를 기대하고 시행한 연준의 저금리 정책은 노동을 자본으로 대체하는 투자를 증대시켰다. 인위적인 저금리로 자본 비용이 낮아지자 이런 기회를 이용하려는 유인이 생겨났다. 노동력이 풍부한 상황인데도 노동을 절약하는 방향의 혁신이 강화되었고, 미숙련 노동자들의 실업률이 높은 상황인데도 가게들은 계산원을 해고하고 자동화 기계를 들여놓았다. 경기가 회복되더라도 실업률이 떨어지지 않는 구조가 만들어진 것이다.

① 갑 : 2000년대 초 연준의 금리 인하로 국공채에 투자한 퇴직자의 소득이 줄어들어 금융업에서 정부로 부가 이동하였다.

② 을 : 2000년대 초 연준은 고용 증대를 기대하고 금리를 인하했지만 결과적으로 고용 증대가 더 어려워지도록 만들었다.

③ 병 : 2000년대 초 기술 산업 거품의 붕괴로 인한 경기 침체기에 설비 가동률은 대부분 낮은 상태였다.

④ 정 : 2000년대 초 연준이 금리 인하 정책을 시행한 후 주택 가격과 주식 가격은 상승하였다.

> **해설** ① 갑은 2000년대 초 연준의 금리 인하로 국공채에 투자한 퇴직자의 소득이 줄어들어 금융업으로부터 정부로 부가 이동했다고 보고 있다. 그러나 네 번째 문단을 보면 금리 인하가 실시되면서 노년층에서 정부로, 정부에서 금융업으로 부의 대규모 이동이 이루어졌다. 즉 '금융업으로부터 정부로 부가 이동했다고 보는 것'은 제시문과 역행하는 것이다.
> ② 다섯 번째 문단에는 2000년대 초 연준의 저금리 정책은 고용 증대를 위해 시행되었다. 그리고 저금리로 자본 비용이 낮아지면 노동 절약을 위한 혁신이 강화되어 고용 증대는 이루어지지 않았음을 지적한다.
> ③ 첫 번째 문단에서는 저금리 정책이 시행되던 2000년대 초는 기술 산업의 거품 붕괴로 인해 경기 침체가 발생한 상황이 나타난다. 세 번째 문단 역시 2000년대 초에 설비 가동률이 낮았음을 언급하고 있다.
> ④ 세 번째 문단은 2000년대 초의 저금리 정책이 주택 시장의 거품을 초래했다고 설명한다. 또한 네 번째 문단에서는 연준의 금리 인하 이후 주가가 상승했음이 나타난다. 이를 통해 금리 인하 정책이 시행된 후 주택 가격과 주식 가격이 상승했음을 알 수 있다는 정의 주장을 확인할 수 있다.

3 아래에 제시된 네 개의 문장 (개)~(라)를 문맥에 맞는 순서대로 나열한 것은 어느 것인가?

> (개) 공산품을 제조 · 유통 · 사용 · 폐기하는 과정에서 생태계가 정화시킬 수 있는 정도 이상의 오염물이 배출되고 있기 때문에 다양한 형태의 생태계 파괴가 일어나고 있다.
> (내) 생태계 파괴는 곧 인간에게 영향을 미치므로 생태계의 건강관리에도 많은 주의를 기울여야 할 것이다.
> (대) 최근 '웰빙'이라는 말이 유행하면서 건강에 더 많은 신경을 쓰는 사람들이 늘어나고 있다.
> (라) 그러나 인간이 살고 있는 환경 자체의 건강에 대해서는 아직도 많은 관심을 쏟고 있지 않는 것 같다.

① (내) - (개) - (대) - (라)
② (개) - (내) - (라) - (대)
③ (내) - (개) - (라) - (대)
④ (대) - (라) - (개) - (내)

> **해설** (대)에서 웰빙에 대한 화두를 던지고 있으나, (라)에서 반전을 이루며 인간의 건강이 아닌 환경의 건강을 논하고자 하는 필자의 의도를 읽을 수 있다. 이에 따라 환경 파괴에 의한 생태계의 변화와 그러한 상태계의 변화가 곧 인간에게 영향을 미치게 된다는 논리를 펴고 있으므로 이어서 (개), (내)의 문장이 순서대로 위치하는 것이 가장 적절한 문맥의 흐름이 된다.

Answer 3.④

4 귀하는 甲회사의 직원으로 공문서 교육을 담당하게 되었다. 신입사원을 대상으로 아래의 규정을 교육한 후 적절한 평가를 한 사람은?

제00조(문서의 성립 및 효력발생)

① 문서는 결재권자가 해당 문서에 서명(전자이미지서명, 전자문자서명 및 행정 전자서명을 포함한다.)의 방식으로 결재함으로 성립한다.

② 문서는 수신자에게 도달(전자문서의 경우는 수신자가 지정한 전자적 시스템에 입력되는 것을 말한다.)됨으로써 효력이 발생한다.

③ 제2항에도 불구하고 공고문서는 그 문서에서 효력발생 시기를 구체적으로 밝히고 있지 않으면 그 고시 또는 공고가 있는 날부터 5일이 경과한 때에 효력이 발생한다.

제00조(문서 작성의 일반원칙)

① 문서는 어문규범에 맞게 한글로 작성하되, 뜻을 정확하게 전달하기 위하여 필요한 경우에는 괄호 안에 한자나 그 밖의 외국어를 함께 적을 수 있으며, 특별한 사유가 없으면 가로로 쓴다.

② 문서의 내용은 간결하고 명확하게 표현하고 일반화되지 않은 약어와 전문용어 등의 사용을 피하여 이해하기 쉽게 작성하여야 한다.

③ 문서에는 음성정보나 영상정보 등을 수록할 수 있고 연계된 바코드 등을 표기할 수 있다.

④ 문서에 쓰는 숫자는 특별한 사유가 없으면 아라비아 숫자를 쓴다.

⑤ 문서에 쓰는 날짜는 숫자를 표기하되, 연·월·일의 글자는 생략하고 그 자리에 온점(.)을 찍어 표기하며, 시·분은 24시각제에 따라 숫자로 표기하되, 시·분의 글자는 생략하고 그 사이에 쌍점(:)을 찍어 구분한다. 다만 특별한 사유가 있으면 다른 방법으로 표시할 수 있다.

---

① 박 사원 : 문서에 '2025년 7월 18일 오후 11시 30분'을 표기해야 할 때 특별한 사유가 없으면 '2025. 7. 18. 23:30'으로 표기한다.

② 채 사원 : 2025년 9월 5일 공고된 문서에 효력발생 시기가 구체적으로 명시되지 않은 경우 그 문서의 효력은 즉시 발생한다.

③ 한 사원 : 전자문서의 경우 해당 수신자가 지정한 전자적 시스템에 도달한 문서를 확인한 때부터 효력이 발생한다.

④ 현 사원 : 문서 작성 시 일반화되지 않은 약어와 전문 용어를 사용하여 작성하여야 한다.

① 문서 작성의 일반원칙 제5항에 의거하여 연·월·일의 글자는 생략하고 그 자리에 온점(.)을 찍어 표시한다. '2025년 7월 18일'은 '2025. 7. 18.'로 작성한다. 시·분은 24시간제에 따라 쌍점을 찍어 구분하므로 '오후 11시 30분'은 '23:30:'으로 표기해야 한다.
② 문서의 성립 및 효력발생 제3항에 의거하여 문서의 효력은 시기를 구체적으로 밝히고 있지 않으면 즉시 효력이 발생하는 것이 아니고 고시 또는 공고가 있는 날부터 5일이 경과한 때에 발생한다.
③ 문서의 성립 및 효력발생 제2항에 의거하여 전자문서의 경우 수신자가 확인하지 않더라도 지정한 전자적 시스템에 입력됨으로써 효력이 발생한다.
④ 문서 작성의 일반원칙 제2항에 의거하여 문서의 내용은 일반화되지 않은 약어와 전문 용어 등의 사용을 피하여야 한다.

5 다음 글의 내용으로 옳지 않은 것은?

> 걷기는 현대사회에서 새로운 웰빙 운동으로 각광받고 있다. 장소나 시간에 신경 쓸 필요 없이 언제 어디서든 쉽게 할 수 있기 때문이다. 하지만 사람들은 걷기가 너무 쉬운 운동인 탓에 걷기의 중요성을 망각하기 일쑤이다. A대형병원의 이 교수는 "걷기는 남녀노소 누구나 아무런 장비도 없이 언제 어디서든 쉽게 할 수 있는 가장 좋은 운동이다. 특히 걷기는 최근 연구에 따르면 전속력으로 빨리 달리며 운동하는 것보다 몸의 무리는 적게 주면서 더 많은 칼로리를 소모할 수 있는 운동"이라며 걷기 예찬을 하고 있다. 하지만 걷기도 나름대로의 규칙을 가지고 있다. 걸을 때 허리는 꼿꼿이 펴고, 팔은 앞뒤로 힘차게 움직이고 속도는 자신이 걸을 수 있는 최대한 빠른 속도여야 한다. 이런 규칙을 어기고 그냥 평소처럼 걷는다면 그건 단순한 산책일 뿐이다.

① 걷기는 남녀노소 누구나 쉽게 할 수 있는 운동이다.
② 사람들은 걷기가 너무 쉽다는 이유로 걷기의 중요성을 쉽게 생각한다.
③ 제대로 걸을 경우 걷기는 빨리 달리며 운동하는 것보다 더 많은 칼로리를 소모할 수 있다.
④ 걷기는 규칙에 상관없이 평소 그냥 걷는 대로 걸으면 저절로 운동이 된다.

④ 제시된 지문 중 밑에서 셋째 줄에 있는 '하지만 걷기도 나름대로의 규칙을 가지고 있다.'라는 내용을 통해 걷기에도 엄연히 규칙이 존재함을 알 수 있다.

6 다음은 개인정보 보호법과 관련한 사법 행위의 내용을 설명하는 글이다. 다음 글을 참고할 때, '공표' 조치에 대한 올바른 설명이 아닌 것은 어느 것인가?

개인정보 보호법 위반과 관련한 행정 처분의 종류에는 처분 강도에 따라 과태료, 과징금, 시정조치, 개선권고, 징계권고, 공표 등이 있다. 이 중, 공표는 행정 질서 위반이 심하여 공공에 경종을 울릴 필요가 있는 경우 명단을 공표하여 사회적 낙인을 찍히게 함으로써 경각심을 주는 제재 수단이다.

개인정보 보호법 위반행위가 은폐·조작, 과태료 1천만 원 이상, 유출 등 다음 7가지 공표 기준에 해당하는 경우, 위반행위자, 위반행위 내용, 행정 처분 내용 및 결과를 포함하여 개인정보 보호위원회의 심의·의결을 거쳐 공표한다.

〈7가지 공표기준〉
- 1회 과태료 부과 총 금액이 1천만 원 이상이거나 과징금 부과를 받은 경우
- 유출·침해사고의 피해자 수가 10만 명 이상인 경우
- 다른 위반행위를 은폐·조작하기 위하여 위반한 경우
- 유출·침해로 재산상 손실 등 2차 피해가 발생하였거나 불법적인 매매 또는 건강 정보 등 민감 정보의 침해로 사회적 비난이 높은 경우
- 위반행위 시점을 기준으로 위반 상태가 6개월 이상 지속된 경우
- 행정 처분 시점을 기준으로 최근 3년 내 과징금, 과태료 부과 또는 시정조치 명령을 2회 이상 받은 경우
- 위반행위 관련 검사 및 자료제출 요구 등을 거부·방해하거나 시정조치 명령을 이행하지 않음으로써 이에 대하여 과태료 부과를 받은 경우

공표절차는 과태료 및 과징금을 최종 처분할 때 ① 대상자에게 공표 사실을 사전 통보, ② 소명자료 또는 의견 수렴 후 개인정보보호위원회 송부, ③ 개인정보보호위원회 심의·의결, ④ 홈페이지 공표 순으로 진행된다.

공표는 행정안전부장관의 처분 권한이지만 개인정보보호위원회의 심의·의결을 거치게 함으로써 개인정보 보호법 위반자에 대한 행정청의 제재가 자의적이지 않고 공정하게 행사되도록 조절해 주는 장치를 마련하였다.

---

① 공표는 개인정보 보호법 위반에 대한 가장 무거운 행정 조치이다.
② 행정안전부 장관이 공표를 결정하면 반드시 최종 공표 조치가 취해져야 한다.
③ 공표 조치가 내려진 대상자는 공표와 더불어 반드시 1천만 원 이상의 과태료를 납부하여야 한다.
④ 공표 조치를 받는 대상자는 사전에 이를 통보받게 된다.

Answer 6.③

③ 1천만 원 이상의 과태료가 내려지게 되면 공표 조치의 대상이 되나, 모든 공표 조치 대상자들이 과태료를 1천만 원 이상 납부해야 하는 것은 아니다. 예컨대, 최근 3년 내 시정조치 명령을 2회 이상 받은 경우에도 공표 대상에 해당되므로, 과태료 금액에 의한 공표 대상자 자동 포함 이외에도 공표 대상에 포함될 경우가 있게 되어 반드시 1천만 원 이상의 과태료가 공표 대상자에게 부과된다고 볼 수는 없다.

① 행정 처분의 종류를 처분 강도에 따라 구분하였으며, 이에 따라 가장 무거운 조치가 공표인 것으로 판단할 수 있다.

② 제시글의 마지막 부분에서 언급하였듯이 개인정보보호위원회 심의·의결을 거쳐야 하므로 행정안전부 장관의 결정이 최종적인 것이라고 단언할 수는 없다.

④ 과태료 또는 과징금 처분 시에 공표 사실을 대상자에게 사전 통보하게 된다.

---

7 다음은 주간회의를 끝마친 영업팀이 작성한 회의록이다. 다음 회의록을 통해 유추해 볼 수 있는 내용으로 적절하지 않은 것은 어느 것인가?

영업팀 5월 회의록			
회의일시	2025년 5월 9일 10:00~11:30	회의장소	5층 대회의실
참석자	팀장 이하 전 팀원		
회의안건	- 3사분기 실적 분석 및 4사분기 실적 예상 - 본부장/팀장 해외 출장 관련 일정 수정 - 10월 바이어 내방 관련 계약 준비상황 점검 및 체류 일정 점검 - 월 말 부서 등반대회 관련 행사 담당자 지정 및 준비사항 확인		

안건별 F/up 사항	- 3사분기 매출 및 이익 부진 원인 분석 보고서 작성(오 과장)
	- 항공 일정 예약 변경 확인(최 대리)
	- 법무팀 계약서 검토 상황 재확인(박 대리)
	- 바이어 일행 체류 일정(최 대리, 윤 사원)
	  → 호텔 예약 및 차량 이동 스케줄 수립
	  → 업무 후 식사, 관광 등 일정 수립
	- 등반대회 진행 담당자 지정(민 과장, 서 사원)
	  → 참가 인원 파악
	  → 배정 예산 및 회사 지원 물품 수령 등 유관부서 협조 의뢰
	  → 이동 계획 수립 및 회식 장소 예약		

협조부서	총무팀, 법무팀, 회계팀		

① 오 과장은 회계팀에 의뢰하여 3사분기 팀 집행 비용에 대한 자료를 확인해 볼 것이다.

② 최 대리와 윤 사원은 바이어 일행의 체류 기간 동안 업무 후 식사 등 모든 일정을 함께 보내게 될 것이다.

③ 윤 사원은 바이어 이동을 위하여 차량 배차 지원을 총무팀에 의뢰할 것이다.

④ 총무팀은 본부장과 팀장의 변경된 항공 일정에 따른 예약 상황을 영업팀 최 대리에게 통보해 줄 것이다.

✔해설 ② 최 대리와 윤 사원은 바이어 일행 체류 일정을 수립하는 업무를 담당하게 되었으며, 이것은 적절한 계획 수립을 통하여 일정이나 상황에 맞는 인원을 배치하는 일이 될 것이므로, 모든 일정에 담당자가 동반하여야 한다고 판단할 수는 없다.

① 3사분기 매출 부진 원인 분석 보고서 작성은 오 과장이 담당한다. 따라서 오 과장은 매출과 비용 집행 관련 자료를 회계팀으로부터 입수하여 분석할 것으로 판단할 수 있다.

③ 최 대리와 윤 사원은 바이어 일행의 체류 일정에 대한 업무를 담당하여야 하므로 총무팀에 차량 배차를 의뢰하게 된다.

④ 본부장과 팀장의 변경된 항공 일정 예약은 최 대리 담당이므로 항공편 예약을 주관하는 총무팀과 업무 협조가 이루어질 것으로 판단할 수 있다(일반적으로 출장 관련 항공편 예약 업무는 대부분 기업체의 총무팀, 총무부 등의 조직 소관 업무).

▌8~9▐ 다음은 어느 공항의 〈교통약자 공항이용안내〉의 일부이다. 이를 읽고 물음에 답하시오.

패스트트랙
• Fast Track을 이용하려면 교통약자(보행장애인, 7세 미만 유·소아, 80세 이상 고령자, 임산부, 동반여객 2인 포함)는 본인이 이용하는 항공사의 체크인카운터에서 이용대상자임을 확인 받고 'Fast Track Pass'를 받아 Fast Track 전용출국장인 출국장 1번, 6번 출국장입구에서 여권과 함께 제시하면 됩니다.
• 인천공항 동편 전용출국통로(Fast Track, 1번 출국장), 오전 7시 ~ 오후 7시까지 운영 중이며, 운영상의 미비점을 보완하여 정식운영(동·서편, 전 시간 개장)을 개시할 예정에 있습니다.

휠체어 및 유모차 대여
공항 내 모든 안내데스크에서 휠체어 및 유모차를 필요로 하는 분께 무료로 대여하여 드리고 있습니다.

장애인 전용 화장실
• 여객터미널 내 화장실마다 최소 1실의 장애인 전용화장실이 있습니다.
• 장애인분들의 이용 편의를 위하여 넓은 출입구와 내부공간, 버튼식자동문, 비상벨, 센서작동 물내림 시설을 설치하였으며 항상 깨끗하게 관리하여 편안한 공간이 될 수 있도록 하고 있습니다.

주차대행 서비스
• 공항에서 허가된 주차대행 서비스(유료)를 이용하시면 보다 편리하고 안전하게 차량을 주차하실 수 있습니다.
• 경차, 장애인, 국가유공자의 경우 할인된 금액으로 서비스를 이용하실 수 있습니다.

장애인 주차 요금 할인
주차장 출구의 유인부스를 이용하는 장애인 차량은 장애인증을 확인 후 일반주차요금의 50%를 할인하여 드리고 있습니다.

휠체어 리프트 서비스
• 장기주차장에서 여객터미널까지의 이동이 불편한 장애인, 노약자 등 교통약자의 이용 편의 증진을 위해 무료 이동 서비스를 제공하여 드리고 있습니다.
• 여객터미널↔장기주차장, 여객터미널↔화물터미널행의 모든 셔틀버스에 휠체어 탑승리프트를 설치, 편안하고 안전하게 모시고 있습니다.

8 다음 교통약자를 위한 서비스 중 무료로 이용할 수 있는 서비스만으로 묶인 것은?

① 주차대행 서비스, 장애인 전용 화장실 이용
② 장애인 차량 주차, 휠체어 및 유모차 대여
③ 휠체어 및 유모차 대여, 휠체어 리프트 서비스
④ 휠체어 및 유모차 대여, 주차대행 서비스

✔해설 ①④ 주차대행 서비스가 유료이다.
② 장애인 차량은 장애인증 확인 후 일반주차요금의 50%가 할인된다.

9 Fast Track 이용 가능한 교통약자가 아닌 사람은?

① 80세 이상 고령자
② 임산부
③ 보행장애인
④ 8세 아동

✔해설 Fast Track 이용 가능한 교통약자는 보행장애인, 7세 미만 유소아, 80세 이상 고령자, 임산부, 동반여객 2인이다.

Answer 8.③ 9.④

10 아래의 글을 읽고 ⓐ의 내용을 뒷받침할 수 있는 경우로 보기 가장 어려운 것을 고르면?

　　범죄 사건을 다루는 언론 보도의 대부분은 수사기관으로부터 얻은 정보에 근거하고 있고, 공소제기 전인 수사 단계에 집중되어 있다. 따라서 언론의 범죄 관련 보도는 범죄사실이 인정되는지 여부를 백지상태에서 판단하여야 할 법관이나 배심원들에게 유죄의 예단을 심어줄 우려가 있다. 이는 헌법상 적법절차 보장에 근거하여 공정한 형사재판을 받을 피고인의 권리를 침해할 위험이 있어 이를 제한할 필요성이 제기된다. 실제로 피의자의 자백이나 전과, 거짓말탐지기 검사 결과 등에 관한 언론 보도는 유죄판단에 큰 영향을 미친다는 실증적 연구도 있다. 하지만 보도 제한은 헌법에 보장된 표현의 자유에 대한 침해가 된다는 반론도 만만치 않다. 미국 연방대법원은 어빈 사건 판결에서 지나치게 편향적이고 피의자를 유죄로 취급하는 언론 보도가 예단을 형성시켜 실제로 재판에 영향을 주었다는 사실이 입증되면, 법관이나 배심원이 피고인을 유죄라고 확신하더라도 그 유죄판결을 파기하여야 한다고 했다. 이 판결은 이른바 '현실적 예단'의 법리를 형성시켰다. 이후 리도 사건 판결에 와서는, 일반적으로 보도의 내용이나 행태 등에서 예단을 유발할 수 있다고 인정이 되면, 개개의 배심원이 실제로 예단을 가졌는지의 입증 여부를 따지지 않고, 적법 절차의 위반을 들어 유죄판결을 파기할 수 있다는 '일반적 예단'의 법리로 나아갔다.

　　셰퍼드 사건 판결에서는 유죄 판결을 파기하면서, '침해 예방'이라는 관점을 제시하였다. 즉, 배심원 선정 절차에서 상세한 질문을 통하여 예단을 가진 후보자를 배제하고, 배심원이나 증인을 격리하며, 재판을 연기하거나, 관할을 변경하는 등의 수단을 언급하였다. 그런데 법원이 보도기관에 내린 '공판 전 보도금지 명령'에 대하여 기자협회가 연방대법원에 상고한 네브래스카 기자협회 사건 판결에서는 침해의 위험이 명백하지 않은데도 가장 강력한 사전 예방 수단을 쓰는 것은 위헌이라고 판단하였다.

　　이러한 판결들을 거치면서 미국에서는 언론의 자유와 공정한 형사절차를 조화시키면서 범죄 보도를 제한할 수 있는 방법을 모색하였다. 그리하여 셰퍼드 사건에서 제시된 수단과 함께 형사 재판의 비공개, 형사소송 관계인의 언론에 대한 정보제공금지 등이 시행되었다. 하지만 ⓐ 예단 방지 수단들의 실효성을 의심하는 견해가 있고, 여전히 표현의 자유와 알 권리에 대한 제한의 우려도 있어, 이 수단들은 매우 제한적으로 시행되고 있다. 그런데 언론 보도의 자유와 공정한 재판이 꼭 상충된다고만 볼 것은 아니며, 피고인 측의 표현의 자유를 존중하는 것이 공정한 재판에 도움이 된다는 입장에서 네브래스카 기자협회 사건 판결의 의미를 새기는 견해도 있다. 이 견해는 수사기관으로부터 얻은 정보에 근거한 범죄 보도로 인하여 피고인을 유죄로 추정하는 구조에 대항하기 위하여 변호인이 적극적으로 피고인 측의 주장을 보도기관에 전하여, 보도가 일방적으로 편향되는 것을 방지할 필요가 있다고 한다. 일반적으로 변호인이 피고인을 위하여 사건에 대해 발언하는 것은 범죄 보도의 경우보다 적법절차를 침해할 위험성이 크지 않은데도 제한을 받는 것은 적절하지 않다고 보며, 반면에 수사기관으로부터 얻은 정보를 기반으로 하는 언론 보도는 예단 형성의 위험성이 큰데도 헌법상 보호를 두텁게 받는다고 비판한다.

Answer　10.②

미국과 우리나라의 헌법상 변호인의 조력을 받을 권리는 변호인의 실질적 조력을 받을 권리를 의미한다. 실질적 조력에는 법정 밖의 적극적 변호 활동도 포함된다. 따라서 형사절차에서 피고인 측에게 유리한 정보를 언론에 제공할 기회나 반론권을 제약하지 말고, 언론이 검사 측 못지않게 피고인 측에게도 대등한 보도를 할 수 있도록 해야 한다.

① 법원이 재판을 장기간 연기했지만 재판 재개에 임박하여 다시 언론 보도가 이어진 경우
② 검사가 피의자의 진술거부권 행사 사실을 공개하려고 하였으나 법원이 검사에게 그 사실에 대한 공개 금지명령을 내린 경우
③ 변호사가 배심원 후보자에게 해당 사건에 대한 보도를 접했는지에 대해 질문했으나 후보자가 정직하게 답변하지 않은 경우
④ 법원이 관할 변경 조치를 취하였으나 이미 전국적으로 보도가 된 경우

✅해설 ⓐ의 이전 문장을 보면 알 수 있는데, "언론의 자유와 공정한 형사절차를 조화시키면서 범죄 보도를 제한할 수 있는 방법을 모색하였다. 그리하여 셰퍼드 사건에서 제시된 수단과 함께 형사 재판의 비공개, 형사소송 관계인의 언론에 대한 정보제공금지 등이 시행되었다."에서 볼 수 있듯이 ②의 경우에는 예단 방지를 위한 것이다. 하지만, 예단 방지 수단들에 대한 실효성이 떨어진다는 것은 알 수가 없다.

11 다음 문장이 들어갈 알맞은 곳은?

원체는 작가가 당대(當代)의 정치적 쟁점이 되는 핵심 개념을 액자화하여 새롭게 의미를 환기하려는 의도를, 과학적 방식에 의거하여 설득하려는 정치·과학적 글쓰기라고 할 수 있다.

㈎글쓰기 양식은 글 내용을 담는 그릇으로 내용을 강제한다. 이런 측면에서 다산 정약용이 '원체(原體)'라는 문체를 통해 정치라는 내용을 담고자 했던 '양식 선택의 정치학'은 특별한 의미를 갖는다. ㈏당나라 한유(韓愈)가 다섯 개의 원체 양식의 문장을 지은 이후 후대의 학자들은 이를 모범을 삼았다. ㈐원체는 고문체는 아니지만 새롭게 부상한 문체로서, 당대 사상의 핵심 개념에 대해 정체성을 추구하는 분석적이고 학술적인 글쓰기이자 정치적 글쓰기로 정립되었다. ㈑다산은 원체가 가진 이러한 정치·과학적 힘을 인식하고 원정(原政)이라는 글을 남겼다.

① ㈎　　　　　　　　　　　② ㈏
③ ㈐　　　　　　　　　　　④ ㈑

✅해설 ㈏의 앞부분에서 '원체'가 등장했고 ㈏의 뒷부분에는 당나라 한유의 사례를 들어 원체 양식에 대한 부연설명을 하고 있다. 그러므로 ㈏부분에 '원체'의 개념 설명이 들어가는 것이 논리적으로 적합하다.

Answer 11.②

12 다음은 산업현장 안전규칙이다. 선임 W씨가 신입으로 들어온 I씨에게 전달할 사항으로 옳지 않은 것은?

〈산업현장 안전규칙〉

- 작업 전 안전점검, 작업 중 정리정돈은 사용하게 될 기계·기구 등에 대한 이상 유무 등 유해·위험 요인을 사전에 확인하여 예방대책을 강구하는 것으로 현장 안전관리의 출발점이다.
- 작업장 안전통로 확보는 작업장 내 통행 시 위험기계·기구들로부터 근로자를 보호하며 원활한 작업 진행에도 기여한다.
- 개인보호구(헬멧 등) 지급착용은 근로자의 생명이나 신체를 보호하고 재해의 정도를 경감시키는 등 재해예방을 위한 최후 수단이다.
- 전기활선 작업 중 절연용 방호기구 사용으로 불가피한 활선작업에서 오는 단락·지락에 의한 아크화 상 및 충전부 접촉에 의한 전격재해와 감전사고가 감소한다.
- 기계·설비 정비 시 잠금장치 및 표지판 부착으로 정비 작업 중에 다른 작업자가 정비중인 기계·설 비를 기동함으로써 발생하는 재해를 예방한다.
- 유해·위험 화학물질 경고표지 부착으로 위험성을 사전에 인식시킴으로써 사용 취급시의 재해를 예방 한다.
- 프레스, 전단기, 압력용기, 둥근톱에 방호장치 설치는 신체부위가 기계·기구의 위험부분에 들어가는 것을 방지하고 오작동에 의한 위험을 사전 차단해 준다.
- 고소작업 시 안전 난간, 개구부 덮개 설치로 추락재해를 예방할 수 있다.
- 추락방지용 안전방망 설치는 추락·낙하에 의한 재해를 감소할 수 있다(성능검정에 합격한 안전방망 사용).
- 용접 시 인화성·폭발성 물질을 격리하여 용접작업 시 발생하는 불꽃, 용접불똥 등에 의한 대형화재 또는 폭발위험성을 사전에 예방한다.

① 작업장 안전통로에 통로의 진입을 막는 물건이 있으면 안 됩니다.
② 전기활선 작업 중에는 단락·지락이 절대 생겨서는 안 됩니다.
③ 어떤 상황에서도 작업장에서는 개인보호구를 착용하십시오.
④ 프레스, 전단기 등의 기계는 꼭 방호장치가 설치되어 있는지 확인하고 사용하십시오.

✔해설 ② 전기활선 작업 중에 단락·지락은 불가피하게 발생할 수 있다. 따라서 절연용 방호기구를 사용하여야 한다.

13 다음은 어느 쇼핑몰의 약관 일부와 고객관리부 사원 乙씨가 홈페이지에 올라온 질문들에 대해서 약관에 근거하여 답변한 것이다. 옳지 않은 것은?

제12조(수신확인통지, 구매신청 변경 및 취소)

① "몰"은 이용자의 구매신청이 있는 경우 이용자에게 수신확인통지를 합니다.

② 수신확인통지를 받은 이용자는 의사표시의 불일치 등이 있는 경우에는 수신확인통지를 받은 후 즉시 구매신청 변경 및 취소를 요청할 수 있고 "몰"은 배송 전에 이용자의 요청이 있는 경우에는 지체 없이 그 요청에 따라 처리하여야 합니다. 다만 이미 대금을 지불한 경우에는 제15조의 청약철회 등에 관한 규정에 따릅니다.

제13조(재화 등의 공급)

① "몰"은 이용자와 재화 등의 공급시기에 관하여 별도의 약정이 없는 이상, 이용자가 청약을 한 날부터 7일 이내에 재화 등을 배송할 수 있도록 주문제작, 포장 등 기타의 필요한 조치를 취합니다. 다만, "몰"이 이미 재화 등의 대금의 전부 또는 일부를 받은 경우에는 대금의 전부 또는 일부를 받은 날부터 2영업일 이내에 조치를 취합니다. 이때 "몰"은 이용자가 재화 등의 공급 절차 및 진행 사항을 확인할 수 있도록 적절한 조치를 합니다.

② "몰"은 이용자가 구매한 재화에 대해 배송수단, 수단별 배송비용 부담자, 수단별 배송기간 등을 명시합니다. 만약 "몰"이 약정 배송기간을 초과한 경우에는 그로 인한 이용자의 손해를 배상하여야 합니다. 다만 "몰"이 고의, 과실이 없음을 입증한 경우에는 그러하지 아니합니다.

제14조(환급)

"몰"은 이용자가 구매 신청한 재화 등이 품절 등의 사유로 인도 또는 제공을 할 수 없을 때에는 지체 없이 그 사유를 이용자에게 통지하고 사전에 재화 등의 대금을 받은 경우에는 대금을 받은 날부터 2영업일 이내에 환급하거나 환급에 필요한 조치를 취합니다.

제15조(청약철회 등)

① "몰"과 재화 등의 구매에 관한 계약을 체결한 이용자는 수신확인의 통지를 받은 날부터 7일 이내에는 청약의 철회를 할 수 있습니다.

② 이용자는 재화 등을 배송 받은 경우 다음 각 호의 1에 해당하는 경우에는 반품 및 교환을 할 수 없습니다.

1. 이용자에게 책임 있는 사유로 재화 등이 멸실 또는 훼손된 경우(다만, 재화 등의 내용을 확인하기 위하여 포장 등을 훼손한 경우에는 청약철회를 할 수 있습니다)

2. 이용자의 사용 또는 일부 소비에 의하여 재화 등의 가치가 현저히 감소한 경우

3. 시간의 경과에 의하여 재판매가 곤란할 정도로 재화 등의 가치가 현저히 감소한 경우

4. 같은 성능을 지닌 재화 등으로 복제가 가능한 경우 그 원본인 재화 등의 포장을 훼손한 경우

③ 제2항 제2호 내지 제4호의 경우에 "몰"이 사전에 청약철회 등이 제한되는 사실을 소비자가 쉽게 알 수 있는 곳에 명기하거나 시용상품을 제공하는 등의 조치를 하지 않았다면 이용자의 청약철회 등이 제한되지 않습니다.

④ 이용자는 제1항 및 제2항의 규정에 불구하고 재화 등의 내용이 표시·광고 내용과 다르거나 계약내용과 다르게 이행된 때에는 당해 재화 등을 공급받은 날부터 3월 이내, 그 사실을 안 날 또는 알 수 있었던 날부터 30일 이내에 청약철회 등을 할 수 있습니다.

① Q. 겉포장을 뜯었는데 거울이 깨져있습니다. 교환이나 환불이 가능한가요?

   A. 제품을 확인하기 위해서 포장을 뜯은 경우에는 교환이나 환불이 가능합니다.

② Q. 구매한 제품과 다른 색상이 왔습니다. 언제까지 교환 환불이 가능한가요?

   A. 제품을 받으신 날부터 3개월 이내, 받으신 제품이 구매품과 다른 것을 안 날 또는 알 수 있었던 날부터 30일 이내에 교환, 환불 등의 조치를 취하실 수 있습니다.

③ Q. 책을 구매했는데 비닐 포장을 뜯었습니다. 환불이 가능한가요? 사용하지 않은 새 책입니다.

   A. 복제가 가능한 책 등의 제품은 포장을 뜯으신 경우 환불이 불가능합니다. 하지만 도서를 구매할 당시 이 사실을 확실히 명기하지 않은 경우나 상품이 불량인 경우에는 환불하실 수 있습니다.

④ Q. 주문 완료한 상품이 품절이라고 되어있습니다. 환급은 언제 받을 수 있나요?

   A. 입금하신 날부터 5영업일 이내에 환급해드리거나 환급에 필요한 조치를 해드립니다.

✔ 해설 ④ 5영업일을 2영업일로 수정해야 한다.

14 아래의 내용은 서울고속버스터미널의 소화물 운송약관의 일부를 발췌한 것이다. 이 날 모든 운행을 마친 승무원 5명(A, B, C, D, E)이 아래에 제시된 약관을 보며 토론을 하고 있다. 이를 보고 판단한 내용으로 바르지 않은 것을 고르면?

제2조(용어의 정의)

1. 고객 : 회사에 소화물 운송을 위탁하는 자로서 송장에 명시되어있는 자
2. 고속버스 소화물 운송 : 고속버스를 이용하여 출발지에서 도착지까지 물품을 운송하는 서비스
3. 송장 : 고객이 위탁할 화물 내용을 기재하여 회사에 제출하는 증서
4. 요금 : 회사가 본 서비스 제공을 위해 별도로 산출한 운송료
5. 물품신고가액 : 화물의 분실 손상의 경우 회사의 배상 책임한도액을 산정하기 위하여 고객이 신고하는 화물의 가격(현 시세 기준)
6. 탁송 : 고객이 회사에 화물 운송을 신청하는 것
7. 수탁 : 회사가 고객의 운송신청을 수락하는 것
8. 인도 : 회사가 송장에 기재한 화물을 고객에게 넘겨주는 것
9. 수취인 : 운송된 화물을 인수하는 자

제15조(인수거절)

1. 수취인 부재 또는 인수 지연이나 인수를 거절하는 경우 회사는 고객에게 그 사실을 통보하고 고객의 요청에 따라 처리하여야 하며, 이 경우 발생하는 보관비용 등 추가 비용은 고객이 부담한다. 단, 수취인이 15일 이상 물품 인수를 거부하는 경우 고객의 승낙 없이도 회사가 임의로 화물을 처분 또는 폐기할 수 있으며 이로 인해 발생한 비용을 고객에게 요청할 수 있다.
2. 물품 인도예정일로부터 3일이 경과하는 시점까지 수취인이 물품을 인수하지 아니 하는 경우 초과일수에 대하여는 보관료를 수취인에게 징수할 수 있으며, 그 보관료는 '인도 초과 일수×운송요금×0.2'로 한다.

제16조(인도불능화물의 처분)

2. 인도화물이 다음 각 호에 해당할 때는 고객의 동의를 확인하고 처리한다.
   1) 운송화물의 수취인이 분명하지 않은 때
   2) 도착 통지를 한 후 상당기간이 경과하여도 인도청구가 없는 경우
   3) 수취인이 수령을 거절할 때
   4) 인도에 관하여 다툼이 있을 때
   5) 화물 보관에 따른 변질이나 부패 등이 예상될 때
   6) 화물 보관에 과도한 비용이 소요될 때
   7) 화물 인도지연에 따른 가액 감소가 예상될 때

제17조(회사의 책임)

1. 회사는 화물을 수탁한 이후부터 운송도중의 화물에 대한 보호, 관리의 책임을 진다.

2. 화물의 운송에 부수하여 회사가 행하는 모든 업무로 기인하는 화물의 손상, 분실 등에 대한 배상금은 고객이 송장에 기재한 물품신고가액을 초과할 수 없다.

3. 고객이 송장에 허위로 기재하여 발생한 사고 시에는 이를 책임지지 않는다.

4. 회사는 다음 각 호의 경우로 발생된 손해에 대하여는 책임을 지지 아니한다.

    1) 정부에서 운송중지를 요구하는 경우

    2) 천재지변, 전쟁, 쟁의, 소요, 악천후 등 불가항력의 사유가 발생한 경우

    3) 화물의 변질 또는 이에 준하는 경우

    4) 포장의 불완전, 기재내용의 허위가 발견된 경우

    5) 화물주의 과실로 인해 문제발생 된 경우

    6) 교통사고 및 도로사정 등으로 인하여 지연도착이 된 경우

    7) 송장에 명기된 이외의 사항

    8) 도착 후 수취거부 등으로 발생하는 손해

① A : 어떤 아저씨 손님이 본인의 물품을 수령하기를 거부하는 거야. 그렇게 거부한 날이 오늘로써 25일째야. 더 이상은 나도 어쩔 수 없어. 이제는 그 아저씨 의지하고는 관계없이 회사에서 알아서 처분할거야

② B : 난 이런 일이 있었어. 물품 인도예정일로부터 오늘이 7일째인데 물품 주인 아가씨가 인수를 안하는 거야. 운송가격은 15,700원이더라고. 그래서 초과된 일수만큼 보관료를 징수했어. 약관상에 나온 일수에 따라 계산해 보니 32,751원이 되더라고.

③ C : 맞아, 또한 운송된 화물이 보관에 의해 변하거나 부패될 거 같으면 고객의 동의를 확인한 후에 처리해야 해

④ D : 난 오늘 운행을 하다가 물품 운송 중에 빗길에 차가 미끄러져서 몇몇 고객의 화물이 파손되었어. 나중에 들었는데 회사에서 파손물품에 대한 책임을 졌다고 하더라고

✔ 해설 B가 말하는 부분은 "제15조(인수거절) 제2항"에 나타나 있다. 물품 인도예정일로부터 3일이 경과하는 시점까지 수취인이 물품을 인수하지 아니 하는 경우 초과일수에 대하여는 보관료를 수취인에게 징수할 수 있으며, 그 보관료는 인도 초과 일수×운송요금×0.2로 한다고 하였으므로 3일이 경과하는 시점까지 수취인이 물품을 인수하지 아니 하는 경우이므로 해당 물품에 대한 보관료는 4일 분량(4일, 5일, 6일, 7일)×15,700×0.2=12,560원이 된다.

Answer 14.②

15 밑줄 친 부분이 바르게 표기된 한자어를 고르면?

부 고

  甲회사의 민○○ 사장님의 부친이신 민○○께서 병환으로 2024년 3월 13일 오전 7시 30분에 별세하였기에 이를 고합니다. 생전의 후의에 깊이 감사드리며, 다음과 같이 영결식을 거행하게 되었음을 알려 드립니다. 대단히 송구하오나 조화와 부의는 간곡히 사양하오니 협조 있으시기 바랍니다.

다 음

1. 발인일시 : 2024년 3월 15일 (수) 오전 8시
2. 장   소 : A병원 영안실 특2호
3. 장   지 : B지역
4. 연 락 처 : <u>빈소</u> (02) 2457-5xxx
              회사 (02) 6541-2xxx

첨부 영결식 장소 (A병원) 약도 1부.
     장 남   민 ○ ○
     차 남   민 ○ ○
     장례위원장 홍 ○ ○

* <u>조화</u> 및 부의 사절

---

① 부고 - 附高
② 발인 - 發靷
③ 빈소 - 貧所
④ 조화 - 彫花

> ✔ **해설** ① 訃告(부고) : 사람의 죽음을 알림
> ③ 殯所(빈소) : 죽은 사람을 매장할 때까지 안치시켜 놓는 장소
> ④ 弔花(조화) : 조의를 표하는 데 쓰는 꽃

16 올해로 20살이 되는 5명의 친구들이 바다로 추억여행을 떠나기 위해 목적지, 교통편 등을 알아보고 마지막으로 숙소를 정하게 되었다. 도중에 이들은 국내 숙박업소에 대한 예약·취소·환불에 관한 기사 및 그래프를 접하게 되었다. 이를 보고 내용을 잘못 파악하고 있는 사람이 누구인지 고르면?

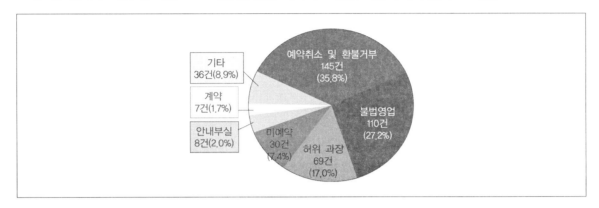

① A : 그래프에서 보면 숙박 애플리케이션 이용자들은 예약 취소 및 환불 거부 등에 가장 큰 불만을 가지고 있음을 알 수 있어

② B : 불법영업 및 허위·과장 등도 A가 지적한 원인 다음으로 많은데 이 두 건의 차이는 41건이야

③ C : 국내하고는 다르게 해외 업체의 경우에는 주로 불법영업 단속 요청이 많음을 알 수 있어

④ D : 위 그래프에 제시된 것으로 보아 이용자들이 불편을 느끼는 부분들에 대해 1순위는 예약취소 및 환불거부, 2순위는 불법영업, 3순위는 허위·과장, 4순위는 미예약, 5순위는 안내부실, 6순위는 계약, 7순위는 기타의 순이야

✔해설 위 내용에서는 "해외 업체의 경우에는 주로 불법영업 단속 요청이 많다"는 것은 그래프를 통해 알 수가 없다.

17 다음은 은행별 적금 이율에 관한 예시자료이다. 다음 자료를 보고 을(乙)이 이해한 내용으로 틀린 것은?

적금 종류	기본이율(%)	우대이율(기본이율에 추가)	
A은행 희망적금	1년 미만 만기 : 2.6	최고 5.0%p 우대 조건 • 기초생활수급자 : 2%p • 소년소녀가장 : 2%p • 근로소득 연 1,500만원 이하 근로자 : 2%p • 한부모가족 : 1%p • 근로장려금수급자 : 1%p	우대조건을 충족하는 경우 반드시 우대이율을 적용받는다. 또한 복수의 우대조건을 충족하는 경우 우대이율을 중복해서 적용받는다.
	1년 이상 2년 미만 만기 : 2.9		
	2년 이상 3년 미만 만기 : 3.1		
B은행 복리적금	1년 이상 2년 미만 만기 : 2.9	최고 0.6%p 우대 조건 • 첫 거래고객 : 0.3%p • 인터넷뱅킹 가입고객 : 0.2%p • 체크카드 신규발급고객 : 0.1%p • 예금, 펀드 중 1종 이상 가입고객 : 0.1%p	
	2년 이상 3년 미만 만기 : 3.1		
	3년 이상 4년 미만 만기 : 3.3		
C은행 직장인 적금	2년 미만 만기 : 3.6	0.3%p 우대조건 회사에 입사한지 6개월 미만인 신입사원	
	2년 이상 3년 미만 만기 : 3.9		

① 3년 이상 4년 미만 만기로 B은행 복리적금을 드는 경우 인터넷뱅킹을 가입하면 이율이 3.5%가 되네.

② 회사에 입사한지 6개월 미만인 신입사원은 다른 우대조건이 없는 경우에는 C은행 직장인 적금을 드는 것이 유리하겠어.

③ 다른 우대조건 없이 2년 이상 3년 미만 만기 적금을 드는 경우 B은행 복리적금을 드는 것이 가장 적절한 방법인거 같아.

④ 근로소득 연 1,500만 원 이하 근로자이면서 한부모가족이면 3%p가 기본이율에 추가가 되는구나.

✔ 해설 ③ 다른 우대조건 없이 2년 이상 3년 미만 만기 적금을 드는 경우 C은행 직장인 적금의 이율이 가장 높다.

18 다음 글의 문맥상 빈 칸 ㈎에 들어갈 가장 적절한 말은 어느 것인가?

그물망 형태의 옷감에서 냉감(冷感)을 주는 멘톨(박하의 주성분)을 포함한 섬유까지 접근방식도 제각각이다. 그런데 가까운 미래에는 미생물을 포함한 옷이 이 대열에 합류할지도 모르겠다. 박테리아 같은 미생물은 여름철 땀 냄새의 원인이라는데 어떻게 옷에 쓰일 수 있을까. 생물계에서 흡습형태변형은 널리 관찰되는 현상이다. 솔방울이 대표적인 예로 습도가 높을 때는 비늘이 닫혀있어 표면이 매끈한 덩어리로 보이지만 습도가 떨어지면 비늘이 삐죽삐죽 튀어나온 형태로 바뀐다. 밀이나 보리의 열매(낟알) 끝에 달려 있는 까끄라기도 습도가 높을 때는 한 쌍이 거의 나란히 있지만 습도가 낮아지면 서로 벌어진다. 이런 현상은 한쪽 면에 있는 세포의 길이(크기)가 반대쪽 면에 있는 세포에 비해 습도에 더 민감하게 변하기 때문이다. 즉 습도가 낮아져 세포 길이가 짧아지면 그쪽 면을 향해 휘어지는 것이다.

연구자들은 미생물을 이용해서도 이런 흡습형태변형을 구현할 수 있는지 알아보기로 했다. 즉 습도에 영향을 받지 않는 재질인 천연라텍스 천에 농축된 대장균 배양액을 도포해 막을 형성했다. 대장균은 별도의 접착제 없이도 소수성 상호작용으로 라텍스에 잘 달라붙는다. 라텍스 천의 두께는 150~500㎛(마이크로미터. 1㎛는 100만분의 1m)이고 대장균 막의 두께는 1~5㎛다. 이 천을 상대습도 15%인 건조한 곳에 두자 대장균 세포에서 수분이 빠져나가며 대장균 막이 도포된 쪽으로 휘어졌다. 이 상태에서 상대습도 95%인 곳으로 옮기자 천이 서서히 펴지며 다시 평평해졌다. 이 과정을 여러 차례 반복해도 같은 현상이 재현됐다.

연구자들은 원자힘현미경(AFM)으로 대장균 막을 들여다봤고 상대습도에 따라 크기(부피)가 변한다는 사실을 확인했다. 즉 건조한 곳에서는 대장균 세포부피가 30% 정도 줄어드는데 이 효과가 천에서 세포들이 나란히 배열된 쪽을 수축시키는 현상으로 나타나 그 방향으로 휘어지는 것이다. 다음으로 연구자들은 양쪽 면에 미생물이 코팅된 천이 쿨링 소재로 얼마나 효과적인지 알아보기로 했다. 연구팀은 흡습형태변형이 효과를 낼 수 있도록 독특한 형태로 옷을 디자인했다. 즉, (㈎   )

그 결과 공간이 생기면서 땀의 배출을 돕는다. 측정 결과 미생물이 코팅된 천으로 만든 옷을 입을 경우 같은 형태의 일반 천으로 만든 옷에 비해 피부 표면 공기의 온도가 2도 정도 낮아 쿨링 효과가 있는 것으로 나타났다.

① 체온이 높은 등 쪽으로 천이 휘어지게 되는 성질을 이용해 평상시에는 옷이 바깥쪽으로 더 튀어나오도록 디자인했다.

② 미생물이 코팅된 천이 땀으로 인한 습도의 영향을 잘 받을 수 있도록 옷의 안쪽 면에 부착하여 옷의 바깥쪽과는 완전히 다른 환경을 유지할 수 있도록 디자인했다.

③ 땀이 많이 나는 등 쪽에 칼집을 낸 형태로 만들어 땀이 안 날 때는 평평하다가 땀이 나면 피부 쪽 면의 습도가 높아져 미생물이 팽창해 천이 바깥쪽으로 휘어지도록 디자인했다.

④ 땀이 나서 습도가 올라가면 등 쪽의 세포 길이가 짧아질 것을 고려해 천이 안쪽으로 휘어져 공간이 생길 수 있도록 디자인했다.

흡습형태변형은 한쪽 면에 있는 세포의 길이(크기)가 반대 쪽 면에 있는 세포에 비해 습도에 더 민감하게 변하여, 습도가 낮아져 세포 길이가 짧아지면 그쪽 면을 향해 휘어지는 것을 의미한다고 언급되어 있다. 따라서 등에 땀이 나면 세포 길이가 더 짧은 바깥쪽으로 옷이 휘어지게 되므로 등 쪽 면에 공간이 생기게 되는 원리를 이용한 것임을 알 수 있다.

19 다음 글의 내용과 일치하지 않는 것을 고르면?

온도와 압력의 변화에 의해 지각 내 암석의 광물 조합 및 조직이 변하게 되는 것을 '변성 작용'이라고 한다. 일반적으로 약 100~500℃ 온도와 비교적 낮은 압력에서 일어나는 변성 작용을 '저변성 작용'이라 하고, 약 500℃ 이상의 높은 온도와 비교적 높은 압력에서 일어나는 변성 작용을 '고변성 작용'이라 한다.

변성 작용에 영향을 주는 여러 요인들 중에서 중요한 요인 중 하나가 온도이다. 밀가루, 소금, 설탕, 이스트, 물 등을 섞어 오븐에 넣으면 높은 온도에 의해 일련의 화학 반응이 일어나 새로운 화합물인 빵이 만들어진다. 이와 마찬가지로 암석이 가열되면 그 속에 있는 광물들 중 일부는 재결정화 되고 또 다른 광물들은 서로 반응하여 새로운 광물들을 생성하게 되어, 그 최종 산물로서 변성암이 생성된다. 암석에 가해지는 열은 대개 지구 내부에서 공급된다. 섭입이나 대륙 충돌과 같은 지각 운동에 의해 암석이 지구 내부로 이동할 때 이러한 열의 공급이 많이 일어난다. 지구 내부의 온도는 지각의 내부 환경에 따라 상승 비율이 다르지만 일반적으로 지구 내부로 깊이 들어갈수록 높아진다. 이렇게 온도가 높아지는 것은 변성 작용을 더 활발하게 일으키는 요인이 된다. 예를 들어 점토 광물을 함유한 퇴적암인 셰일이 지구 내부에 매몰되면 지구 내부의 높은 온도로 암석 내부의 광물들이 서로 합쳐지거나 새로운 광물들이 생성되어 변성암이 되는데, 저변성 작용을 받게 되면 점판암이 되고, 고변성 작용을 받게 되면 편암이나 편마암이 되는 것이다.

암석의 변성 작용을 일으키는 또 하나의 중요한 요인은 압력이다. 모든 방향에서 일정한 힘이 가해지는 압력을 '균일 응력'이라 하고, 어느 특정한 방향으로 더 큰 힘이 가해지는 압력을 '차등 응력'이라고 하는데, 변성암의 경우 주로 차등 응력 조건에서 생성되며 그 결과로 뚜렷한 방향성을 갖는 조직이 발달된다. 변성 작용이 진행됨에 따라 운모와 녹니석과 같은 광물들이 자라기 시작하며, 광물들은 층의 방향이 최대 응력 방향과 수직을 이루는 방향으로 배열된다. 이렇게 새롭게 생성된 판 형태의 운모류 광물들이 보여 주는 면 조직을 '엽리' 라고 부른다. 엽리를 보여 주는 암석들은 얇은 판으로 떨어져 나가는 경향이 있다. 그리고 엽리가 관찰될 경우 이는 변성 작용을 받았다는 중요한 근거가 된다. 저변성 암은 매우 미세한 입자들로 구성되어 있어 새로 형성된 광물 입자들은 현미경을 사용하여 관찰할 수 있는데, 이때의 엽리를 '점판벽개' 라고 부른다. 반면에 고변성 작용을 받게 되면 입자들이 커지고 각 광물입자들을 육안으로 관찰할 수 있다. 이때의 엽리를 '편리'라고 부른다.

고체에 변화가 생겼을 때, 고체는 액체나 기체와 달리 고체를 변화시킨 영향을 보존하는 경향이 있다. 변성암은 고체 상태에서 변화가 일어나기 때문에 변성암에는 지각에서 일어났던 모든 일들이 보존되어 있다. 그들이 보존하고 있는 기록들을 해석하는 것이 지질학자들의 막중한 임무이다.

① 변성 작용이 일어나면 재결정화 되는 광물들이 있다.
② 변성암은 고체 상태에서 광물 조합 및 조직이 변화한다.
③ 지표의 암석들은 섭입에 의해 지구 내부로 이동될 수 있다.
④ 차등 응력 조건 하에서 광물들은 최대 응력 방향과 동일한 방향으로 배열된다.

✔해설 광물들은 차등 응력이 가해지는 방향과 수직인 방향으로 배열된다고 했으므로, 광물들이 차등 응력이 가해지는 방향과 동일한 방향으로 배열된다는 것은 적절하지 않다.

20 다음 글의 밑줄 친 부분을 고쳐 쓰기 위한 방안으로 적절하지 않은 것은?

세계기상기구(WMO)에서 발표한 자료에 따르면 지난 100년간 지구 온도가 뚜렷하게 상승하고 있다고 한다. ㉠그러나 지구가 점점 더워지고 있다는 말이다. 산업 혁명 이후 석탄과 석유 등의 화석연료를 지속적으로 사용한 결과로 다량의 온실 가스가 대기로 배출되었기 때문에 지구 온난화 현상이 심화된 것이다. ㉡비록 작은 것일지라도 실천할 수 있는 방법들을 찾아보아야 한다. 자전거를 타거나 걸어다니는 것을 실천해야겠다. ㉢나는 이번 여름에는 꼭 수영을 배울 것이다. 또, 과대 포장된 물건의 구입을 ㉣지향해야겠다.

① ㉠은 부적절하므로 '다시 말하면'으로 바꾼다.
② ㉡은 '일지라도'와 호응하지 않으므로 '만약'으로 바꾼다.
③ ㉢은 글의 통일성을 깨뜨리므로 삭제한다.
④ ㉣은 의미상 어울리지 않으므로 '지양'으로 바꾼다.

✔해설 ② '만약'은 '혹시 있을지도 모르는 뜻밖의 경우'를 뜻하므로 '~라면'과 호응한다.

Answer 20.②

21 다음은 라디오 대담의 일부이다. 대담 참여자의 말하기 방식에 대한 설명으로 가장 적절하지 않은 것을 고르면?

> 진행자 : 청취자 여러분, 안녕하세요. 오늘은 A법률 연구소에 계신 법률 전문가를 모시고 생활 법률 상식을 배워보겠습니다. 안녕하세요?
>
> 전문가 : 네, 안녕하세요. 오늘은 '정당행위'에 대해 말씀드리고자 합니다. 먼저 여러분께 문제 하나 내 보겠습니다. 만약 영웅이 도시를 파괴하려는 악당들과 싸우다 남의 건물을 부쉈다면, 부서진 건물은 누가 배상해야 할까요?
>
> 진행자 : 일반적인 경우라면 건물을 부순 사람이 보상해야겠지만, 이런 경우에 정의를 위해 악당과 싸운 영웅에게 보상을 요구하는 것은 좀 지나친 것 같습니다.
>
> 전문가 : 청취자 여러분들도 이와 비슷한 생각을 하실 것 같은데요, 이런 경우에는 영웅의 행위를 악당으로부터 도시를 지키기 위한 행위로 보고 「민법」761조 1항에 의해 배상책임을 면할 수 있도록 하고 있습니다. 이때 영웅의 행위를 '정당행위'라고 합니다.
>
> 진행자 : 아, 그러니까 악당으로부터 도시를 지키기 위해 싸운 영웅의 행위가 '정당행위'이고, 정당행위로 인한 부득이한 손해는 배상할 필요가 없다는 뜻이군요.
>
> 전문가 : 네, 맞습니다. 그래야 영웅의 경우처럼 불의를 보고 나섰다가 오히려 손해를 보는 일이 없겠죠.
>
> 진행자 : 그런데 문득 이런 의문이 드네요. 만약 영웅에게 배상을 받을 수 없다면 건물 주인은 누구에게 배상을 받을 수 있을까요?
>
> 전문가 : 그래서 앞서 말씀드린 「민법」 동일 조항에서는 정당행위로 인해 손해를 입은 사람이 애초에 불법행위를 저질러 손해의 원인을 제공한 사람에게 배상을 청구할 수 있도록 하고 있습니다. 즉 건물 주인은 악당에게 손해배상을 청구할 수 있습니다.

① 진행자는 화제와 관련된 질문을 던지며 대담을 진전시키고 있다.
② 진행자는 전문가가 한 말의 핵심 내용을 재확인함으로써 청취자들의 이해를 돕고 있다.
③ 전문가는 구체적인 법률 근거를 제시하여 신뢰성을 높이고 있다.
④ 전문가는 추가적인 정보를 제시함으로써 진행자의 오해를 바로 잡고 있다.

> ✔해설 제시문은 라디오 대담 상황으로, 진행자와 전문가의 대담을 통해 '정당행위'의 개념과 배상 책임 면제에 관한 법리를 쉽게 설명해 주고 있다. 전문가는 마지막 말에서 추가적인 정보를 제시하고 있지만 그것을 통해 진행자의 오해를 바로잡고 있는 것은 아니다.

22 다음은 A국가에서 농어촌 주민의 보건복지 증진을 위해 추진하고 있는 방안을 설명하는 글이다. 주어진 단락 ㈎~㈑ 중 농어촌의 사회복지서비스를 소개하고 있는 단락은 어느 것인가?

㈎ 법률에 따른 쌀 소득 등 보전직접 지불금 등은 전액 소득 인정액에 반영하지 않으며, 농어민 가구가 자부담한 보육비용의 일부, 농어업 직접사용 대출금의 상환이자 일부 등을 소득 산정에서 제외하고 있다. 또한 경작농지 등 농어업과 직접 관련되는 재산의 일부에 대해서도 소득환산에서 제외하고 있다.

㈏ 2025년까지 한시적으로 농어민에 대한 연금보험료 지원을 실시하고 있다. 기준소득 금액은 910천 원으로 본인이 부담할 연금 보험료의 1/2를 초과하지 않는 범위 내에서 2024년 최고 40,950원/월을 지원하였다.

㈐ 급격한 농어촌 고령화에 따라 농어촌 지역에 거주하는 보호가 필요한 거동불편노인, 독거노인 등에게 맞춤형 대책을 제공하기 위한 노인돌보기, 농어촌 지역 노인의 장기요양 욕구 충족 및 부양가족의 부담 경감을 위한 노인요양시설 확충 등을 추진하고 있다.

㈑ 농어촌 지역 주민의 암 조기발견 및 조기치료를 유도하기 위한 국가 암 검진 사업을 지속적으로 추진하고, 농어촌 재가암환자서비스 강화를 통하여 농어촌 암환자의 삶의 질 향상, 가족의 환자 보호·간호 등에 따른 부담 경감을 도모하고 있다.

① ㈎

② ㈏

③ ㈐

④ ㈑

✔해설 ㈐의 내용은 농어촌 특성에 적합한 고령자에 대한 복지서비스를 제공하는 모습을 설명하고 있다.

23 다음은 N사의 단독주택용지 수의계약 공고문 중 일부이다. 공고문의 내용을 바르게 이해한 것은?

[○○ 블록형 단독주택용지(1필지) 수의계약 공고]

1. 공급대상토지

면적(m^2)	세대 수 (호)	평균규모 (m^2)	용적률 (%)	공급가격 (천 원)	계약보증금 (원)	사용가능 시기
25,479	63	400	100% 이하	36,944,550	3,694,455,000	즉시

2. 공급일정 및 장소

일정	2025년 1월 11일 오전 10시부터 선착순 수의계약 (토·일요일 및 공휴일, 업무시간 외는 제외)
장소	N사 ○○지역본부 1층

3. 신청자격 : 아래 두 조건을 모두 충족한 자
   – 실수요자 : 공고일 현재 주택법에 의한 주택건설사업자로 등록한 자
   – 3년 분할납부(무이자) 조건의 토지매입 신청자

   ※ 납부 조건 : 계약체결 시 계약금 10%, 중도금 및 잔금 90%(6개월 단위 6회 납부)

4. 계약체결 시 구비서류
   – 법인등기부등본 및 사업자등록증 사본 각 1부
   – 법인인감증명서 1부 및 법인인감도장(사용인감계 및 사용인감)
   – 대표자 신분증 사본 1부(위임 시 위임장 1부 및 대리인 신분증 제출)
   – 주택건설사업자등록증 1부
   – 계약금 납입영수증

① 계약이 체결되면 즉시 해당 토지에 단독주택을 건설할 수 있다.

② 계약체결 후 첫 번째 내야 할 중도금은 5,250,095,000원이다.

③ 규모 $400m^2$의 단독주택용지를 일반 수요자에게 분양하는 공고이다.

④ 계약에 대한 보증금이 공급가격보다 더 높아 실수요자에게 부담을 줄 우려가 있다.

✔ 해설 ① 부지 용도가 단독주택용지이고 토지사용 가능시기가 '즉시'라는 공고를 통해 계약만 이루어지면 즉시 이용이 가능한 토지임을 알 수 있다.
② 계약체결 후 남은 금액은 공급가격에서 계약금을 제외한 33,250,095,000원이다. 이를 무이자로 3년간 6회에 걸쳐 납부해야 하므로 첫 번째 내야 할 중도금은 5,541,682,500원이다.
③ 규모 $400m^2$의 단독주택용지를 주택건설업자에게 분양하는 공고이다.
④ 계약금은 공급가격의 10%로 보증금이 더 적다.

Answer 23.①

24 다음 회의록의 내용을 보고 올바른 판단을 내리지 못한 것을 고르면?

인사팀 4월 회의록			
회의일시	2025년 4월 30일 14:00~15:30	회의장소	대회의실(예약)
참석자	팀장, 남 과장, 허 대리, 김 대리, 이 사원, 명 사원		
회의안건	• 직원 교육훈련 시스템 점검 및 성과 평가 • 차기 교육 프로그램 운영 방향 논의		
진행결과 및 협조 요청	〈총평〉 • 1사분기에는 지난해보다 학습목표시간을 상향조정(직급별 10~20시간)하였음에도 평균 학습시간을 초과하여 달성하는 등 상시학습문화가 정착됨 　－1인당 평균 학습시간: 지난해 4사분기 22시간 → 올해 1사분기 35시간 • 다만, 고직급자와 계약직은 학습 실적이 목표에 미달하였는바, 앞으로 학습 진도에 대하여 사전 통보하는 등 학습목표 달성을 적극 지원할 필요가 있음 　－고직급자 : 목표 30시간, 실적 25시간, 계약직 : 목표 40시간, 실적 34시간 〈운영방향〉 • 전 직원 일체감 형성을 위한 비전공유와 '매출 증대, 비용 절감' 구현을 위한 핵심과제 등 주요사업 시책교육 추진 • 직원이 가치창출의 원천이라는 인식하에 생애주기에 맞는 직급별 직무역량교육 의무화를 통해 인적자본 육성 강화 • 자기주도적 상시학습문화 정착에 기여한 학습관리시스템을 현실에 맞게 개선하고, 조직 간 인사교류를 확대		

① 올 1사분기에는 지난해보다 1인당 평균 학습시간이 50% 이상 증가하였다.

② 전체적으로 1사분기의 교육시간 이수 등의 성과는 우수하였다.

③ 2사분기에는 일부 직원들에 대한 교육시간이 1사분기보다 더 증가할 전망이다.

④ 2사분기에는 각 직급에 보다 적합한 교육이 시행될 것이다.

> ✅해설 ③ 고위직급자와 계약직 직원들에 대한 학습목표 달성을 지원해야 한다는 논의가 되고 있으므로 그에 따른 실천 방안이 있을 것으로 판단할 수 있으나, 교육 시간 자체가 더 증가할 것으로 전망하는 것은 근거가 제시되어 있지 않은 의견이다.
> ① 22시간 → 35시간으로 약 59% 증가하였다.
> ② 평균 학습시간을 초과하여 달성하는 등 상시학습문화가 정착되었다고 평가하고 있다.
> ④ 생애주기에 맞는 직급별 직무역량교육 의무화라는 것은 각 직급과 나이에 보다 적합한 교육이 실시될 것임을 의미한다.

Answer 24.③

25 다음의 개요를 수정 · 보완하기 위한 방안으로 적절하지 않은 것은?

제목 : 정규직 파트타임제의 도입을 위한 제안

Ⅰ. 정규직 파트타임제의 의미 : 하나의 일자리를 두 명의 정규직 근로자가 나누어 갖는 제도

Ⅱ. 정규직 파트타임제의 장점

  1. 기업

    가. 집중력의 향상으로 인한 효율성 증대

    나. 아이디어의 다양화로 인한 업무의 활력 증가

  2. 개인

    가. 건강 증진 및 자기 계발 시간의 확보

    나. 육아 및 가사 문제의 해결

  3. 정부

    가. 고용 창출 효과

    나. 소득세원의 증가

Ⅲ. 정규직 파트타임제의 도입 시 예상되는 문제점

  1. 기업

    가. 업무와 연속성 저해 가능성

    나. 인력 관리 부담의 증가

  2. 개인

    가. 적은 보수로 인한 불만

    나. 가사 노동 증가 우려

Ⅳ. 정규직 파트타임제의 필요성

  1. 기업 : 직원들의 요구를 적극적으로 수용하려는 태도

  2. 개인

    가. 보수에 대한 인식의 전환

    나. 업무의 연속성을 확보하려는 노력

  3. 정부 : 정규직 파트타임제의 도입을 장려하는 법률 제정

Ⅴ. 정규직 파트타임제 도입의 의의 : 육아 및 가사 문제로 인한 저출산 문제의 해결

---

① Ⅱ의 구조에 대응하여 Ⅲ에 '정부 : 비정규직의 증가로 인한 고용 불안 가능성'이라는 항목을 추가한다.

② Ⅲ-2의 '가사 노동 증가 우려'는 개요의 통일성을 해치므로 삭제한다.

③ Ⅳ는 하위 항목들의 내용을 아우르지 못하므로 '정규직 파트타임제 정착의 요건'으로 고친다.

④ Ⅳ-2의 '인식의 전환'을 '보수보다는 삶의 질에 가치를 두는 태도'로 구체화한다.

26 다음 중 문서작성의 원칙으로 옳은 것을 모두 고른 것은?

> ㉠ 상대방의 이해를 돕기 위해 풍부한 미사여구를 사용한다.
> ㉡ 문서의미 전달에 반드시 필요하지 않은 경우 한자의 사용을 자제한다.
> ㉢ 부정문이나 의문문을 적절하게 사용한다.
> ㉣ 간단한 표제를 붙인다.
> ㉤ 주요한 내용을 먼저 쓴다.

① ㉠㉡㉢

② ㉡㉢㉣

③ ㉡㉣㉤

④ ㉢㉣㉤

✔해설 ㉠ 문장은 짧고 간결하게 작성하도록 한다.
㉢ 부정문이나 의문문은 되도록 피하고 긍정문으로 작성한다.

27 다음 글을 읽고 〈보기〉의 질문에 답을 할 때 가장 적절한 것은?

다세포 생물체는 신경계와 내분비계에 의해 구성 세포들의 기능이 조절된다. 이 중 내분비계의 작용은 내분비선에서 분비되는 호르몬에 의해 일어난다. 호르몬을 분비하는 이자는 소화선인 동시에 내분비선이다. 이자 곳곳에는 백만 개 이상의 작은 세포 집단들이 있다. 이를 랑게르한스섬이라고 한다. 랑게르한스섬에는 인슐린을 분비하는 β세포와 글루카곤을 분비하는 α세포가 있다.

인슐린의 주된 작용은 포도당이 세포 내로 유입되도록 촉진하여 혈액에서의 포도당 농도를 낮추는 것이다. 또한 간에서 포도당을 글리코겐의 형태로 저장하게 하며 세포에서의 단백질 합성을 증가시키고 지방 생성을 촉진한다.

한편 글루카곤은 인슐린과 상반된 작용을 하는데, 그 주된 작용은 간에 저장된 글리코겐을 포도당으로 분해하여 혈액에서의 포도당 농도를 증가시키는 것이다. 또한 아미노산과 지방산을 저장 부위에서 혈액 속으로 분리시키는 역할을 한다.

인슐린과 글루카곤의 분비는 혈당량에 의해 조절되는데 식사 후에는 혈액 속에 포함되어 있는 포도당의 양, 즉 혈당량이 증가하기 때문에 β세포가 자극을 받아서 인슐린 분비량이 늘어난다. 인슐린은 혈액 중의 포도당을 흡수하여 세포로 이동시키며 이에 따라 혈당량이 감소되고 따라서 인슐린 분비량이 감소된다. 반면 사람이 한참 동안 음식을 먹지 않거나 운동 등으로 혈당량이 70mg/dl 이하로 떨어지면 랑게르한스섬의 α세포가 글루카곤 분비량을 늘린다. 글루카곤은 간에 저장된 글리코겐을 분해하여 포도당을 만들어 혈액으로 보내게 된다. 이에 따라 혈당량은 다시 높아지게 되는 것이다. 일반적으로 8시간 이상 공복 후 혈당량이 99mg/dl 이하인 경우 정상으로, 126mg/dl 이상인 경우는 당뇨로 판정한다. 포도당은 뇌의 에너지원으로 사용되는데, 인슐린과 글루카곤이 서로 반대되는 작용을 통해 이 포도당의 농도를 정상 범위로 유지시키는 데 크게 기여한다.

〈보기〉

인슐린에 대해서는 어느 정도 이해를 했습니까? 오늘은 '인슐린 저항성'에 대해 알아 보도록 하겠습니다. 인슐린의 기능이 떨어져 세포가 인슐린에 효과적으로 반응하지 못하는 것을 인슐린 저항성이라고 합니다. 그럼 인슐린 저항성이 생기면 우리 몸속에서는 어떤 일이 일어나게 될지 설명해 보시겠습니까?

① 혈액 중의 포도당 농도가 높아지게 됩니다.
② 이자가 인슐린과 글루카곤을 과다 분비하게 됩니다.
③ 간에서 포도당을 글리코겐으로 빠르게 저장하게 됩니다.
④ 아미노산과 지방산을 저장 부위에서 분리시키게 됩니다.

Answer 27.①

28 다음 글에 대한 설명으로 가장 옳지 않은 것을 고르면?

> 우리 선조의 생활상을 엿보다
> – '전통 복식 문화 전시회' 열려 –
>
> 지난 1월 1일부터 K문화원에서 전통 복식 문화 연구원의 주최로 '전통 복식 문화 전시회'가 열리고 있다.
>
> 전통 복식 문화 연구원은 그동안 수집해 온 총 500여 점의 전통 복식을 이번 전시회를 통해 일반인 앞에 처음으로 선보였다. 전시관은 세 개의 관으로 구성되어 있는데, 각 관에는 왕족, 양반, 평민이 입었던 옷과 장신구가 전시되고 있다. 행사 관계자인 김 씨는 "박물관에서도 볼 수 없는 희귀 전시물이 많고, 전시물에 대해 쉽고 자세히 설명해 주는 해설사도 있으니 많이 방문하기 바랍니다."라고 말했다. 전시는 이번 달 31일까지이며, 전시 시간은 오전 9시부터 오후 8시까지이다. 입장료는 무료이다.

① 객관적인 입장에서 정보를 제공하고 있다.
② 전통 복식 문화 전시회의 개최를 알리는 글이다.
③ 사실을 정확하게 알리고 있는 글이다.
④ 글쓴이의 정서와 생각이 반영되어 있다.

✔해설 위의 글은 전통 복식 문화 전시회 개최를 알리는 글로써 사실 정보를 객관적으로 전달하는 글이다.

29 아웃도어 업체에 신입사원으로 입사한 박 사원이 다음의 기사를 요약하여 상사에게 보고해야 할 때 적절하지 못한 내용은?

아웃도어 브랜드 '기능성 티셔츠' 허위·과대광고 남발

　국내에서 판매되고 있는 유명 아웃도어 브랜드의 반팔 티셔츠 제품들이 상당수 허위·과대 광고를 하고 있는 것으로 나타났다. 소비자시민모임은 30일 甲타워에서 기자회견을 열고 '15개 아웃도어 브랜드의 등산용 반팔 티셔츠 품질 및 기능성 시험 통과 시험 결과'를 발표했다. 소비자시민모임은 2025년 신상품을 대상으로 아웃도어 의류 매출 상위 7개 브랜드 및 중소기업 8개 브랜드 총 15개 브랜드의 제품을 선정해 시험·평가했다. 시험결과 '자외선 차단' 기능이 있다고 표시·광고하고 있는 A사, B사 제품은 자외선 차단 가공 기능이 있다고 보기 어려운 수준인 것으로 드러났다. C사, D사 2개 제품은 제품상에 별도 부착된 태그에서 표시·광고하고 있는 기능성 원단과 실제 사용된 원단에 차이가 있는 것으로 확인됐다. D사, E사, F사 등 3개 제품은 의류에 부착된 라벨의 혼용율과 실제 혼용율에 차이가 있는 것으로 조사됐다. 또 일부 제품의 경우 '자외선(UV) 차단 기능 50+'라고 표시·광고했지만 실제 테스트 결과는 이에 못 미치는 것으로 나타났다. 반면, 기능성 품질 비교를 위한 흡수성, 건조성, 자외선차단 시험 결과에서는 G사, H사 제품이 흡수성이 좋은 것으로 확인되었다.
　소비자시민모임 관계자는 "일부 제품에서는 표시·광고하고 있는 기능성 사항이 실제와는 다르게 나타났다."며 "무조건 제품의 광고를 보고 고가 제품의 품질을 막연히 신뢰하기 보다는 관련 제품의 라벨 및 표시 정보를 꼼꼼히 확인해야 한다."고 밝혔다. 이어 "소비자의 합리적인 선택을 유도할 수 있도록 기능성 제품에 대한 품질 기준 마련이 필요하다."며 "표시 광고 위반 제품에 대해서는 철저한 관리 감독을 요구한다."고 촉구했다.

---

① A사와 B사 제품은 자외선 차단 효과가 낮고, C사와 D사는 태그에 표시된 원단과 실제 원단이 달랐다.
② 소비자시민모임은 '15개 아웃도어 브랜드의 등산용 반팔티셔츠 품질 및 기능성 시험 결과'를 발표했다.
③ G사와 H사 제품은 흡수성이 좋은 것으로 확인되었다.
④ 거의 모든 제품에서 표시·광고하고 있는 기능성 사항이 실제와는 다르게 나타났다.

✔해설 일부 제품에서 표시·광고하고 있는 사항이 실제와 다른 것이며 G사와 H사의 경우 제품의 흡수성이 좋은 것으로 확인되었기 때문에 거의 모든 제품이라고 단정하면 안 된다.

Answer 29.④

30 다음 중 문서를 이해하는데 있어서 필요한 능력으로 가장 먼 것은?

① 문서를 읽고 이해할 수 있는 능력

② 상황에 적합한 문서를 시각적이고 효과적으로 작성하기 위한 능력

③ 각종 문서에 수록된 정보를 확인하여 자신에게 필요한 정보를 구별하고 비교할 수 있는 능력

④ 문서에 나타난 타인의 의견을 요약·정리할 수 있는 능력

✔해설 ② 상황에 적합한 문서를 시각적이고 효과적으로 작성하기 위한 능력은 문서작성에 필요한 능력이다.

Chapter

02 문제해결

출제경향 예측

논리력, 사고력, 문제처리능력을 파악할 수 있는 문항들로 구성된다. 표를 제시하고 해석하는 문제가 다수 포진되어 출제된다. 빠르게 자료를 해석하는 능력을 연습하는 것이 중요하다. 다른 영역과 복합적으로 합쳐져서 출제되기 때문에 난이도가 높은 문항이 많이 포진된다. 최근에는 지문이 길거나 복잡한 문제, 정답을 모두 고르는 등 답을 유추하기 어려운 문항이 출제되면서 난이도를 높이는 영역 중에 하나이다. 복잡한 자료가 자주 출제되기 때문에 빠르게 핵심만 파악하여 문제를 해석하고 해결하는 능력을 높일 수 있는 많은 연습이 필요하다.

유형별 출제빈도

명제 및 진위관계	논리	고객응대	자료해석	SWOT분석

42 ▌Part 01. 직업기초

다음 중 외부 기회를 이용하여 내부 약점을 강점으로 전환할 수 있는 방안으로 옳은 것을 모두 고르면?

[SWOT 분석]

		내부환경요인	
		강점(Strengths)	약점(Weaknesses)
외부 환경 요인	기회 (Opportunities)	SO 전략 내부 강점 및 외부 기회요인 극대화	WO 전략 외부 기회를 이용하여 내부 약점을 강점으로 전환
	위협 (Threats)	ST 전략 외부 위협을 최소화하기 위한 내부 강점 극대화	WT 전략 내부 약점과 외부 위협 최소화

[甲사 SWOT 분석]

S	W
• 국내시장 점유율 1위 • 우수한 자산건전성 지표 • 가장 많은 지점 보유	• 비은행부문 계열사 해외사업 부진 • 금융부문에 집중된 서비스 • MZ세대의 진입장벽

O	T
• 금융권의 생활 밀착 플랫폼 시장 진출 • 계열사 간 협업을 통한 금융 서비스 • 빅테크, AI 등 기술 발달 및 디지털 전환 가속화	• 인터넷은행 활성화 • 비금융부문 경쟁 심화 • 비용 합리화에 따른 고객 신뢰 저하

ㄱ 국내시장 점유율을 내세워 인터넷은행에 대항할 수 있는 마케팅을 선보인다.
ㄴ MZ세대 특성을 고려해서 디지털 기술을 바탕으로 한 특화 점포를 확대 운영한다.
ㄷ 비은행플랫폼 영입으로 비금융권과 다양한 협력을 추진한다.
ㄹ ATM기기 수량을 늘려 고객 편의 및 신뢰를 구축한다.

① ㄱ   ② ㄴ
③ ㄱㄹ   ④ ㄴㄷ

ㄴ 빅테크, AI 등 기술 발달과 디지털 전환 가속화를 기회로 미래형 점포를 추구하는 이른바 피지털(Phygital) 전략을 통해 특화 점포 확대
   운영 등 MZ 세대들의 접근을 늘리는 방안은 WO 전략으로 적절하다.
ㄷ 금융권의 생활 밀착 플랫폼 시장 진출이라는 기회를 이용하여 甲 기업이 가지고 있는 금융부문에만 집중된 서비스를 비금융 부문으로 분
   산시킬 수 있다.

답 ④

1 다음 상황과 조건을 근거로 판단할 때 옳은 것은?

〈상황〉

보건소에서는 이번 달 1일(월)부터 한 달 동안 재학생을 대상으로 금연교육, 금주교육, 성교육을 각각 4, 3, 2회 실시하려는 계획을 가지고 있다.

〈조건〉

• 금연교육은 정해진 같은 요일에만 주 1회 실시하고, 화·수·목요일 중 해야 한다.
• 금주교육은 월·금요일을 제외한 다른 요일에 시행하며, 주 2회 이상 실시하지 않는다.
• 성교육은 10일 이전, 같은 주에 이틀 연속으로 실시한다.
• 22~26일은 중간고사 기간이며, 이 기간에는 어떠한 교육도 실시할 수 없다.
• 교육은 하루에 하나만 실시할 수 있으며, 주말에는 교육을 실시할 수 없다.
• 모든 교육은 반드시 4월내에 완료해야 한다.

① 이번 달 마지막 날에도 교육이 있다.
② 금연교육이 가능한 요일은 화·수요일이다.
③ 금주교육은 마지막 주에도 실시된다.
④ 성교육이 가능한 일정 조합은 두 가지 이상이다.

해설	월	화	수	목	금	토	일
	1	2(금연)	3	4(성교육)	5(성교육)	6(X)	7(X)
	8	9(금연)	10	11	12	13(X)	14(X)
	15	16(금연)	17	18	19	20(X)	21(X)
	22(X)	23(X)	24(X)	25(X)	26(X)	27(X)	28(X)
	29	30(금연)					

• 화·수·목 중 금연교육을 4회 실시하기 위해 반드시 화요일에 해야 한다.
• 10일 이전, 같은 주에 이틀 연속으로 성교육을 실시할 수 있는 날짜는 4~5일 뿐이다.
• 금주교육은 (3,10,17), (3,10,18), (3,11,17), (3,11,18) 중 실시할 수 있다.

2 다음은 지역 간의 시차를 계산하는 방법에 대한 설명이다. 다음을 참고할 때, 동경 135도에 위치한 인천에서 서경 120도에 위치한 로스앤젤레스로 출장을 가야 하는 최 과장이 도착지 공항에 현지 시각 7월 10일 오전 11시까지 도착하기 위해서 탑승해야 할 가장 늦은 항공편은 어느 것인가? (비행시간 이외의 시간은 고려하지 않는다.)

> 시차 계산 요령은 다음과 같은 3가지의 원칙을 적용할 수 있다.
> 1. 같은 경도(동경과 동경 혹은 서경과 서경)인 경우는 두 지점을 빼서 15로 나누되, 더 숫자가 큰 쪽이 동쪽에 위치한다는 뜻이므로 시간도 더 빠르다.
> 2. 또한, 본초자오선과의 시차는 한국이 영국보다 9시간 빠르다는 점을 적용하면 된다.
> 3. 경도가 다른 경우(동경과 서경)는 두 지점을 더해서 15로 나누면 되고 역시 동경이 서경보다 더 동쪽에 위치하므로 시간도 더 빠르게 된다.

항공편명	출발일	출발 시각	비행시간
KR107	7월 9일	오후 11시	
AE034	7월 9일	오후 2시	
KR202	7월 9일	오후 7시	12시간
AE037	7월 10일	오후 10시	
KR204	7월 10일	오후 4시	

① KR107
② AE034
③ KR202
④ KR204

✔ 해설 출발지와 도착지는 경도가 다른 지역이므로 주어진 설명의 3번에 해당된다. 따라서 두 지점의 시차를 계산해 보면 $(135+120) \div 5 = 17$시간이 된다.

또한, 인천이 로스앤젤레스보다 더 동쪽에 위치하므로 인천이 로스앤젤레스보다 17시간이 빠르게 된다. 다시 말해, 로스앤젤레스가 인천보다 17시간이 느리다. 따라서 최 과장이 도착지에 7월 10일 오전 11시까지 도착하기 위해서는 비행시간이 12시간이므로 도착지 시간 기준 늦어도 7월 9일 오후 11시에는 출발지에서의 탑승이 이루어져야 한다. 그러므로 7월 9일 오후 11시를 출발지 시간으로 환산하면, 7월 10일 오후 4시가 된다. 따라서 최 과장이 탑승할 수 있는 가장 늦은 항공편은 KR204임을 알 수 있다.

3 다음은 무농약농산물과 저농약농산물 인증기준에 대한 자료이다. 자신이 신청한 인증을 받을 수 있는 사람을 모두 고르면?

무농약농산물과 저농약농산물의 재배방법은 각각 다음과 같다.
1) 무농약농산물의 경우 농약을 사용하지 않고, 화학비료는 권장량의 2분의 1 이하로 사용하여 재배한다.
2) 저농약농산물의 경우 화학비료는 권장량의 2분의 1 이하로 사용하고, 농약은 살포시기를 지켜 살포 최대횟수의 2분의 1 이하로 사용하여 재배한다.

〈농산물별 관련 기준〉

종류	재배기간 내 화학비료 권장량(kg/ha)	재배기간 내 농약살포 최대횟수	농약 살포시기
사과	100	4	수확 30일 전까지
감	120	4	수확 14일 전까지
복숭아	50	5	수확 14일 전까지

甲 : 5㎢의 면적에서 재배기간 동안 농약을 전혀 사용하지 않고 20t의 화학비료를 사용하여 사과를 재배하였으며, 이 사과를 수확하여 무농약농산물 인증신청을 하였다.

乙 : 3ha의 면적에서 재배기간 동안 농약을 1회 살포하고 50kg의 화학비료를 사용하여 복숭아를 재배하였다. 하지만 수확시기가 다가오면서 병충해 피해가 나타나자 농약을 추가로 1회 살포하였고, 열흘 뒤 수확하여 저농약농산물 인증신청을 하였다.

丙 : 가로와 세로가 각각 100m, 500m인 과수원에서 감을 재배하였다. 재배기간 동안 총 2회(올해 4월 말과 8월 초) 화학비료 100kg씩을 뿌리면서 병충해 방지를 위해 농약도 함께 살포하였다. 추석을 맞아 9월 말에 감을 수확하여 저농약농산물 인증신청을 하였다.

※ 1ha=10,000㎡, 1t=1,000kg

① 甲, 乙   ② 甲, 丙

③ 乙, 丙   ④ 甲, 乙, 丙

 해설 甲 : 5㎢는 500ha이므로 사과를 수확하여 무농약농산물 인증신청을 하려면 농약을 사용하지 않고, 화학비료는 50,000kg(=50t)의 2분의 1 이하로 사용하여 재배해야 한다.

乙 : 복숭아의 농약 살포시기는 수확 14일 전까지이다. 저농약농산물 인증신청을 위한 살포시기를 지키지 못 하였으므로 인증을 받을 수 없다.

丙 : 5ha(100m×500m)에서 감을 수확하여 저농약농산물 인증신청을 하려면 화학비료는 600kg의 2분의 1 이하로 사용하고, 농약은 살포시기를 지켜(수확 14일 전까지) 살포 최대횟수인 4회의 2분의 1 이하로 사용하여 재배해야 한다.

4 신입사원 A는 상사로부터 아직까지 '올해의 K인상' 투표에 참여하지 않은 사원들에게 투표 참여 안내 문자를 발송하라는 지시를 받았다. 다음에 제시된 내용을 바탕으로 할 때, A가 문자를 보내야하는 사원은 몇 명인가?

'올해의 K인상' 후보에 총 5명(甲~戊)이 올랐다. 수상자는 120명의 신입사원 투표에 의해 결정되며 투표규칙은 다음과 같다.

- 투표권자는 한 명당 한 장의 투표용지를 받고, 그 투표용지에 1순위와 2순위 각 한 명의 후보자를 적어야 한다.
- 투표권자는 1순위와 2순위로 동일한 후보자를 적을 수 없다.
- 투표용지에 1순위로 적힌 후보자에게는 5점이, 2순위로 적힌 후보자에게는 3점이 부여된다.
- '올해의 K인상'은 개표 완료 후, 총 점수가 가장 높은 후보자가 수상하게 된다.
- 기권표와 무효표는 없다.

현재 투표까지 중간집계 점수는 다음과 같다.

후보자	중간집계 점수
甲	360점
乙	15점
丙	170점
丁	70점
戊	25점

---

① 50명
② 45명
③ 40명
④ 35명

✔️ **해설** 1명의 투표권자가 후보자에게 줄 수 있는 점수는 1순위 5점, 2순위 3점으로 총 8점이다. 현재 투표까지 중간집계 점수가 640이므로 80명이 투표에 참여하였으며, 아직 투표에 참여하지 않은 사원은 120−80＝40명이다. 따라서 신입사원 A는 40명의 사원에게 문자를 보내야 한다.

|5~6| 홍보팀 신 대리는 회사인 A지점을 출발하여 B~F 5군데 거래처를 모두 방문하려 한다. 다음 각 지점 간의 거리와 비용 관련 자료를 보고 이어지는 물음에 답하시오.

〈각 지점 간 거리〉

(단위: km)

구분	B지점	C지점	D지점	E지점	F지점
회사(A지점)	7.5	10		12	6.5
B지점		8			4
C지점			3		11
D지점				6	

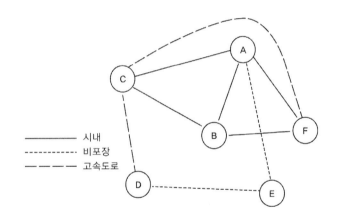

──────── 시내
┄┄┄┄┄┄┄ 비포장
── ── ── 고속도로

	시내	비포장	고속도로
연비	10.5km/L	12km/L	15km/L

* 휘발유 가격 1,500원/L

5 신 대리는 회사에서 출발하여 5군데 거래처를 모두 방문하고 다시 회사로 복귀하였다. 신 대리가 최단거리로 이동하였을 경우, 다시 회사로 돌아오기까지 이동한 총 거리는 몇 km인가?

① 39.5km

② 40km

③ 42.5km

④ 44km

✔해설 동일한 경로의 역순을 제외하면, 신 대리가 이동할 수 있는 경우의 수와 그에 따른 이동 거리는 다음과 같다.
첫째, 회사 - E지점 - D지점 - C지점 - B지점 - F지점 - 회사
→ 12+6+3+8+4+6.5=39.5km
둘째, 회사 - B지점 - F지점 - C지점 - D지점 - E지점 - 회사
→ 7.5+4+11+3+6+12=43.5km
따라서 최단거리로 이동하였을 경우의 총 이동 거리는 39.5km가 된다.

6 위와 같이 최단거리를 통해 5군데를 방문하고 복귀한 신 대리가 사용한 총 연료비는 얼마인가?

① 5,750원

② 5,330원

③ 5,150원

④ 5,050원

✔해설 최단거리 이동 경로인 '회사 - E지점 - D지점 - C지점 - B지점 - F지점 - 회사'에서 연비가 다른 구간을 구분하면 다음과 같다.
•비포장도로 : 회사 - E지점 - D지점(12+6=18km), C지점 - B지점(8km) → 총 24km
•고속도로 : D지점 - C지점 → 총 3km
•시내 : B지점 - F지점 - 회사 → 총 4+6.5=10.5km
연료비는 '이동 거리÷연비×리터 당 휘발유 가격'이 되므로 각 구간별 연료비를 다음과 같이 계산할 수 있다.
•비포장도로 : (18+8)÷12×1,500=3,250원
•고속도로 : 3÷15×1,500=300원
•시내 : 10.5÷10.5×1,500=1,500원
따라서 연료비의 합계는 3,250+300+1,500=5,050원이 된다.

7 다음 제시문을 읽고 바르게 추론한 것을 〈보기〉에서 모두 고른 것은?

A회사에서는 1,500명의 소속직원들이 마실 생수를 구입하기로 하였다. 모든 조건이 동일한 두 개의 생수회사가 최종 경쟁을 하게 되었다. 구입 담당자는 직원들에게 시음하게 하여 직원들이 가장 좋아하는 생수를 선정하고자 하였다. 다음과 같은 절차를 통하여 구입 담당자가 시음회를 주관하였다.
- 직원들로부터 더 많이 선택 받은 생수회사를 최종적으로 선정한다.
- 생수 시음회 참여를 원하는 직원을 대상으로 신청자를 접수하고 그 중 남자 15명과 여자 15명을 무작위로 선정하였다.
- 두 개의 컵을 마련하여 하나는 1로 표기하고 다른 하나는 2로 표기하여 회사이름을 가렸다.
- 참가직원들은 1번 컵의 생수를 마신 후 2번 컵의 생수를 마시고 둘 중 어느 쪽을 선호하는지 표시하였다.

〈보기〉
㉠ 참가자들이 특정 번호를 선호할 가능성을 고려하지 못하였다.
㉡ 참가자가 무작위로 선정되었으므로 전체 직원에 대한 대표성이 확보되었다.
㉢ 참가자의 절반은 2번 컵을 먼저 마시고 1번 컵을 나중에 마시도록 했어야 한다.
㉣ 우리나라의 남녀 비율이 50대 50이므로 남자직원과 여자직원을 동수로 뽑은 것은 적절하였다.

① ㉠㉡
② ㉠㉢
③ ㉡㉢
④ ㉡㉣

> **해설** ㉡ 참가자는 무작위로 선정한 것이 아니라 시음회의 참여를 원하는 직원을 대상으로 선정하였기 때문에 전체 직원에 대한 대표성이 확보되었다고 보기는 어렵다.
> ㉣ 대표성을 확보하기 위해서는 우리나라의 남녀 비율이 아닌 A회사의 남녀 비율을 고려하여 선정하는 것이 더 적절하다.

Answer 7.②

8 다음으로부터 추론한 것으로 옳은 것은?

> 갑, 을, 병, 정이 문구점에서 산 학용품에 대해서 다음과 같은 사실이 있다.
> • 갑은 연필, 병은 지우개, 정은 샤프심을 샀다.
> • 을은 매직을 사지 않았다.
> • 갑이 산 학용품을 을도 샀다.
> • 갑과 병은 같은 학용품을 사지 않았다.
> • 갑, 을, 병은 각각 2종류의 학용품을 샀다.
> • 갑은 매직을 사지 않았다.
> • 갑, 을, 병, 정은 연필, 지우개, 샤프심, 매직 외의 학용품을 사지 않았다.

① 을은 연필을 사지 않았다.
② 을과 병이 공통으로 산 학용품이 있다.
③ 병은 사지 않았지만 정이 산 학용품이 있다.
④ 3명이 공통으로 산 학용품은 없다.

✔ 해설

구매자	연필	지우개	샤프심	매직
갑	○	×	○	×
을	○	×	○	×
병	×	○	×	○
정	×	×	○	×

9

> • 민수는 병식이보다 나이가 많다.
> • 나이가 많은 사람이 용돈을 더 많이 받는다.
> • 기완이는 병식이보다 더 많은 용돈을 받는다.

① 민수의 나이가 가장 많다.
② 기완이의 나이가 가장 많다.
③ 민수는 기완이보다 나이가 많다.
④ 병식이가 가장 어리다.

> ✔**해설** 세 사람의 나이는 '민수 > 병식, 기완 > 병식'이고, 기완이와 민수 중 나이가 누가 더 많은지는 알 수 없다. 주어진
> 정보로 알 수 있는 사실은 병식이가 가장 어리다는 것이다.

10

> • 책 읽는 것을 좋아하는 사람은 집중력이 높다.
> • 성적이 좋지 않은 사람은 집중력이 높지 않다.
> • 미경이는 1학년 5반이다.
> • 1학년 5반의 어떤 학생은 책 읽는 것을 좋아한다.

① 미경이는 책 읽는 것을 좋아한다.
② 미경이는 집중력이 높지 않다.
③ 1학년 5반의 어떤 학생은 집중력이 높다.
④ 1학년 5반의 모든 학생은 성적이 좋다.

> ✔**해설** 1학년 5반의 어떤 학생은 책 읽는 것을 좋아하고, 책 읽는 것을 좋아하는 사람은 집중력이 높으므로 1학년 5반의
> 어떤 학생은 집중력이 높다는 결론은 반드시 참이 된다.

11

> - 어떤 육식동물은 춤을 잘 춘다.
> - 모든 호랑이는 노래를 잘한다.
> - 모든 늑대는 춤을 잘 춘다.
> - 호랑이와 늑대는 육식동물이다.

① 어떤 육식동물은 노래를 잘한다.

② 어떤 늑대는 노래를 잘한다.

③ 모든 호랑이는 춤도 잘 추고, 노래도 잘한다.

④ 모든 육식동물은 춤을 잘 춘다.

> **해설** ① 모든 호랑이는 어떤 육식동물에 포함되므로 '모든 호랑이는 노래를 잘한다.'라는 전제를 통해 참이 되는 것을 알 수 있다.

12

> - 모든 호랑이는 뱀을 먹지 않는다.
> - 어떤 뱀은 개구리를 먹는다.
> - 어떤 여우는 뱀을 먹는다.
> - 뱀을 먹는 동물은 개구리를 먹는다.

① 호랑이는 개구리를 먹지 않는다.

② 어떤 여우도 개구리를 먹지 않는다.

③ 모든 호랑이는 여우를 먹는다.

④ 어떤 여우는 개구리를 먹는다.

> **해설** 어떤 여우는 뱀을 먹는다. → 뱀을 먹는 동물은 개구리를 먹는다.
> ∴ 어떤 여우는 개구리를 먹는다.

13

> • 동호회 정모에 찬수가 참석하면 민희도 반드시 참석한다.
> • 지민이와 태수 중 적어도 한 명은 반드시 참석한다.
> • 저번 주 동호회 정모에서 지민이는 민희를 만났다.
> • 이번 주 동호회 정모에 지민이와 민희 둘 다 나오지 않았다.

① 찬수는 이번 주 동호회 모임에 나왔다.
② 태수는 이번 주 동호회 모임에 나왔다.
③ 찬수는 저번 주 동호회 모임에 나왔다.
④ 태수는 저번 주 동호회 모임에 나왔다.

✔ 해설 찬수, 민희, 지민, 태수의 동호회 참석은 다음 표와 같다.

	저번 주	이번 주
찬수	?	불참
민희	참석	불참
지민	참석	불참
태수	?	참석

① 찬수는 이번 주 동호회 모임에 나오지 않았다.
③④ 찬수와 태수의 저번 주 동호회 모임 참여 여부는 알 수 없다.

14 서울 출신 두 명과 강원도 출신 두 명, 충청도, 전라도, 경상도 출신 각 1명이 다음의 조건대로 줄을 선
   다. 앞에서 네 번째에 서는 사람의 출신지역은 어디인가?

   > • 충청도 사람은 맨 앞 또는 맨 뒤에 선다.
   > • 서울 사람은 서로 붙어 서있어야 한다.
   > • 강원도 사람 사이에는 다른 지역 사람 1명이 서있다.
   > • 경상도 사람은 앞에서 세 번째에 선다.

   ① 서울
   ② 강원도
   ③ 충청도
   ④ 전라도

   ✔해설 경상도 사람은 앞에서 세 번째에 서고 강원도 사람 사이에는 다른 지역 사람이 서있어야 하므로 강원도 사람은 경
        상도 사람의 뒤쪽으로 서게 된다. 서울 사람은 서로 붙어있어야 하므로 첫 번째, 두 번째에 선다. 충청도 사람은
        맨 앞 또는 맨 뒤에 서야하므로 맨 뒤에 서게 된다. 강원도 사람 사이에는 자리가 정해지지 않은 전라도 사람이
        서게 된다. '서울 – 서울 – 경상도 – 강원도 – 전라도 – 강원도 – 충청도'가 줄을 서는 순서이다.

15 다음 조건에 따를 때, 거짓말을 하는 나쁜 사람을 모두 고르면?

- 5명은 착한 사람이 아니면 나쁜 사람이며 중간적인 성향은 없다.
- 5명 중 3명은 항상 진실만을 말하는 착한 사람이고, 2명은 항상 거짓말만 하는 나쁜 사람이다.
- 5명의 진술은 다음과 같다.
- −주영 : 나는 착한 사람이다.
- −영철 : 주영이가 착한 사람이면, 창진이도 착한 사람이다.
- −혜미 : 창진이가 나쁜 사람이면, 주영이도 나쁜 사람이다.
- −창진 : 민준이가 착한 사람이면, 주영이도 착한 사람이다.
- −민준 : 주영이는 나쁜 사람이다.

---

① 주영, 창진
② 영철, 민준
③ 주영, 민준
④ 창진, 혜미

✔**해설** 주영이와 민준이의 진술이 모순이므로 둘 중에 하나는 거짓말을 하고 있다.
  ㉠ 주영이가 참말을 하고 민준이가 거짓말을 하는 경우 : 창진이의 진술은 민준이와 주영이가 동시에 착한 사람이 될 수 없으므로 거짓이다. 따라서 창진이가 나쁜 사람이면 주영이도 나쁜 사람이라는 혜미의 진술 또한 거짓이다. 따라서 2명이 거짓을 말한다는 조건에 모순된다.
  ㉡ 주영이가 거짓말 하고 민준이가 참말을 하는 경우 : 창진이의 진술은 민준이와 주영이가 동시에 착한 사람이 될 수 없으므로 거짓이다. 따라서 창진이가 나쁜 사람이면 주영이도 나쁜 사람이라는 혜미의 진술은 참이 되고 영철의 진술 또한 참이 된다. 따라서 거짓말을 하는 나쁜 사람은 주영이와 창진이다.

16 전월세전환율을 다음 〈보기〉와 같이 구한다고 할 때, A~D 지역 중에서 전월세전환율이 가장 높은 아파트는?

〈보기〉
- 전월세전환율은 보증금을 월세로 전환할 시 적용되는 비율로 임대인은 요구수익률, 임차인은 전월세 선택 및 월세 계약시 기회비용을 계산하는 지표로 활용한다.
- 전월세전환율은 [{월세/(전세금−월세보증금)} × 100]으로 산정된 월세이율을 연이율로 환산(월세이율 ×12)하여 산정하고, 단위는 %이다.

〈표〉 아파트의 전세 및 월세 현황

(단위 : 천 원)

아파트	전세금	월세보증금	월세
A	85,000	10,000	360
B	85,000	5,000	420
C	130,000	10,000	750
D	125,000	60,000	350

① A
② B
③ C
④ D

✔해설

③ $\dfrac{750}{(130,000-10,000)}\times100\times12=7.5\%$

① $\dfrac{360}{(85,000-10,000)}\times100\times12=5.76\%$

② $\dfrac{420}{(85,000-5,000)}\times100\times12=6.3\%$

④ $\dfrac{350}{(125,000-60,000)}\times100\times12=6.46\%$

Answer 16.③

17 다음은 글로벌 컴퓨터 회사 중 하나인 D사에 해외시장을 넓히기 위해 각종 광고매체수단과 함께 텔레마
케터를 고용하여 현지 마케팅을 진행 중에 있다. 아래의 내용을 읽고 조건에 비추어 보았을 때 상담원
입장으로서는 고객으로부터 자사 제품에 대한 호기심 및 관심을 끌어내야 하는 어려운 상황에 처해 있다.
이 때 C에 들어갈 말로 가장 적절한 항목을 고르면? (조건 1) C에서 정황 상 고객은 경쟁사의 제품을
구입하고자 마음을 정한 상황이다.

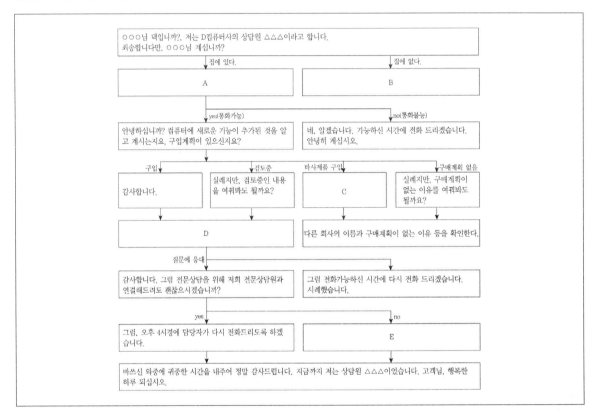

① 지금 고객님께서 부재중이시니 언제쯤 통화가 될 수 있는지 여쭤봐도 될런지요? 저의 명함을 드리
고 갈 테니 고객님께서 돌아오시면 제가 방문 드렸다고 메모 부탁드리겠습니다.
② 고객님께서 상당히 많이 바쁘신 것 같습니다. 추후에 고객님께서 통화가능하신 시간에 다시 전화
드리도록 하겠습니다.
③ 저는 D 컴퓨터사 상담원인데, 저희 회사에서 이번에 출시된 보급형 컴퓨터가 나왔는데 지금 통화
가능하신지요?
④ 그러면 고객님 실례지만 고객님께서 구매하고자 하는 컴퓨터는 어느 회사의 제품인지, 또한 그 제
품을 선택하신 이유가 무엇인지 여쭤 봐도 될런지요?

Answer 17.④

④ 고객이 다른 제품을 구입하겠다는 계획에 적극적인 대응을 해야 한다. 고객 답변에 호응하는 언어를 구사하고, 다른 회사제품에 종류나 왜 그 제품을 구매하는 이유에 대해서도 반드시 물어보아야 하므로 문맥 상 적절한 내용이다.

① 이 경우에는 고객이 집에 없는 경우에 사용해야 하는 부분으로 상담원 본인의 소개 및 전화를 한 이유가 언급되어 있다. 하지만, C의 경우에 상담원과 고객이 대화를 하고 있으므로 이 또한 해당 상황에 대한 답으로는 부적절하다.

② 고객은 마음속으로 다른 이유 때문에 상담에 호응할 수 없는 단계에서 나타난 대답이다. 하지만 정황 상 고객은 상담원과의 대화가 지속되는 것에 대해서는 무리가 없으므로 역시 부적절한 내용이다.

③ 상담의 도입단계로서 인사 표현을 명확히 하고, 상담원의 신원을 밝힌 후 전화를 건 이유와 전화통화 가능 여부를 확인하는 부분으로 이는 부적절하다.

18 다음 조건을 만족할 때, 백 대리의 비밀번호에 쓰일 수 없는 숫자는 어느 것인가?

• 백 대리는 회사 컴퓨터에 비밀번호를 설정해 두었으며, 비밀번호는 1~9까지의 숫자 중 중복되지 않은 네 개의 숫자이다.

• 네 자리의 비밀번호는 오름차순으로 정리되어 있으며, 네 자릿수의 합은 20이다.

• 가장 큰 숫자는 8이며, 짝수가 2개, 홀수가 2개이다.

• 짝수 2개는 연이은 자릿수에 쓰이지 않았다.

---

① 3
② 4
③ 5
④ 6

오름차순으로 정리되어 있으므로 마지막 숫자가 8이다. 따라서 앞의 세 개의 숫자는 1~7까지의 숫자들이며, 이를 더해 12가 나와야 한다. 8을 제외한 세 개의 숫자가 4이하의 숫자만으로 구성되어 있다면 12가 나올 수 없으므로 5, 6, 7중 하나 이상의 숫자는 반드시 사용되어야 한다. 또한 짝수와 홀수가 각각 2개씩이어야 한다.

세 번째 숫자가 7일 경우 앞 두 개의 숫자의 합은 5가 되어야 하므로 1, 4 또는 2, 3이 가능하여 1478, 2378의 비밀번호가 가능하다.

세 번째 숫자가 6일 경우 앞 두 개의 숫자는 모두 홀수이면서 합이 6이 되어야 하므로 1, 5가 가능하나, 이 경우 1568의 네 자리는 짝수가 연이은 자릿수에 쓰였으므로 비밀번호 생성이 불가능하다.

세 번째 숫자가 5일 경우 앞 두 개의 숫자의 합은 7이어야 하며 홀수와 짝수가 한 개씩 이어야 한다. 따라서 3458이 가능하다.

결국 가능한 비밀번호는 1478, 2378, 3458의 세 가지가 되어 이 비밀번호에 쓰일 수 없는 숫자는 6이 되는 것을 알 수 있다.

Answer 18.④

19 다음은 A국가의 연도별·연령별 산전진찰 초진시기 및 의료기관 방문 횟수에 대한 예시자료이다. 주어진 〈보기〉의 내용을 바탕으로, 빈 칸 ㉠~㉣에 들어갈 적절한 연령대를 순서대로 올바르게 나열한 것은 어느 것인가?

(단위 : 주, 번)

모(母)연령	2014년		2017년		2020년		2023년		2025년	
	초진시기	방문횟수	초진시기	방문횟수	초진시기	방문횟수	초진시기	방문횟수	초진시기	방문횟수
㉠	5.64	12.80	5.13	13.47	5.45	13.62	5.01	13.41	5.23	13.67
㉡	5.86	12.57	5.51	12.87	5.42	14.25	6.24	13.68	5.42	13.27
㉢	6.02	12.70	5.34	13.32	5.40	13.16	5.01	13.22	5.23	13.17
㉣	6.68	12.11	5.92	12.56	6.78	13.28	7.36	13.52	5.97	13.11

〈보기〉

a. 25~29세와 30~34세 연령대 임신부 초진 시기의 연도별 변동 패턴(빨라지거나 늦어짐)은 동일하다.
b. 15~24세 임신부의 임신 기간 중 의료기관 방문 횟수가 연령별로 가장 적었던 해는 5개 비교년도 중 3번이다.
c. 35세 이상 연령대의 임신부와 30~34세 연령대의 임신부와의 2014년 대비 2017년의 의료기관 방문횟수 증감률의 차이는 약 2.5%p이다.

	㉠	㉡	㉢	㉣
①	35세 이상	25~29세	30~34세	15~24세
②	25~29세	35세 이상	15~24세	30~34세
③	25~29세	35세 이상	30~34세	15~24세
④	25~29세	30~34세	35세 이상	15~24세

✔해설 a. 연령대별 임신부 초진 시기가 연도별로 빨라지거나 늦어지는 변동 패턴이 동일한 것은 ㉠과 ㉢이므로 둘 중 하나가 25~29세이며, 나머지 하나가 30~34세가 된다.
b. 의료기관 방문 횟수가 연령별로 가장 적었던 해가 3번인 것은 ㉣의 2014년, 2017년, 2025년 밖에 없다. 따라서 ㉣이 15~24세가 된다.
c. a와 b를 근거로 ㉡이 35세 이상 연령대가 됨을 알 수 있으며, ㉡과의 증감률 비교를 통해 ㉠과 ㉢을 구분할 수 있다. ㉠, ㉡, ㉢의 방문 횟수 증감률을 계산해 보면 다음과 같다.
㉠ (13.47-12.8)÷12.8×100=약 5.2%
㉡ (12.87-12.57)÷12.57×100=약 2.4%
㉢ (13.32-12.7)÷12.7×100=약 4.9%
따라서 ㉡과 ㉢이 2.5%p의 차이를 보이고 있으므로 ㉢이 30~34세 연령대의 임신부임을 알 수 있다.

Answer 19.③

20 甲은행은 합숙 신입생 OT 4일간(월~목) 체력 훈련 A, B, C, D와 인문 특강 Ⅰ, Ⅱ, Ⅲ, Ⅳ를 한 번씩 꼭 들어야 한다. 서원씨는 하루에 체력 훈련 한 가지와 인문 특강 한 가지를 하기로 계획하였고, 다음 〈원칙〉을 지키기로 하였다. 훈련 D와 특강 Ⅱ를 목요일에 하기로 계획했을 때 반드시 참인 것은?

〈원칙〉

㉠ 훈련 A와 특강 Ⅱ를 같은 날에 할 수 없다.
㉡ 훈련 B와 특강 Ⅲ를 같은 날에 해야 한다.
㉢ 훈련 C를 한 날 바로 다음 날 훈련 A를 해야 한다.
㉣ 특강 Ⅳ를 한 날 이후에 특강 Ⅲ를 해야 한다.

---

① 훈련 A는 월요일에 해야 한다.
② 훈련 C는 화요일에 해야 한다.
③ 특강 Ⅰ은 수요일에 해야 한다.
④ 특강 Ⅲ는 수요일에 해야 한다.

✔ **해설** D와 Ⅱ는 목요일에 하고, B와 Ⅲ는 같은 날 하되 월요일에 할 수 없다. 그러므로 B와 Ⅲ를 화요일이나 수요일에 해야 하는데, C와 A를 연이어 해야 하므로, B와 Ⅲ를 화요일에 할 수 없고 수요일에 할 수 밖에 없다. 여기까지 도표로 정리하면 Ⅰ과 Ⅳ만 정해지지 않고 나머지는 모두 결정이 된다.

구분	월	화	수	목
체력 훈련(A·B·C·D)	C	A	B	D
인문 특강(Ⅰ·Ⅱ·Ⅲ·Ⅳ)			Ⅲ	Ⅱ

이때 주의할 점은 '특강 Ⅳ는 월요일에 해야 한다.'가 반드시 참은 아니라는 것이다. 특강 Ⅳ는 화요일에 할 수도 있다. 따라서 항상 참인 것은 '특강 Ⅲ는 수요일에 해야 한다.'이다.

21 다음은 특보의 종류 및 기준에 관한 자료이다. ㉠과 ㉡의 상황에 어울리는 특보를 올바르게 짝지은 것은?

〈특보의 종류 및 기준〉

종류	주의보	경보
강풍	육상에서 풍속 14m/s 이상 또는 순간풍속 20m/s 이상이 예상될 때. 다만, 산지는 풍속 17m/s 이상 또는 순간풍속 25m/s 이상이 예상될 때	육상에서 풍속 21m/s 이상 또는 순간풍속 26m/s 이상이 예상될 때. 다만, 산지는 풍속 24m/s 이상 또는 순간풍속 30m/s 이상이 예상될 때
호우	6시간 강우량이 70mm 이상 예상되거나 12시간 강우량이 110mm 이상 예상될 때	6시간 강우량이 110mm 이상 예상되거나 12시간 강우량이 180mm 이상 예상될 때
태풍	태풍으로 인하여 강풍, 풍랑, 호우 현상 등이 주의보 기준에 도달할 것으로 예상될 때	태풍으로 인하여 풍속이 17m/s 이상 또는 강우량이 100mm 이상 예상될 때. 다만, 예상되는 바람과 비의 정도에 따라 아래와 같이 세분한다. |	3급	2급	1급
---	---	---	---
바람(m/s)	17~24	25~32	33이상
비(mm)	100~249	250~399	400이상	
폭염	6월~9월에 일최고기온이 33℃ 이상이고, 일최고열지수가 32℃ 이상인 상태가 2일 이상 지속될 것으로 예상될 때	6월~9월에 일최고기온이 35℃ 이상이고, 일최고열지수가 41℃ 이상인 상태가 2일 이상 지속될 것으로 예상될 때

㉠ 태풍이 남해안에 상륙하여 울산지역에 270mm의 비와 함께 풍속 26m/s의 바람이 예상된다.
㉡ 지리산에 오후 3시에서 오후 9시 사이에 약 130mm의 강우와 함께 순간풍속 28m/s가 예상된다.

	㉠	㉡
①	태풍경보 1급	호우주의보
②	태풍경보 2급	호우경보 + 강풍주의보
③	태풍주의보	강풍주의보
④	태풍경보 2급	호우경보 + 강풍경보

✔해설 ㉠ 태풍경보 표를 보면 알 수 있다. 비가 270mm이고 풍속 26m/s에 해당하는 경우는 태풍경보 2급이다.
㉡ 6시간 강우량이 130mm 이상 예상되므로 호우경보에 해당하며 산지의 경우 순간풍속 28m/s 이상이 예상되므로 강풍주의보에 해당한다.

Answer 21.②

22 Z회사에 근무하는 7명의 직원이 교육을 받으려고 한다. 교육실에서 직원들이 앉을 좌석의 조건이 다음과 같을 때 직원 중 빈자리 바로 옆 자리에 배정받을 수 있는 사람은?

〈교육실 좌석〉

첫 줄	A	B	C
중간 줄	D	E	F
마지막 줄	G	H	I

〈조건〉

• 직원은 강훈, 연정, 동현, 승만, 문성, 봉선, 승일 7명이다.
• 서로 같은 줄에 있는 좌석들끼리만 바로 옆 자리일 수 있다.
• 봉선의 자리는 마지막 줄에 있다.
• 동현이의 자리는 승만이의 바로 옆 자리이며, 또한 빈 자리 바로 옆이다.
• 승만이의 자리는 강훈이의 바로 뒷 자리이다.
• 문성이와 승일이는 같은 줄의 좌석을 배정 받았다.
• 문성이나 승일이는 누구도 강훈이의 바로 옆 자리에 배정받지 않았다.

① 승만
② 문성
③ 연정
④ 봉선

✔ **해설** 주어진 조건을 정리해 보면 마지막 줄에는 봉선, 문성, 승일이가 앉게 되며 중간 줄에는 동현이와 승만이가 앉게 된다. 그러나 동현이가 승만이 바로 옆 자리이며, 또한 빈자리가 바로 옆이라고 했으므로 승만이는 빈자리 옆에 앉지 못한다. 첫 줄에는 강훈이와 연정이가 앉게 되고 빈자리가 하나 있다. 따라서 연정이는 빈 자리 옆에 배정 받을 수 있다.

Answer 22.③

23 甲회사에 근무하고 있는 채 과장은 거래 업체를 선정하고자 한다. 업체별 현황과 평가기준이 다음과 같을 때, 선정되는 업체는?

	시장매력도	정보화수준	접근가능성
업체명	시장규모(억 원)	정보화순위	수출액(백만 원)
A업체	550	106	9,103
B업체	333	62	2,459
C업체	315	91	2,597
D업체	1,706	95	2,777

〈업체별 현황〉

〈평가기준〉

- 업체별 종합점수는 시장매력도(30점 만점), 정보화수준(30점 만점), 접근가능성(40점 만점)의 합계(100점 만점)로 구하며, 종합점수가 가장 높은 업체가 선정된다.
- 시장매력도 점수는 시장매력도가 가장 높은 업체에 30점, 가장 낮은 업체에 0점, 그 밖의 모든 업체에 15점을 부여한다. 시장규모가 클수록 시장매력도가 높다.
- 정보화수준 점수는 정보화순위가 가장 높은 업체에 30점, 가장 낮은 업체에 0점, 그 밖의 모든 업체에 15점을 부여한다.
- 접근가능성 점수는 접근가능성이 가장 높은 업체에 40점, 가장 낮은 업체에 0점, 그 밖의 모든 국가에 20점을 부여한다. 수출액이 클수록 접근가능성이 높다.

① A업체   ② B업체
③ C업체   ④ D업체

✔해설 업체별 평가기준에 따른 점수는 다음과 같으며, D업체가 65점으로 선정된다.

업체명	시장매력도	정보화수준	접근가능성	합계
A업체	15	0	40	55
B업체	15	30	0	45
C업체	0	15	20	35
D업체	30	15	20	65

24 다음의 내용이 모두 참일 때, 결론이 타당하기 위해서 추가로 필요한 진술은?

> ⊙ 자동차는 1번 도로를 지나왔다면 이 자동차는 A 마을에서 왔거나 B 마을에서 왔다.
> ⓒ 자동차가 A 마을에서 왔다면 자동차 밑바닥에 흙탕물이 튀었을 것이다.
> ⓒ 자동차가 A 마을에서 왔다면 자동차의 모습을 담은 폐쇄회로 카메라가 적어도 하나가 있을 것이다.
> ⓔ 자동차가 B 마을에서 왔다면 도로 정체를 만났을 것이고 적어도 한 곳의 검문소를 통과했을 것이다.
> ⓜ 자동차가 도로정체를 만났다면 자동차의 모습을 닮은 폐쇄회로 카메라가 적어도 하나가 있을 것이다.
> ⓗ 자동차가 적어도 검문소 한 곳을 통과했다면 자동차 밑바닥에 흙탕물이 튀었을 것이다.
> ∴ 따라서 자동차는 1번 도로를 지나오지 않았다.

① 자동차 밑바닥에 흙탕물이 튀었을 것이다.

② 자동차는 도로 정체를 만나지 않았을 것이다.

③ 자동차는 적어도 검문소 한 곳을 통과했을 것이다.

④ 자동차 모습을 담은 폐쇄회로 카메라는 하나도 없을 것이다.

✔해설 결론이 '자동차는 1번 도로를 지나오지 않았다.'이므로 결론을 중심으로 연결고리를 이어가면 된다. 자동차가 1번 도로를 지나오지 않았다면 ⊙에 의해 이 자동차는 A, B마을에서 오지 않았다. 흙탕물이 자동차 밑바닥에 튀지 않고 자동차를 담은 폐쇄회로 카메라가 없다면 A마을에서 오지 않았을 것이다. 도로정체가 없고 검문소를 통과하지 않았다면 B마을에서 오지 않았을 것이다. 폐쇄회로 카메라가 없다면 도로정체를 만나지 않았을 것이다. 자동차 밑바닥에 흙탕물이 튀지 않았다면 검문소를 통과하지 않았을 것이다. 따라서 자동차가 1번 도로를 지나오지 않았다는 결론을 얻기 위해서는 폐쇄회로 카메라가 없거나 흙탕물이 튀지 않았다는 전제가 필요하다.

25 A회사의 건물에는 1층에서 4층 사이에 5개의 부서가 있다. 다음 조건에 일치하는 것은?

> • 영업부와 기획부는 복사기를 같이 쓴다.
>
> • 3층에는 경리부가 있다.
>
> • 인사부는 홍보부의 바로 아래층에 있다.
>
> • 홍보부는 영업부의 아래쪽에 있으며 2층의 복사기를 쓰고 있다.
>
> • 경리부는 위층의 복사기를 쓰고 있다.

① 영업부는 기획부와 같은 층에 있다.

② 경리부는 4층의 복사기를 쓰고 있다.

③ 인사부는 2층의 복사기를 쓰고 있다.

④ 기획부는 4층에 있다.

✔ **해설** ① 복사기를 같이 쓴다고 해서 같은 층에 있는 것은 아니다. 영업부가 경리부처럼 위층의 복사기를 쓸 수도 있다.
③ 인사부가 2층의 복사기를 쓰고 있다고 해서 인사부의 위치가 2층인지는 알 수 없다.
④ 제시된 조건으로 기획부의 위치는 알 수 없다.

26 작업 A부터 작업 E까지 모두 완료해야 끝나는 업무에 대한 조건이 다음과 같을 때 옳지 않은 것은? (단, 모든 작업은 동일 작업장 내에서 행하여진다)

> ㉠ 작업 A는 4명의 인원과 10일의 기간이 소요된다.
> ㉡ 작업 B는 2명의 인원과 20일의 기간이 소요되며, 작업 A가 끝난 후에 시작할 수 있다.
> ㉢ 작업 C는 4명의 인원과 50일의 기간이 소요된다.
> ㉣ 작업 D와 E는 각 작업 당 2명의 인원과 20일의 기간이 소요되며, 작업 E는 작업 D가 끝난 후에 시작할 수 있다.
> ㉤ 모든 인력은 작업 A~E까지 모두 동원될 수 있으며 생산력은 모두 같다.
> ㉥ 인건비는 1인당 1일 10만 원이다.
> ㉦ 작업장 사용료는 1일 50만 원이다.

① 업무를 가장 빨리 끝낼 수 있는 최단 기간은 50일이다.
② 최단 기간에 업무를 끝내기 위해 필요한 최소 인력은 10명이다.
③ 작업 가능한 인력이 4명뿐이라면 업무를 끝낼 수 있는 기간은 100일이다.
④ 모든 작업을 끝내는데 드는 최소 비용은 6,100만 원이다.

✔해설 ② 최단 기간에 업무를 끝내기 위해 필요한 최소 인력은 8명이다.

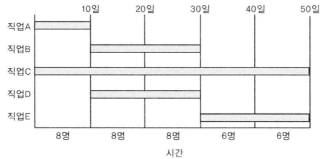

작업장 사용료 : 50일×50만 원=2,500만 원
인건비 : {(8인×30일)+(6인×20일)}×10만 원=3,600만 원

27 다음은 특정 월의 3개 원자력발전소에서 생산된 전력을 각각 다른 세 곳으로 전송한 내역을 나타낸 표이다. 다음 표에 대한 〈보기〉의 설명 중, 적절한 것을 모두 고른 것은 어느 것인가?

(단위 : 천 Mwh)

발전소 \ 전송처	지역A	지역B	지역C
H발전소	150	120	180
G발전소	110	90	120
W발전소	140	170	70

〈보기〉

(가) 생산 전력량은 H발전소가, 전송받은 전력량은 지역A가 가장 많다.

(나) W발전소에서 지역A로 공급한 전력의 30%가 지역C로 전송되었더라면 전송받은 전력량의 지역별 순위는 바뀌게 된다.

(다) H발전소에서 전송한 전력량을 세 지역 모두 10%씩 줄이게 되면 발전소별 생산 전력량 순위는 바뀌게 된다.

(라) 발전소별 평균 전송한 전력량과 지역별 평균 전송받은 전력량 중, 100~150천 Mwh의 범위를 넘어서는 전력량은 없다.

① (나), (다), (라)

② (가), (나), (라)

③ (가), (다), (라)

④ (가), (나), (다)

해설 〈보기〉의 각 내용을 살펴보면 다음과 같다.

(가) 생산 전력량은 순서대로 각각 450, 320, 380천 Mwh로 H발전소가, 전송받은 전력량은 순서대로 각각 400, 380, 370천 Mwh로 지역A가 가장 많다.

(나) W발전소에서 지역A로 공급한 전력의 30%가 지역C로 전송된다는 것은 지역A로 전송된 전력량이 140→98천 Mwh, 지역C로 전송된 전력량이 70→112천 Mwh가 된다는 것이므로 이 경우, 전송받은 전력량 순위는 지역A와 지역C가 서로 바뀌게 된다.

(다) H발전소에서 전송한 전력량을 세 지역 모두 10%씩 줄이면 450→405천 Mwh가 되어 발전소별 생산 전력량 순위는 바뀌지 않고 동일하게 된다.

(라) 발전소별 평균 전송한 전력량은 순서대로 각각 450÷3=150, 320÷3=약 107, 380÷3=약 127천 Mwh이며, 지역별 평균 전송받은 전력량은 순서대로 각각 400÷3=약 133, 380÷3=약 127, 370÷3=약 123천 Mwh이므로 모든 평균값이 100~150천 Mwh의 범위 내에 있음을 알 수 있다.

Answer 27.②

28 다음 글을 논리적으로 바르게 배열한 것은?

㈎ 오늘날까지 인류가 알아낸 지식은 한 개인이 한 평생 체험을 거듭할지라도 그 몇 만분의 일도 배우기 어려운 것이다.

㈏ 가령, 무서운 독성을 가진 콜레라균을 어떠한 개인이 먹어 보아서 그 성능을 증명하려 하면, 그 사람은 그 지식을 얻기 전에 벌써 죽어 버리고 말게 될 것이다.

㈐ 지식은 그 종류와 양이 무한하다.

㈑ 또 지식 중에는 체험으로써 배우기에는 너무 위험한 것도 많다.

㈒ 그러므로 체험만으로써 모든 지식을 얻으려는 것은 매우 졸렬한 방법일 뿐 아니라, 거의 불가능한 일이라 하겠다.

---

① ㈐ → ㈎ → ㈑ → ㈏ → ㈒

② ㈐ → ㈑ → ㈎ → ㈏ → ㈒

③ ㈎ → ㈐ → ㈏ → ㈒ → ㈑

④ ㈎ → ㈏ → ㈑ → ㈒ → ㈐

✔ 해설 ㈐ 무한한 지식의 종류와 양→㈎ 인간이 얻을 수 있는 지식의 한계→㈑ 체험으로써 배우기 어려운 지식→㈏ 체험으로 배우기 위험한 지식의 예→㈒ 체험으로써 모든 지식을 얻기란 불가능함

Answer 28.①

29 甲회사가 인사 채용 건으로 업체 간 협력 가능성 등을 고려하여 외주 업체를 선정하려고 한다. 다음과 같은 조건일 때에 선정이 확실한 업체는 모두 몇 개인가?

〈조건〉

1. 업체는 모두 8곳이다.
2. A업체를 선정하면 C업체는 선정하지 않는다.
3. A업체는 선정하며 B업체는 선정하지 않는다.
4. B업체가 선정되지 않으면 E업체가 선정된다.
5. E업체가 선정되면 G업체는 선정되지 않는다.
6. D업체가 선정되지 않으면 H업체도 선정되지 않는다.
7. G업체가 선정되지 않으면 A업체가 선정된다.

① 1개
② 2개
③ 3개
④ 4개

✔ 해설   조건 3에 따라 A업체는 선정된다. 조건 2에 따라 A업체가 선정되면 C업체는 선정되지 않는다. 조건 4에 따라 E 업체가 선정된다. 조건 6의 D업체와 H업체는 선정 여부가 확실하지 않다. 따라서 선정이 확실한 업체는 A업체와 E업체 두 개다.

30 다음 점수표를 통해 확인할 수 있는 결과로 옳은 것은?

> 甲, 乙, 丙이 농구 자유투 대결을 총 5회까지 진행하여 우승자를 선정한다. 자유투로 골에 넣는 것을 성공하면 1점이 부여된다. 다음은 세 사람의 점수를 회차별로 기록하였는데 종이에 물이 엎어지면서 4회와 5회의 결과가 지워졌다. 4회와 5회 중 한 회차에서 세 사람의 점수가 모두 같았고, 다른 한 라운드에서 1점을 받은 사람이 한명 있었다.

〈점수표〉

구분	1회	2회	3회	4회	5회	합계
甲	2	4	3			16
乙	5	4	2			17
丙	5	2	6			18

① 3회까지 점수를 보면 甲이 1위이다.

② 丙은 매회 다른 점수를 기록하고 있다.

③ 4회와 5회 중에서 자유투로 1점을 받은 사람이 누군지 알 수 없다.

④ 4회와 5회의 점수만 본다면 乙이 최하위이다.

✔ **해설** 주어진 점수표를 통해 甲 ~ 丙이 4회와 5회에서 받은 점수는 甲은 7, 乙은 6, 丙은 5가 된다. 한 회의 점수가 모두 동점이고 다른 회에서 한 사람이 자유투를 한 번에 성공하여 1점을 받았다. 만약 甲이나 乙이 1점을 받는다면 점수가 동점인 회의 점수가 6점이나 5점이 되므로 丙의 점수표가 완성될 수 없다. 따라서 자유투에서 1점을 획득한 사람은 丙이다.

구분	1회	2회	3회	4회	5회	합계
甲	2	4	3	3	4	16
乙	5	4	2	2	4	17
丙	5	2	6	1	4	18
회차별 합계	12	10	11	6	12	51

① 1회에서 3회 점수 합산을 하면 甲 9점, 乙 10점, 丙 13점으로 丙이 1위이다.

③ 자유투에서 1점을 획득한 사람은 丙인 것을 알 수 있다.

④ 4회와 5회 합산점수는 甲 7점, 乙 6점, 丙 5점으로 丙이 최하위이다.

03 자원관리

출제경향 예측

업무 수행에 있어서 필요한 자원을 확인·확보하여 적절히 할당할 수 있는가를 평가한다. 가장 자주 출제되는 유형은 시간관리와 예산관리가 복합형으로 나오면서 난도가 높은 편에 속한다. 그 외에 자주 출제되는 유형의 문제는 회의시간 정하기, 출장 날짜 정하기, 가격 비교하기, 업체 비교하여 선정하는 것, 필기·면접 평가 관련, 인적자원 관리방법, 리더십 방법 등이 자주 출제된다. 점차 난도가 상승하면서 제시문의 길이가 길어지고 자료를 해석하는 능력을 요하는 문제가 많이 출제되고 있다. 모듈형보다 난도가 높아지고, 지문을 꼼꼼히 읽지 않으면 틀리기 쉬운 형태의 문제가 다수 출제되어 지문을 읽을 때 신속하지만 정확하게 읽으려는 연습을 많이 해두는 것이 좋다.

유형별 출제빈도

시간관리	예산관리	물적자원관리	인적자원관리	리더십

직원 채용시험 최종 결과가 다음과 같을 때 5명의 응시자 중 가장 많은 점수를 얻은 최종합격자는 누구인가?

〈최종결과표〉

(단위 : 점)

구분	응시자 A	응시자 B	응시자 C	응시자 D	응시자 E
서류전형	89	86	94	92	93
1차 필기	94	92	89	83	91
2차 필기	88	87	90	97	89
면접	90	94	93	92	93

※ 1) 각 단계별 다음과 같은 가중치를 부여하여 해당 점수에 추가 반영한다.
   • 서류전형 점수 : 10%
   • 1차 필기 점수 : 15%
   • 2차 필기 점수 : 20%
   • 면접 점수 : 5%
   2) 4개 항목 중 어느 항목이라도 최하위 득점이 있는 응시자는(최하위 점수가 90점 이상일 경우 제외), 최종 합격자가 될 수 없음
   3) 동점자는 가중치가 많은 항목 고득점자 우선 채용

① 응시자 A   ② 응시자 B
③ 응시자 C   ④ 응시자 D

응시자들의 점수를 구하기 전에 채용 조건에 따라 서류전형과 2차 필기에서 최하위 득점을 한 응시자 B와 1차 필기에서 최하위 득점을 한 응시자 D는 채용이 될 수 없다. 면접에서 최하위 득점을 한 응시자 A는 90점 이상이므로 점수를 계산해 보아야 한다. 따라서 응시자 A, C, E의 점수는 다음과 같다.

구분	응시자 A	응시자 C	응시자E
서류전형	8.9	9.4	9.3
1차 필기	14.1	13.35	13.65
2차 필기	17.6	18	17.8
면접	4.5	4.65	4.65
총 합계	45.1	45.4	45.4

응시자 C와 E가 동점이나, 가중치가 많은 2차 필기의 점수가 높은 응시자 C가 최종 합격자가 된다.

답 ③

1 귀하는 甲공단의 홍보 담당자인 L 사원이다. 아래의 자료를 근거로 판단할 때, L 사원이 선택할 4월의 광고수단은?

– 주어진 예산은 월 3천만 원이며, L 사원은 월별 공고효과가 가장 큰 광고수단 하나만을 선택한다.
– 광고비용이 예산을 초과하면 해당 광고수단은 선택하지 않는다.
– 광고효과는 아래와 같이 계산한다.

$$광고효과 = \frac{총 광고 횟수 \times 회당 광고노출자 수}{광고비용}$$

– 광고수단은 한 달 단위로 선택된다.

광고수단	광고 횟수	회당 광고노출자 수	월 광고비용(천 원)
TV	월 3회	100만 명	30,000
버스	일 1회	10만 명	20,000
KTX	일 70회	1만 명	35,000
지하철	일 60회	2천 명	25,000
포털사이트	일 50회	5천 명	30,000

① TV
② 버스
③ 지하철
④ 포털사이트

✔해설 L 사원에게 주어진 예산은 월 3천만 원이며, 이를 초과할 경우 광고수단은 선택하지 않는다. 따라서 월 광고비용이 3,500만 원인 KTX는 배제된다.
조건에 따라 광고수단은 한 달 단위로 선택되며 4월의 광고비용을 계산해야 하므로 모든 광고수단은 30일을 기준으로 한다. 조건에 따른 광고 효과 공식을 대입하면 아래와 같이 광고 효과를 산출할 수 있다.

구분	광고횟수	회당 광고노출자 수 (만 명)	월 광고비용 (천 원)	광고효과
TV	3	100	30,000	0.01
버스	30	10	20,000	0.015
KTX	2,100	1	35,000	0.06
지하철	1,800	0.2	25,000	0.0144
포털사이트	1,500	0.5	30,000	0.025

따라서 L 사원은 예산 초과로 배제된 KTX를 제외하고, 월별 광고효과가 가장 좋은 포털사이트를 선택한다.

Answer 1.④

2 다음은 甲회사의 연차 제도를 나타낸 것이다. 현재 날짜는 2024년 8월 13일 일 때, 다음 자료를 보고 연차가 가장 많이 남은 사원을 고르면?

〈연차 제도〉

재직 기간	연차 일수
1년 미만	5
1년 이상 2년 미만	6
2년 이상 4년 미만	8
4년 이상 7년 미만	11
7년 이상	13

※ 표는 기본 연차일수를 나타낸 것이며 직급과 지난 성과에 따라 연차일수는 추가됩니다.

• 대리 : +2일, 과장·차장 : +3일, 부장 : +5일

• 성과 → 70~79점 : +1일, 80~89점 : +2일, 90~100점 : +3일

※ 반차 1회 사용 시 연차를 0.5일로 계산합니다.

① 2022년 8월 20일에 입사한 사원 A는 지난 성과에서 95점을 받았으며, 연차 1일과 반차 3회를 사용하였다.

② 2023년 10월 30일에 입사한 부장 B는 지난 성과에서 57점을 받았으며, 연차 3일을 사용하였다.

③ 2020년 11월 5일에 입사한 대리 C는 지난 성과에서 72점을 받았으며, 연차 4일과 반차 4회를 사용하였다.

④ 2021년 5월 31일에 입사한 과장 E는 지난 성과에서 84점을 받았으며, 연차 4일과 반차 2회를 사용하였다.

 해설 ① 기본 연차 6일+성과 3일−1일−1.5일=6.5일
② 기본 연차 5일+직급 5일−3일=7일
③ 기본 연차 8일+직급 2일+성과 1일−4일−2일=5일
④ 기본 연차 8일+직급 3일+성과 2일−4일−1일=8일

3 귀하는 관광 행사의 업무담당자인 甲이다. 다음 글을 근거로 판단할 때, 지불해야 할 관광비용은?

〈관광 행사〉

- 甲은 해외 방문객을 인솔하여 경복궁에서 시작하여 서울시립미술관, 서울타워 전망대, 국립중앙박물 관까지 관광을 진행하려 한다. '경복궁 → 서울시립미술관'은 도보로, '서울시립미술관 → 서울타워 전 망대'및 '서울타워 전망대 → 국립중앙박물관은 각각 지하철로 이동해야 한다.
- 입장료 및 지하철 요금

경복궁	서울시립미술관	서울타워전망대	국립중앙박물관	지하철
1,000원	5,000원	10,000원	1,000원	1,000원

※ 지하철 요금은 거리에 관계없이 탑승할 때마다 일정하게 지불하며, 도보 이동 시에는 별도 비용 없음
- 관광비용은 입장료, 지하철 요금, 상품가격의 합산액이다.
- 甲은 관광비용을 최소화하고자 하며, 甲이 선택할 수 있는 상품은 다음 세 가지 중 하나이다.

상품	가격	혜택				
		경복궁	서울시립미술관	서울타워전망대	국립중앙박물관	지하철
스마트교통카드	1,000원	–	–	50% 할인	–	당일무료
시티투어A	3,000원	30% 할인	30% 할인	30% 할인	30% 할인	당일무료
시티투어B	5,000원	무료	–	무료	무료	–

① 11,000원 ② 12,000원
③ 13,000원 ④ 14,900원

 甲이 지불해야 하는 총비용은 1,000(경복궁) + 5,000(미술관) + 10,000(전망대) + 1,000(박물관) + 1,000(지하철) × 2 = 19,000원이다.
甲은 비용을 최소화하고자 하므로 할인받을 수 있는 내용을 살펴봐야 한다.
- 스마트 교통카드 : 서울타워 전망대에서 5,000원 할인, 지하철 2,000원 할인, 가격 1,000원을 지불해야 하므로 총 6,000원이 할인된다.
- 시티투어 A : 가격 3,000원을 지불하고, 지하철 2,000원과 경복궁, 전망대, 미술관, 박물관 입장료에서 30% 할 인이 된다. 따라서 4,100원(7,100원 - 3,000원)이 할인된다.
- 시티투어 B : 경복궁, 전망대, 박물관이 무료이므로 12,000원이 할인되고 가격 5,000원을 지불해야 하므로 총 7,000원이 할인된다. 따라서 甲은 시티투어 B를 사용하고, 이때 지불할 관광비용은 12,000원(19,000원 - 7,000 원)이다.

Answer 3.②

4 '국외부문 통화와 국제수지'에 대한 다음 설명을 참고할 때, 〈보기〉와 같은 네 개의 대외거래가 발생하였을 경우에 대한 설명으로 올바른 것은 어느 것인가?

모든 대외거래를 복식부기의 원리에 따라 체계적으로 기록한 국제수지표상의 경상수지 및 자본수지는 거래의 형태에 따라 직'간접적으로 국외부문 통화에 영향을 미치게 된다. 수출입 등의 경상적인 무역수지 및 서비스 수지 등의 거래는 외국환은행과의 외화 교환과정에서 국외부문 통화에 영향을 미치게 된다. 경상 및 자본수지 상의 민간, 정부의 수지가 흑자일 경우에는 민간 및 정부부문의 외화 총수입액이 총지급액을 초과한다는 것을 의미하므로 민간 및 정부부문은 이 초과 수입분을 외국환은행에 원화를 대가로 매각한다. 이 과정에서 외국환은행은 외화자산을 늘리면서 이에 상응한 원화를 공급한다. 즉 외국환은행은 국외순자산을 늘리고 이에 상응한 원화를 비은행 부문으로 공급하게 된다. 반대로 적자일 경우 외국환은행은 외화자산을 줄이면서 원화를 환수하게 된다.

〈보기〉
- 상품 A를 100달러에 수출
- 상품 B를 50달러에 수입
- C 기업이 외화단기차입금 20달러를 상환
- D 외국환은행이 뱅크 론으로 50달러를 도입

① 경상수지는 120달러 흑자, 자본수지가 100달러 흑자로 나타나 총 대외수지는 220달러 흑자가 된다.
② 경상수지는 50달러 흑자, 자본수지가 70달러 적자로 나타나 총 대외수지는 20달러 적자가 된다.
③ 경상수지는 70달러 흑자, 자본수지가 150달러 적자로 나타나 총 대외수지는 80달러 적자가 된다.
④ 경상수지는 50달러 흑자, 자본수지가 30달러 흑자로 나타나 총 대외수지는 80달러 흑자가 된다.

✔ 해설 대외거래 결과, 예금취급기관의 대외자산은 수출대금이 100달러, 뱅크 론이 50달러 늘어났으나, 수입대금으로 50달러, 차입금상환으로 20달러를 매도함으로써 총 80달러가 늘어나게 되어 총 대외수지는 80달러 흑자가 된 경우이다.

5   사무실 2개를 임대하여 사용하던 M씨는 2개의 사무실을 모두 이전하고자 한다. 다음과 같은 조건을 참고할 때, M씨가 주인과 주고받아야 할 금액에 대한 올바른 설명은 어느 것인가? (모든 계산은 소수점 이하 절사하여 원 단위로 계산함)

큰 사무실 임대료 : 54만 원

작은 사무실 임대료 : 35만 원

오늘까지의 이번 달 사무실 사용일 : 10일

☞ 임대료는 부가세와 함께 입주 전 선불 계산한다.

☞ 임대료는 월 단위이며 항상 30일로 계산한다.

☞ 부가세 별도

☞ 보증금은 부가세 포함하지 않은 1개월 치 임대료이다.

---

① 주고받을 금액이 정확히 상계 처리된다.

② 사무실 주인으로부터 979,000원을 돌려받는다.

③ 사무실 주인에게 652,667원을 지불한다.

④ 사무실 주인으로부터 1,542,667원을 돌려받는다.

✔해설 이번 달 임대료는 이미 모두 지불하였을 것이므로 $(540,000+350,000)\times1.1=979,000$원을 지불한 상태가 된다. 이 중, 사무실 사용일이 10일이므로 $979,000\div30\times10=326,333$원은 지불해야 하고 $979,000-326,333=652,667$원을 돌려받아야 한다. 또한 부가세를 포함하지 않은 1개월 치 임대료인 $540,000+350,000=890,000$원을 돌려받아야 한다. 따라서 총 $652,667+890,000=1,542,667$원을 사무실 주인으로부터 돌려받아야 한다.

Answer   5.④

6 다음은 특정 시점의 국가별 에너지 순위를 나타낸 예시자료이다. 다음 자료를 보고 해석한 〈보기〉와 같은 의견 중 자료의 내용에 비추어 합리적이라고 볼 수 없는 것을 모두 고른 것은 무엇인가?

구분	1위	2위	3위	4위	5위	6위	7위	8위	9위	10위
에너지소비 (백만toe)	중국 3,052	미국 2,216	인도 823	러시아 711	일본 442	독일 306	브라질 303	캐나다 280	한국 268	프랑스 243
석유소비 (백만tco2)	미국 838	중국 527	일본 197	인도 181	사우디 160	러시아 151	브라질 143	독일 110	한국 108	캐나다 103
전력소비 (TWh)	중국 5,357	미국 4,137	인도 1,042	일본 995	러시아 949	독일 569	캐나다 552	한국 533	브라질 531	프랑스 460

〈보기〉
㉠ 인구가 많은 나라는 에너지와 전력의 소비가 대체적으로 많다고 볼 수 있다.
㉡ 1~5위권 국가 중, 에너지 소비량 대비 석유 소비량이 가장 많은 나라는 사우디를 제외하면 미국이다.
㉢ 1~5위권 국가 중, 석유와 전력의 소비량 비율 차이가 가장 큰 나라는 인도이다.

① ㉠㉡
② ㉠㉢
③ ㉡㉢
④ ㉢

✔해설 〈보기〉의 의견을 살펴보면 다음과 같다.
㉠ 중국, 미국, 인도 등의 나라가 소비 순위 1~3위를 차지하고 있다는 것은 인구수와 에너지 및 전력의 소비량이 대체적으로 비례한다고 볼 수 있다.
㉡ 단순 수치로 비교할 경우, 미국은 에너지 소비량 대비 석유 소비량이 838÷2,216×100 =약 38% 수준이나, 일본은 197÷442×100=약 45% 수준이므로 일본이 가장 많다.
㉢ 석유 : 전력의 비율을 의미하므로 인도의 경우 1,042÷181=약 5.8배이나 중국의 경우 5,357÷527=약 10.2배 이므로 중국의 비율 차이가 가장 크다(어림값으로도 비교 가능).

Answer 6.③

7 아래의 도표가 〈보기〉와 같은 내용의 근거 자료로 제시되었을 경우, 밑줄 친 ㉠~㉣ 중 도표의 내용에 비추어 올바르지 않은 설명은 어느 것인가?

〈미국 멕시코 만에서 각 경로별 수송 거리〉

(단위: 해리)

		파나마 운하	수에즈 운하	희망봉	케이프 혼
아시아	일본(도쿄만)	9,141	14,441	15,646	16,687
	한국(통영)	9,954	–	15,375	–
	중국(광동)	10,645	13,020	14,297	17,109
	싱가포르	11,955	11,569	12,972	16,878
	인도	14,529	9,633	12,079	–
남미	칠레	4,098	–	–	8,965

〈보기〉

㉠ 미국 멕시코만-파나마 운하-아시아로 LNG를 운송할 경우, 수송거리 단축에 따라 수송시간도 단축될 것으로 보인다. 특히, 전 세계 LNG 수입 시장의 75%를 차지하는 중국, 한국, 일본, 대만 등 아시아 시장으로의 수송 시간 단축은 자명하다. 예를 들어, ㉡미국 멕시코만-파나마-일본으로 LNG 수송시간은 대략 20일 정도 소요되는 반면, 수에즈 운하 통과 시 약 31일 소요되고, 아프리카의 남쪽 이용 시 약 34일 정도 소요된다. 같은 아시아 시장이라고 할지라도 인도, 파키스탄의 경우는 수에즈 운하나 남아프리카 희망봉을 통과하는 것이 수송시간 단축에 유리하며, ㉢ 싱가포르의 경우는 수에즈 운하나 희망봉을 경유하는 것이 파나마 운하를 이용하는 것보다 적은 수송시간이 소요된다. 또한, 미국 멕시코만-남미 수송시간도 단축될 것으로 예상되는데, 콜롬비아 및 에콰도르의 터미널까지는 20일이 단축이 되어 기존 25일에서 5일이 걸리고, ㉣ 칠레의 기화 터미널까지는 기존 20일에서 8~9일로 약 12일이 단축이 된다.

파나마 운하를 통과함으로써 수송거리 단축에 따른 수송비용 절감효과도 있다. 3.5bcf LNG 수송선을 기준으로 파나마운하관리청(Panama Canal Authrity)의 신규 통행료를 적용하여 왕복 통행료를 추정하면 대략 $0.2/MMBtu이다. 이를 적용하여 미국 멕시코만-파나마-아시아시장으로의 LNG 왕복 수송비용을 계산하면 파나마 운하 대신 수에즈 운하나 케이프 혼을 통과하는 경로에 비해서 대략 9~12%의 비용절감이 예상된다. 한편, IHS 자료를 바탕으로 비용 절감효과를 계산해 보면, 파나마 운하 이용 시 미국 멕시코만-수에즈-아시아 경로보다 대략 $0.3/MMBtu~$0.8/MMBtu 정도 비용이 절감되고, 희망봉 통과 경로보다 약 $0.2/MMBtu~$0.7/MMBtu 정도 절약되는 것으로 분석된다.

Answer 7.②

① ㉠   ② ㉡

③ ㉢   ④ ㉣

✔ 해설   싱가포르의 경우 수에즈 운하를 경유하는 것이 가장 짧은 거리이며, 다음으로 파나마 운하, 희망봉의 순임을 알 수 있다.

8   U회사에서 사원 김씨, 이씨, 정씨 3인을 대상으로 승진시험을 치렀다. 다음 〈보기〉에 따라 승진이 결정된다고 할 때 승진하는 사람은?

〈보기〉

• U회사에서 김씨, 이씨, 정씨 세 명의 승진후보자가 시험을 보았으며, 상식 30문제, 영어 20문제가 출제되었다.
• 상식은 정답을 맞힌 개수 당 5점씩, 틀린 개수 당 −3점씩을 부여하고, 영어의 경우 정답을 맞힌 개수 당 10점씩, 틀린 개수 당 −5점씩을 부여한다.
• 채점 방식에 따라 계산했을 때 250점 이하이면 승진에서 탈락한다.
• 각 후보자들이 정답을 맞힌 문항의 개수는 다음과 같고, 이 이외의 문항은 모두 틀린 것이다.

	상식	영어
김씨	24	16
이씨	20	19
정씨	28	15

① 김씨와 이씨
② 김씨와 정씨
③ 이씨와 정씨
④ 모두 승진

✔ 해설   김씨 : $(24 \times 5) - (6 \times 3) + (16 \times 10) - (4 \times 5) = 242$
이씨 : $(20 \times 5) - (10 \times 3) + (19 \times 10) - (1 \times 5) = 255$
정씨 : $(28 \times 5) - (2 \times 3) + (15 \times 10) - (5 \times 5) = 259$

Answer   8.③

9 다음은 차량 A, B, C의 연료 및 경제속도 연비, 연료별 리터당 가격에 대한 자료이다. 제시된 〈조건〉을 적용하였을 때, 두 번째로 높은 연료비가 소요되는 차량과 해당 차량의 연료비를 바르게 나열한 것은?

〈A, B, C 차량의 연료 및 경제속도 연비〉

차량 \ 구분	연료	경제속도 연비(km/L)
A	LPG	10
B	휘발유	16
C	경유	20

※ 차량 경제속도는 60km/h 이상 90km/h 미안임

〈연료별 리터당 가격〉

연료	LPG	휘발유	경유
리터당 가격(원/L)	1,000	2,000	1,600

〈조건〉

1. A, B, C 차량은 모두 아래와 같이 각 구간을 한 번씩 주행하고, 각 구간별 주행속도 범위 내에서만 주행한다.

구간	1구간	2구간	3구간
주행거리(km)	100	40	60
주행속도(km/h)	30 이상 60 미만	60 이상 90 미만	90 이상 120 미만

2. A, B, C 차량의 주행속도별 연비적용률은 다음과 같다.

	상식	영어
A	30 이상 60 미만	50.0
	60 이상 90 미만	100.0
	90 이상 120 미만	80.0
B	30 이상 60 미만	62.5
	60 이상 90 미만	100.0
	90 이상 120 미만	75.0
C	30 이상 60 미만	50.0
	60 이상 90 미만	100.0
	90 이상 120 미만	75.0

※ 연비적용률이란 경제속도 연비 대비 주행속도 연비를 백분율로 나타낸 것임

① A, 31,500원
② B, 24,500원
③ B, 35,000원
④ C, 25,600원

Answer 9.①

주행속도에 따른 연비와 구간별 소요되는 연료량을 계산하면 다음과 같다.

차량	주행속도(km/h)	연비(km/L)	구간별 소요되는 연료량(L)		
A (LPG)	30 이상 60 미만	10 × 50.0% = 5	1구간	20	총 31.5
	60 이상 90 미만	10 × 100.0% = 10	2구간	4	
	90 이상 120 미만	10 × 80.0% = 8	3구간	7.5	
B (휘발유)	30 이상 60 미만	16 × 62.5% = 10	1구간	10	총 17.5
	60 이상 90 미만	16 × 100.0% = 16	2구간	2.5	
	90 이상 120 미만	16 × 75.0% = 12	3구간	5	
C (경유)	30 이상 60 미만	20 × 50.0% = 10	1구간	10	총 16
	60 이상 90 미만	20 × 100.0% = 20	2구간	2	
	90 이상 120 미만	20 × 75.0% = 15	3구간	4	

따라서 조건에 따른 주행을 완료하는 데 소요되는 연료비는 A 차량은 31.5 × 1,000 = 31,500원, B 차량은 17.5 × 2,000 = 35,000원, C 차량은 16 × 1,600 = 25,600원으로, 두 번째로 높은 연료비가 소요되는 차량은 A며 31,500원의 연료비가 든다.

10 다음 표는 E통신사에서 시행하는 이동 통화 요금제 방식이다. 다음과 같은 방식으로 통화를 할 경우, 한 달 평균 이동전화 사용 시간이 몇 분 초과일 때부터 B요금제가 유리한가?

요금제	기본요금(원)	1분당 전화 요금(원)
A	15,000	180
B	18,000	120

① 35분

② 40분

③ 45분

④ 50분

한 달 평균 이동전화 사용 시간을 x 라 하면 다음과 같은 공식이 성립한다.

$15,000 + 180x > 18,000 + 120x$

$60x > 3,000$

$x > 50$

따라서 x 는 50분 초과일 때부터 B요금제가 유리하다고 할 수 있다.

Answer 10.④

11 전기안전관리 대행업체의 인사팀 직원 K는 다음의 기준에 의거하여 직원들의 자격증 취득 전후 경력을 산정하려고 한다. 다음 중 K가 산정한 경력 중 옳은 것을 모두 고르면?

<전기안전관리자 경력 조건 인정 범위>

조건	인정 범위
1. 자격 취득 후 경력 기간 100% 인정	• 전력시설물의 설계 · 공사 · 감리 · 유지보수 · 관리 · 진단 · 점검 · 검사에 관한 기술업무 • 전력기술 관련 단체 · 업체 등에서 근무한 자의 전력기술에 관한 업무
2. 자격 취득 후 경력 기간 80% 인정	• 「전기용품안전관리법」에 따른 전기용품의 설계 · 제조 · 검사 등의 기술업무 • 「산업안전보건법」에 따른 전기분야 산업안전 기술업무 • 건설관련법에 의한 전기 관련 기술업무 • 전자 · 통신관계법에 의한 전기 · 전자통신기술에 관한 업무
사원 甲	• 2009.1.1~2014.12.31 전기 안전기술 업무 • 2024.10.31 전기산업기사 자격 취득
사원 乙	• 2022.1.1~2024.6.30 전기부품제조 업무 • 2021.10.31 전기기사 자격 취득
사원 丙	• 2023.5.1~2024.7.31 전자통신기술 업무 • 2023.3.31 전기기능장 자격 취득
사원 丁	• 2022.1.1~2023.12.31 전기검사 업무 • 2024.7.31 전기기사 자격 취득

㉠ 甲 : 전기산업기사로서 경력 5년	㉡ 乙 : 전기기사로서 경력 1년
㉢ 丙 : 전기기능장으로서 경력 1년	㉣ 丁 : 전기기사로서 경력 1년

① ㉠, ㉡

② ㉠, ㉢

③ ㉡, ㉣

④ ㉢, ㉣

✔해설 ㉢ 2의 '전자 · 통신관계법에 의한 전기 · 전자통신기술에 관한 업무'에 해당하므로 丙은 자격 취득 후 경력 기간 15개월 중 80%인 12개월을 인정받는다.

㉣ 1의 '전력시설물의 설계 · 공사 · 감리 · 유지보수 · 관리 · 진단 · 점검 · 검사에 관한 기술업무'에 해당하므로 丁은 자격 취득 전 경력 기간 2년의 50%인 1년을 인정받는다.

㉠ 3에 따라 자격 취득 전의 경력 기간은 50%만 인정되므로 甲은 5년의 경력 기간 중 50%인 2년 6개월만 인정받는다.

㉡ 2의 「전기용품안전관리법」에 따른 전기용품의 설계 · 제조 · 검사 등의 기술업무에 해당하므로 乙은 자격 취득 후 경력 기간 30개월 중 80%인 24개월을 인정받는다.

12 K공사는 사내 냉방 효율을 위하여 층별 에어컨 수와 종류를 조정하려고 한다. 사내 냉방 효율 조정 방안을 충족하되 버리는 구형 에어컨과 구입하는 신형 에어컨을 최소화하고자 할 때, K공사는 신형 에어컨을 몇 대 구입해야 하는가?

사내 냉방 효율 조정 방안		
적용순서	조건	미충족 시 조정 방안
1	층별 월 전기료 60만 원 이하	구형 에어컨을 버려 조건 충족
2	구형 에어컨 대비 신형 에어컨 비율 1/2 이상 유지	신형 에어컨을 구입해 조건 충족

※ 구형 에어컨 1대의 월 전기료는 4만원이고, 신형 에어컨 1대의 월 전기료는 3만원이다.

사내 냉방 효율 조정 방안						
	1층	2층	3층	4층	5층	6층
구형	9	15	12	8	13	10
신형	5	7	6	3	4	5

① 1대

② 2대

③ 3대

④ 4대

✔**해설** 먼저 '층별 월 전기료 60만 원 이하' 조건을 적용해 보면 2층, 3층, 5층에서 각각 6대, 2대, 1대의 구형 에어컨을 버려야 한다. 다음으로 '구형 에어컨 대비 신형 에어컨 비율 1/2 이상 유지' 조건을 적용하면 4층, 5층에서 각각 1대, 2대의 신형 에어컨을 구입해야 한다. 그런데 5층에서 신형 에어컨 2대를 구입하게 되면 구형 에어컨 12대와 신형 에어컨 6대가 되어 월 전기료가 60만 원이 넘게 되므로 2대의 구형 에어컨을 더 버려야 하며, 신형 에어컨은 1대만 구입하면 된다. 따라서 A상사가 구입해야 하는 신형 에어컨은 총 2대이다.

13 자원을 관리하는 기본 과정을 설명한 다음의 단락 (가)~(라)를 효율적인 자원관리를 위한 순서에 맞게 나열한 것은 어느 것인가?

> (가) 확보된 자원을 활용하여 계획에 맞는 업무를 수행해 나가야 한다. 물론 계획에 얽매일 필요는 없지만 최대한 계획대로 수행하는 것이 바람직하다. 불가피하게 수정해야 하는 경우는 전체 계획에 미칠 수 있는 영향을 고려하여야 할 것이다.
>
> (나) 자원을 실제 필요한 업무에 할당하여 계획을 세워야 한다. 여기에서 중요한 것은 업무나 활동의 우선순위를 고려하는 것이다. 최종적인 목적을 이루는데 가장 핵심이 되는 것에 우선순위를 두고 계획을 세울 필요가 있다. 만약, 확보한 자원이 실제 활동 추진에 비해 부족할 경우 우선순위가 높은 것에 중심을 두고 계획하는 것이 바람직하다.
>
> (다) 실제 상황에서 그 자원을 확보하여야 한다. 수집 시 가능하다면 필요한 양보다 좀 더 여유 있게 확보할 필요가 있다. 실제 준비나 활동을 하는데 있어서 계획과 차이를 보이는 경우가 빈번하기 때문에 여유 있게 확보하는 것이 안전할 것이다.
>
> (라) 업무를 추진하는데 있어서 어떤 자원이 필요하며, 또 얼마만큼 필요한지를 파악하는 단계이다. 자원의 종류에는 크게 시간, 예산, 물적 자원, 인적자원으로 나누어지지만 실제 업무 수행에서는 이보다 더 구체적으로 나눌 필요가 있다. 구체적으로 어떤 활동을 할 것이며, 이 활동에 어느 정도의 시간, 돈, 물적·인적자원이 필요한지를 파악한다.

① (다) — (라) — (나) — (가)

② (라) — (다) — (가) — (나)

③ (가) — (다) — (나) — (라)

④ (라) — (다) — (나) — (가)

✅**해설** 자원을 적절하게 관리하기 위해서 거쳐야 하는 4단계의 자원관리 과정과 순서는 다음과 같다.
어떤 자원이 얼마나 필요한지를 확인하기 → 이용 가능한 자원을 수집(확보)하기 → 자원 활용 계획 세우기 → 계획에 따라 수행하기
따라서 각 단계를 설명하고 있는 내용은 (라) – (다) – (나) – (가)의 순이 된다.

14 다음 글에서 암시하고 있는 '자원과 자원관리의 특성'을 가장 적절하게 설명한 것은 다음 보기 중 어느 것인가?

> 더 많은 토지를 사용하고 모든 농장의 수확량을 최고의 농민들이 얻은 수확량으로 올리는 방법으로 식량 공급을 늘릴 수 있다. 그러나 우리의 주요 식량 작물은 높은 수확량을 달성하기 위해 좋은 토양과 물 공급이 필요하며 생산 단계에 있지 않은 토지는 거의 없다. 실제로 도시의 스프롤 현상, 사막화, 염화 및 관개용으로 사용된 대수층의 고갈은 미래에 더 적은 토지가 농업에 제공될 수 있음을 암시한다. 농작물은 오늘날 사용되는 것보다 더 척박한 땅에서 자랄 수 있고, 수확량이 낮고 환경 및 생물 다양성이 저하될 환경일지도 모른다. 농작물의 수확량은 농장과 국가에 따라 크게 다르다.
>
> 예를 들어, 작년 A국가의 옥수수 평균 수확량은 10.0t/ha, B국가가 0.9t/ha였는데, 두 국가 모두 작물 재배를 위한 기후 조건은 비슷했다. A국가의 수확률이 다른 모든 나라의 목표겠지만 각국의 정책, 전문가의 조언, 종자 및 비료에 접근하는 데 크게 의존할 수밖에 없다.
>
> 그리고 그 중 어느 것도 새로운 농지에서 확실한 수확률을 보장하지는 않는다. 따라서 좋은 시기에는 수확 잠재력이 개선된 종자가 필요하지 않을 수도 있지만, 아무것도 준비하지 않는 건 위험하다. 실험실에서 혁신적인 방법을 개발하는 것과 그걸 바탕으로 농민에게 종자를 제공하는 것 사이에 20년에서 30년의 격차가 있다는 걸 감안할 때, 분자 공학과 실제 작물 육종 간의 격차를 줄이고 더 높은 수율을 달성하는 일은 시급하다.

① 누구나 동일한 자원을 가지고 있으며 그 가치와 밀도도 모두 동일하다.
② 특정 자원이 없음으로 해서 다른 자원을 확보하는 데 문제가 발생할 수 있다.
③ 자원은 유한하며 따라서 어떻게 활용하느냐 하는 일이 무엇보다 중요하다.
④ 사람들이 의식하지 못하는 사이에 자원은 습관적으로 낭비되고 있다.

✓ 해설 식량 부족 문제를 해결하기 위해서는 더 많은 식량을 생산해 내야하지만, 토지를 무한정 늘릴 수 없을 뿐 아니라 이미 확보한 토지마저도 미래엔 줄어들 수 있음을 언급하고 있다. 이것은 식량이라는 자원을 초점으로 하는 것이 아닌 이미 포화 상태에 이르러 유한성을 드러낸 토지에서 어떻게 하면 더 많은 식량을 생산할 수 있는지를 고민하고 있다. 따라서 토지라는 자원은 유한하며 어떻게 효율적인 활용을 할 수 있는지를 주제로 담고 있다고 볼 수 있다.

Answer 14.③

15 다음 중 시간자원에 대한 설명으로 틀린 것은?

① 시간은 누구에게나 똑같은 속도로 흐른다.

② 시간은 빌리거나 저축할 수 없다.

③ 시간은 시절에 관계없이 그 밀도가 같다.

④ 시간은 어떻게 사용하느냐에 따라 가치가 달라진다.

> ✔해설 ③ 시간은 시절에 따라 밀도와 가치가 다르다. 인생의 황금기, 황금시간대 등은 시간자원의 이러한 성격을 반영하는 말이다.

16 甲은행 본점에서 경비 집행을 담당하는 H대리는 이번 달 사용한 비용 내역을 다음과 같이 정리하였다. 이를 본 팀장은 H대리에게 이번 달 간접비의 비중이 직접비의 25%를 넘지 말았어야 했다고 말한다. 다음 보기와 같이 H대리가 생각하는 내용 중 팀장이 이번 달 계획했던 비용 지출 계획과 어긋나는 것은 어느 것인가?

<이번 달 비용 내역>

- 직원 급여 1,200만 원
- 설비비 2,200만 원
- 사무실 임대료 300만 원
- 광고료 600만 원
- 직원 통신비 60만 원
- 출장비 200만 원
- 자재대금 400만 원
- 수도/전기세 35만 원
- 비품 30만 원

① '비품을 다음 달에 살 걸 그랬네...'

② '출장비가 80만 원만 더 나왔어도 팀장님이 원하는 비중대로 되었을 텐데...'

③ '어쩐지 수도/전기세를 다음 달에 몰아서 내고 싶더라...'

④ '직원들 통신비를 절반으로 줄이기만 했어도...'

> ✔해설 제시된 항목 중 직접비는 직원 급여, 출장비, 설비비, 자재대금으로 총액 4,000만 원이며, 간접비는 사무실 임대료, 수도/전기세, 광고료, 비품, 직원 통신비로 총액 1,025만 원이다. 따라서 출장비가 280만 원이 되면 직접비 총액이 4,080만 원이 되므로 여전히 간접비는 직접비의 25%가 넘게 된다.

17 다음은 甲기업 사원에게 적용되는 '병가' 규정의 일부이다. 다음을 참고할 때, 규정에 맞게 병가를 사용한 것으로 볼 수 없는 사람은 누구인가?

병가(복무규정 제18조)

▲ 병가사유
 – 질병 또는 부상으로 인하여 직무를 수행할 수 없을 때
 – 감염병의 이환으로 인하여 그 사원의 출근이 다른 사원의 건강에 영향을 미칠 우려가 있을 때
▲ 병가기간
 – 일반적 질병 또는 부상 : 연 60일의 범위 내
 – 업무상 질병 또는 부상 : 연 180일의 범위 내
▲ 진단서를 제출하지 않더라도 연간 누계 6일까지는 병가를 사용할 수 있으나, 연간 누계 7일째 되는 시점부터는 진단서를 제출하여야 함.
▲ 질병 또는 부상으로 인한 지각·조퇴·외출의 누계 8시간은 병가 1일로 계산, 8시간 미만은 계산하지 않음
▲ 결근·정직·직무해제일수는 업무상 질병 또는 부상으로 인한 병가일수에서 공제함.

---

① 업무상 질병으로 179일 병가 사용 후, 같은 질병으로 인한 조퇴 시간 누계가 7시간인 K씨
② 일반적 질병으로 인하여 직무 수행이 어려울 것 같아 50일 병가를 사용한 S씨
③ 정직 30일의 징계와 30일의 업무상 병가를 사용한 후 지각 시간 누계가 7시간인 L씨
④ 일반적 질병으로 60일 병가 사용 후 일반적 부상으로 인한 지각·조퇴·외출 시간이 각각 3시간씩인 H씨

> ✔해설 ④ 일반적 질병으로 60일 병가를 모두 사용하였고, 부상으로 인한 지각·조퇴·외출 누계 허용 시간인 8시간을 1시간 넘겼으므로 규정 내의 병가 사용이라고 볼 수 없다.

┃18~19┃ 다음 자료는 O회사 창고다음은 특정 시점 A국의 B국에 대한 주요 품목의 수출입 내역을 나타 낸 것이다. 이를 보고 이어지는 물음에 답하시오.

(단위 : 천 달러)

수출		수입		합계	
품목	금액	품목	금액	품목	금액
섬유류	352,165	섬유류	475,894	섬유류	828,059
전자전기	241,677	전자전기	453,907	전자전기	695,584
잡제품	187,132	생활용품	110,620	생활용품	198,974
생활용품	88,354	기계류	82,626	잡제품	188,254
기계류	84,008	화학공업	38,873	기계류	166,634
화학공업	65,880	플라스틱/고무	26,957	화학공업	104,753
광산물	39,456	철강금속	9,966	플라스틱/고무	51,038
농림수산물	31,803	농림수산물	6,260	광산물	39,975
플라스틱/고무	24,081	잡제품	1,122	농림수산물	38,063
철강금속	21,818	광산물	519	철강금속	31,784

18 다음 중 위의 도표에서 알 수 있는 A국↔B국간의 주요 품목 수출입 내용이 아닌 것은 어느 것인가? (언급되지 않은 품목은 고려하지 않는다)

① A 국은 B국과의 교역에서 수출보다 수입을 더 많이 한다.

② B 국은 1차 산업의 생산 또는 수출 기반이 A 국에 비해 열악하다고 볼 수 있다.

③ 양국의 상호 수출입 액 차이가 가장 적은 품목은 기계류이다.

④ A 국의 입장에서, 총 교역액에서 수출액이 차지하는 비중이 가장 큰 품목은 광산물이다.

✔해설 ④ 광산물의 경우 총 교역액에서 수출액이 차지하는 비중은 39,456÷39,975×100=약 98.7%이나, 잡제품의 경우 187,132÷188,254×100=약 99.4%의 비중을 보이고 있으므로 총 교역액에서 수출액이 차지하는 비중이 가장 큰 품목은 잡제품이다.

19 A 국에서 무역수지가 가장 큰 품목의 무역수지 액은 얼마인가? (무역수지=수출액-수입액)

① 27,007천 달러

② 38,937천 달러

③ 186,010천 달러

④ 25,543천 달러

✔**해설** 무역수지가 가장 큰 품목은 잡제품으로 무역수지 금액은 187,132-1,122=186,010천 달러에 달하고 있다.

20 다음에 설명하고 있는 합리적인 인사관리 원칙은?

근로자의 인권을 존중하고 공헌도에 따라 노동의 대가를 지급한다.

① 적재적소 배치의 원리

② 공정 보상의 원칙

③ 공정 인사의 원칙

④ 종업원 안정의 원칙

✔**해설** 합리적인 인사관리의 원칙
  ㉠ **적재적소 배치의 원리** : 해당 직무 수행에 가장 적합한 인재를 배치
  ㉡ **공정 보상의 원칙** : 근로자의 인권을 존중하고 공헌도에 따라 노동의 대가를 공정하게 지급
  ㉢ **공정 인사의 원칙** : 직무 배당, 승진, 상벌, 근무 성적의 평가, 임금 등을 공정하게 처리
  ㉣ **종업원 안정의 원칙** : 직장에서의 신분 보장, 계속해서 근무할 수 있다는 믿음으로 근로자의 안정된 회사 생활 보장
  ㉤ **창의력 계발의 원칙** : 근로자가 창의력을 발휘할 수 있도록 새로운 제안·전의 등의 기회를 마련하고 적절한 보상을 지급
  ㉥ **단결의 원칙** : 직장 내에서 구성원들이 소외감을 갖지 않도록 배려하고, 서로 협동·단결할 수 있도록 유지

Answer 19.③ 20.②

04 조직이해

[조직이해] NCS 출제유형

① 경영이해능력 : SWOT 등 경영 활동, 경영 전략에 관한 문제이다.
② 체제이해능력 : 조직의 목표, 문화, 구조 등을 자료와 함께 제시되는 문제다.
③ 업무이해능력 : 업무의 특성, 업무수행 계획, 업무 종류 등이 체크리스트 등과 함께 제시되는 문제다.
④ 국제감각 : 이문화 커뮤니케이션, 국제매너 등에 관한 문제이다.

[조직이해] 출제경향

조직이해의 필요성을 인식하고 업무 성과를 높이기 위한 계획 수립이 가능한지를 평가한다. 기업은행에 대한 정보, 조직의 환경변화 및 구성, 조직의 특징 및 의사결정과정, 경영자의 역할과 경영전략, 조직의 목표 구조, 다른 나라의 문화 이해 등이 출제된다. 조직도와 SWOT, 결재 방식 등의 자료가 출제되는데, 연습 시 업무 수행 시 조직의 특성을 이해하고 이를 적용하는 데 중점을 주는 것이 좋다.

[조직이해] 빈출유형

경영이해능력										
체제이해능력										
업무이해능력										
국제감각										

다음 〈보기〉와 같은 조직문화의 형태와 그 특징에 대한 설명 중 적절한 것만을 모두 고른 것은?

보기

㉠ 위계를 지향하는 조직문화는 조직원 개개인의 능력과 개성을 존중한다.
㉡ 과업을 지향하는 조직문화는 업무 수행의 효율성을 강조한다.
㉢ 혁신을 지향하는 조직문화는 조직의 유연성과 외부 환경에의 적응에 초점을 둔다.
㉣ 관계를 지향하는 조직문화는 구성원들의 상호 신뢰와 인화 단결을 중요시한다.

① ㉡㉢㉣
② ㉠㉢㉣
③ ㉠㉡㉣
④ ㉠㉡㉢
⑤ ㉠㉡㉢㉣

위계를 강조하는 조직문화하에서는 조직 내부의 안정적이고 지속적인 통합, 조정을 바탕으로 일사불란한 조직 운영의 효율성을 추구하게 되는 특징이 있다. 조직원 개개인의 능력과 개성을 존중하는 모습은 혁신과 관계를 지향하는 조직문화에서 찾아볼 수 있는 특징이다.

답 ①

1   조직구조의 유형과 그 특징에 대한 설명으로 옳은 것은?

> ⊙ 조직구조는 의사결정 권한의 집중 정도, 명령 계통, 최고경영자의 통제, 규칙과 규제의 정도 등에
>   따라 기계적 조직과 유기적 조직으로 구분할 수 있다.
> ⓒ 기계적 조직은 구성원들의 업무가 분명하게 정의되고 많은 규칙과 규제들이 있으며, 상하간 의사소
>   통이 공식적인 경로를 통해 이루어진다.
> ⓒ 유기적 조직은 의사결정권한이 조직의 하부구성원들에게 많이 위임되어 있으며, 업무 또한 고정되
>   지 않고 공유 가능한 조직이다.
> ⓔ 유기적 조직은 비공식적인 상호의사소통이 원활히 이루어지며, 규제나 통제의 정도가 높아 엄격한
>   위계질서가 존재한다.

① ㉠㉡   ② ㉢㉣
③ ㉠㉡㉢   ④ ㉡㉢㉣

> ✔해설   ㉣ 유기적 조직은 비공식적 상호의사소통이 원활히 이루어지며, 규제나 통제의 정도가 낮아 변화에 따라 쉽게 변할
>   수 있다.
>   규제나 통제의 정도가 높아 엄격한 위계질서 존재 → 기계적 조직

2   다음과 같은 업무 태도와 행위들 중, 효과적으로 업무를 수행하는 데 방해하는 요인이 내포되어 있다고
     볼 수 있는 것은 어느 것인가?

① 메신저나 사적인 전화는 시간을 정하여 그것을 넘기지 않도록 한다.

② 다른 사람들과 무조건적인 대화 단절보다는 선별적으로 시간을 할애하는 것이 바람직하다.

③ 출근 전부터 이미 도착해 수십 통씩 쌓여 있는 이메일에 빠짐없이 답하는 일을 우선 처리한다.

④ 외부 방문이나 거래처 내방 등은 사전에 약속해 두어 계획에 의해 진행될 수 있게 한다.

> ✔해설   어느 조직이라도 조직의 업무를 방해하는 요인이 자연스럽게 생겨나게 된다. 전화, 방문, 인터넷, 메신저, 갈등관
>   리, 스트레스 등이 대표적인 형태의 업무 방해요인이다. 업무를 효과적으로 수행하기 위해서는 방해요인에는 어떤
>   것이 있는지 알아야 한다. 특히, 방해요인들을 잘 활용하면 오히려 도움이 되는 경우도 있으므로 이를 효과적으로
>   통제하고 관리할 필요가 있다.
>   반드시 모든 이메일에 즉각적으로 대답할 필요는 없으며, 선별을 하고 시간을 정해 계획대로 처리한다면 보다 효과
>   적이고 생산적인 시간 내에 많은 이메일을 관리할 수 있다.

Answer   1.③ 2.③

3 다음의 혁신 사례 보고서를 통해 알 수 있는 기업의 활동으로 옳은 것만을 〈보기〉에서 있는 대로 모두 고른 것은?

– (주)K그룹 혁신 사례 보고서 –

〈인적자원관리부문〉
▸ 주택 자금 저금리 대출, 자녀 학비 보조금 등 지원
▸ 구성원들이 소외감을 갖지 않고 유대감을 높일 수 있도록 사내 동아리 활성화

〈생산관리부문〉
▸ 자재를 필요한 시기에 공급하여 원활한 생산이 가능한 시스템 구축
▸ 품질에 영향을 끼칠 수 있는 모든 활동을 분석하여 기업의 구성원 전체가 품질 관리에 참여

〈보기〉
㉠ 근로자들에게 법정 외 복리 후생을 지원하였다.
㉡ 인사 관리 원칙 중 창의력 계발의 원칙을 적용하였다.
㉢ 적시 생산 시스템(JIT)을 도입하여 재고를 관리하였다.
㉣ 품질을 관리하기 위해 종합적 품질 관리(TQC)시스템을 도입하였다.

---

① ㉠㉣　　　　　　　　　　　　　② ㉡㉢

③ ㉠㉡㉢　　　　　　　　　　　　④ ㉠㉢㉣

✔해설 ㉡ 구성원들이 서로 유대감을 가지고 협동, 단결할 수 있도록 하는 것은 단결의 원칙이다.
　　　　㉠ 대출 및 자녀 학비 보조금 지원은 법정 외 복리 후생제도에 의한 지원이다.
　　　　㉢ 자재를 필요한 시기에 공급하는 것은 적시 생산 시스템이다.
　　　　㉣ 기업의 구성원 전체가 품질 관리에 참여토록 하는 것은 종합적 품질 관리이다.

Answer 3.④

┃4~6┃ 다음은 인사부에서 각 부서에 발행한 업무지시문이다. 업무지시문을 보고 물음에 답하시오

업무지시문(업무협조전 사용에 대한 지시)

수신 : 전 부서장님들께

참조 :

제목 : 업무협조전 사용에 대한 지시문

업무 수행에 노고가 많으십니다.

　부서 간의 원활한 업무진행을 위하여 다음과 같이 업무협조전을 사용하도록 결정하였습니다. 업무효율화를 도모하고자 업무협조전을 사용하도록 권장하는 것이니 본사의 지시에 따라주시기 바랍니다. 궁금하신 점은 ___㉠___ 담당자(내선 : 012)에게 문의해주시기 바랍니다.

- 다음 -

1. 목적
　(1) 업무협조전 이용의 미비로 인한 부서 간 업무 차질 해소
　(2) 발신부서와 수신부서 간의 명확한 책임소재 규명
　(3) 부서 간의 원활한 의견교환을 통한 업무 효율화 추구
　(4) 부서 간의 업무 절차와 내용에 대한 근거확보
2. 부서 내의 적극적인 사용권장을 통해 업무협조전이 사내에 정착될 수 있도록 부탁드립니다.
3. 첨부된 업무협조전 양식을 사용하시기 바랍니다.
4. 기타 : 문서관리규정을 회사사규에 등재할 예정이오니 업무에 참고하시기 바랍니다.

2025년 2월 7일

S통상
___㉠___ 장 ○○○ 배상

4 다음 중 빈칸 ㉠에 들어갈 부서로 가장 적절한 것은?

① 총무부

② 기획부

③ 인사부

④ 영업부

✔해설 ③ 조직기구의 업무분장 및 조절 등에 관한 사항은 인사부에서 관리한다.

5 업무협조전에 대한 설명으로 옳지 않은 것은?

① 부서 간의 책임소재가 분명해진다.

② 업무 협업 시 높아진 효율성을 기대할 수 있다.

③ 업무 절차와 내용에 대한 근거를 확보할 수 있다.

④ 부서별로 자유로운 양식의 업무협조전을 사용할 수 있다.

✔해설 ④ 업무지시문에 첨부된 업무협조전 양식을 사용하여야 한다.

6 다음 중 해당 팀 자체의 업무보다 타 팀 및 전사적인 업무 활동에 도움을 주는 업무가 주된 역할인 팀으로 묶인 것은 어느 것인가?

① 총무팀, 마케팅팀

② 생산기술팀, 영업팀

③ 홍보/광고팀, 연구개발팀

④ 홍보/광고팀, 총무팀

✔해설 지원본부의 역할은 생산이나 영업 등 자체의 활동보다 출장이나 교육 등 타 팀이나 전사 공통의 업무 활동에 있어 해당 조직 자체적인 역량으로 해결하기 어렵거나 곤란한 업무를 원활히 지원해 주는 일이 주된 업무 내용이 된다. 제시된 팀은 지원본부(기획, 총무, 인사/교육, 홍보/광고), 사업본부(마케팅, 영업, 영업관리), 생산본부(생산관리, 생산기술, 연구개발) 등으로 구분하여 볼 수 있다.

▌7~8 ▌ 다음은 어느 회사의 전화 사용 요령이다. 다음을 읽고 물음에 답하시오.

---

1. 일반 전화 걸기

회사 외부에 전화를 걸어야 하는 경우

→ 수화기를 들고 9번을 누른 후 (지역번호)＋전화번호를 누른다.

2. 전화 당겨 받기

다른 직원에게 전화가 왔으나, 사정상 내가 받아야 하는 경우

→ 수화기를 들고 *(별표)를 두 번 누른다.

※ 다른 팀에게 걸려온 전화도 당겨 받을 수 있다.

3. 회사 내 직원과 전화하기

→ 수화기를 들고 내선번호를 누르면 통화가 가능하다.

4. 전화 넘겨주기

외부 전화를 받았는데 내가 담당자가 아니라서 다른 담당자에게 넘겨 줄 경우

→ 통화 중 상대방에게 양해를 구한 뒤 통화 종료 버튼을 짧게 누른 뒤 내선번호를 누른다. 다른 직원이 내선 전화를 받으면 어떤 용건인지 간략하게 얘기 한 뒤 수화기를 내려놓으면 자동적으로 전화가 넘겨진다.

5. 회사 전화를 개인 핸드폰으로 받기

외근 나가 있는 상황에서 중요한 전화가 올 예정인 경우

→ 개인 핸드폰으로 착신을 돌리기 위해서는 사무실 수화기를 들고 *(별표)를 누르고 88번을 누른다. 그리고 개인 핸드폰 번호를 입력한다.

→ 착신을 풀기 위해서는 #(샵)을 누르고 88번을 누른 다음 *(별)을 누르면 된다.

※ 회사 전화를 개인 핸드폰으로 받는 기능은 팀장급 이상의 자리에 있는 대표 전화기로만 가능하며, 그 이하의 직급 자리에 있는 일반 전화기로는 이 기능을 사용할 수 없다.

7 인사팀에 근무하고 있는 사원S는 신입사원들을 위해 전화기 사용 요령에 대해 교육을 진행하려고 한다. 다음 중 신입사원들에게 교육하지 않아도 되는 항목은?

① 일반 전화 걸기

② 전화 당겨 받기

③ 전화 넘겨주기

④ 회사 전화를 개인 핸드폰으로 받기

✔해설 ④ 회사 전화를 개인 핸드폰으로 받는 기능은 팀장급 이상의 자리에 있는 대표 전화기로만 가능하기 때문에 신입 사원에게 교육하지 않아도 되는 항목이다.

8 사원S는 전화 관련 정보들을 신입사원이 이해하기 쉽도록 표로 정리하였다. 정리한 내용으로 옳지 않은 내용이 포함된 항목은?

상황	항목	눌러야 하는 번호
회사 외부로 전화 걸 때	일반 전화 걸기	9 + (지역번호) + (전화번호)
다른 직원에게 걸려온 전화를 내가 받아야 할 때	전화 당겨 받기	*(별표) 한번
회사 내 다른 직원과 전화 할 때	회사 내 직원과 전화하기	내선번호
내가 먼저 전화를 받은 경우 다른 직원에게 넘겨 줄 때	전화 넘겨주기	종료버튼(짧게) + 내선번호

① 일반 전화 걸기

② 전화 당겨 받기

③ 전화 넘겨 주기

④ 회사 내 직원과 전화하기

✔해설 전화를 당겨 받는 경우에는 *(별표)를 두 번 누른다.

| 9~10 | 다음 설명을 읽고 분석 결과에 대응하는 가장 적절한 전략을 고르시오.

SWOT분석이란 기업의 환경 분석을 통해 마케팅 전략을 수립하는 기법이다. 조직 내부 환경으로는 조직이 우위를 점할 수 있는 강점(Strength), 조직의 효과적인 성과를 방해하는 자원·기술·능력 면에서의 약점(Weakness), 조직 외부 환경으로는 조직 활동에 이점을 주는 기회(Opportunity), 조직 활동에 불이익을 미치는 위협(Threat)으로 구분된다.

※ SWOT분석에 의한 마케팅 전략

    ㉠ SO전략(강점-기회전략) : 시장의 기회를 활용하기 위해 강점을 사용하는 전략

    ㉡ ST전략(강점-위협전략) : 시장의 위협을 회피하기 위해 강점을 사용하는 전략

    ㉢ WO전략(약점-기회전략) : 약점을 극복함으로 시장의 기회를 활용하려는 전략

    ㉣ WT전략(약점-위협전략) : 시장의 위협을 회피하고 약점을 최소화하는 전략

9 다음은 A화장품 기업의 SWOT분석이다. 가장 적절한 전략은?

강점(Strength)	• 화장품과 관련된 높은 기술력 보유 • 기초화장품 전문 브랜드라는 소비자인식과 높은 신뢰도
약점(Weakness)	• 남성전용 화장품 라인의 후발주자 • 용량 대비 높은 가격
기회(Opportunity)	• 남성들의 화장품에 대한 인식변화와 화장품 시장의 지속적인 성장 • 화장품 분야에 대한 정부의 지원
위협(Threat)	• 경쟁업체들의 남성화장품 시장 공략 • 내수경기 침체로 인한 소비심리 위축

① SO전략 : 기초화장품 기술력을 통한 경쟁적 남성 기초화장품 개발

② ST전략 : 유통비조정을 통한 제품의 가격 조정

③ WO전략 : 남성화장품 이외의 라인에 주력하여 경쟁력 강화

④ WT전략 : 정부의 지원을 통한 제품의 가격 조정

    ✔ 해설 ② 가격을 낮추어 기타 업체들과 경쟁하는 전략으로 WO전략에 해당한다.

               ③ 위협을 회피하고 약점을 최소화하는 WT전략에 해당한다.

               ④ 정부의 지원이라는 기회를 활용하여 약점을 극복하는 WO전략에 해당한다.

Answer 9.①

10 다음은 K모바일메신저의 SWOT분석이다. 가장 적절한 전략은?

강점(Strength)	• 국내 브랜드 이미지 1위 • 무료 문자&통화 가능 • 다양한 기능(쇼핑, 뱅킹서비스 등)
약점(Weakness)	• 특정 지역에서의 접속 불량 • 서버 부족으로 인한 잦은 결함
기회(Opportunity)	• 스마트폰의 사용 증대 • App Store 시장의 확대
위협(Threat)	• 경쟁업체의 고급화 • 안정적인 해외 업체 메신저의 유입

① SO전략 : 다양한 기능과 서비스를 강조하여 기타 업체들과 경쟁한다.

② ST전략 : 접속 불량이 일어나는 지역의 원인을 파악하여 제거한다.

③ WO전략 : 서버를 추가적으로 구축하여 이용자를 유치한다.

④ WT전략 : 국내 브랜드 이미지를 이용하여 마케팅전략을 세운다.

✔해설 ③ 서버 부족이라는 약점을 극복하여 사용이 증대되고 있는 스마트폰 시장에서 이용자를 유치하는 WO전략에 해당한다.

〈결재규정〉

• 결재를 받으려는 업무에 대해서는 대표이사를 포함한 이하 직책자의 결재를 받아야 한다.
• '전결'은 회사의 경영·관리 활동에 있어서 대표이사의 결재를 생략하고, 자신의 책임 하에 최종적으로 결정하는 행위를 말한다.
• 전결사항에 대해서도 위임 받은 자를 포함한 이하 직책자의 결재를 받아야 한다.
• 표시내용 : 결재를 올리는 자는 대표이사로부터 전결 사항을 위임 받은 자가 있는 경우 결재란에 전결이라고 표시하고 최종결재란에 위임받은 자를 표시한다. 다만, 결재가 불필요한 직책자의 결재란은 상향대각선으로 표시한다.
• 대표이사의 결재사항 및 대표이사로부터 위임된 전결사항은 아래의 표에 따른다.

구분	내용	금액기준	결재서류	팀장	부장	대표이사
접대비	거래처 식대, 경조사비 등	20만 원 이하	접대비지출품의서 지출결의서	● ■		
		30만 원 이하			● ■	
		30만 원 초과				● ■
교통비	국내 출장비	30만 원 이하	출장계획서 출장비신청서	● ■		
		50만 원 이하		●	■	
		50만 원 초과		●		■
	해외 출장비			●		■
소모품비	사무용품		지출결의서	■		
	문서, 전산소모품					■
	잡비	10만 원 이하		■		
		30만 원 이하			■	
		30만 원 초과				■
교육비	사내·외 교육		기안서 지출결의서	●		■
법인카드	법인카드 사용	50만 원 이하	법인카드 신청서	■		
		100만 원 이하			■	
		100만 원 초과				■

※ ● : 기안서, 출장계획서, 접대비지출품의서
※ ■ : 지출결의서, 각종신청서

11 영업부 사원 甲씨는 부산출장으로 400,000원을 지출했다. 甲씨가 작성한 결재 양식으로 옳은 것은?

①
	출장계획서			
결	담당	팀장	부장	최종결재
재	甲	/	/	팀장

②
	출장계획서			
결	담당	팀장	부장	최종결재
재	甲		전결	부장

③
	출장비신청서			
결	담당	팀장	부장	최종결재
재	甲		/	팀장

④
	출장비신청서			
결	담당	팀장	부장	최종결재
재	甲		전결	부장

✔해설 국내 출장비 50만 원 이하인 경우 출장계획서는 팀장 전결, 출장비신청서는 부장 전결이므로 사원 甲씨가 작성해야 하는 결재 양식은 다음과 같다.

	출장계획서			
결	담당	팀장	부장	최종결재
재	甲	전결	/	팀장

	출장비신청서			
결	담당	팀장	부장	최종결재
재	甲		전결	부장

12 기획팀 사원 乙씨는 같은 팀 사원 丙씨의 부친상 부의금 450,000원을 회사 명의로 지급하기로 했다. 乙씨가 작성한 결재 양식으로 옳은 것은?

①
	접대비지출품의서			
결	담당	팀장	부장	최종결재
재	乙		전결	부장

②
	접대비지출품의서			
결	담당	팀장	부장	최종결재
재	乙			대표이사

③
	지출결의서			
결	담당	팀장	부장	최종결재
재	乙	전결	/	팀장

④
	지출결의서			
결	담당	팀장	부장	최종결재
재	乙		전결	부장

✔해설 부의금은 접대비에 해당하는 경조사비이다. 30만 원이 초과되는 접대비는 접대비지출품의서, 지출결의서 모두 대표이사 결재사항이다. 따라서 사원 乙씨가 작성해야 하는 결재 양식은 다음과 같다.

	접대비지출품의서			
결	담당	팀장	부장	최종결재
재	乙			대표이사

	지출결의서			
결	담당	팀장	부장	최종결재
재	乙			대표이사

13 민원실 사원 丁씨는 외부 교육업체로부터 1회에 10만 원씩 총 5회에 걸쳐 진행되는 「전화상담 역량교육」을 담당하게 되었다. 丁씨가 작성한 결재 양식으로 옳은 것은?

①

기안서				
결	담당	팀장	부장	최종결재
재	丁	전결		팀장

②

기안서				
결	담당	팀장	부장	최종결재
재	丁			대표이사

③

지출결의서				
결	담당	팀장	부장	최종결재
재	丁	전결		팀장

④

지출결의서				
결	담당	팀장	부장	최종결재
재	丁		전결	대표이사

✔ **해설** 육비의 결재서류는 금액에 상관없이 기안서는 팀장 전결, 지출결의서는 대표이사 결재사항이므로 丁씨가 작성해야 하는 결재 양식은 다음과 같다.

기안서				
결	담당	팀장	부장	최종결재
재	丁	전결		팀장

지출결의서				
결	담당	팀장	부장	최종결재
재	丁			대표이사

14 다음 중 조직목표에 대한 설명 중 옳은 것은?

① 공식적인 목표인 사명은 측정 가능한 형태로 기술되는 단기적인 목표이다.

② 조직목표는 환경이나 여러 원인들에 의해 변동되거나 없어지지 않는다.

③ 구성원들이 자신의 업무만을 성실하게 수행하면 조직목표는 자연스럽게 달성된다.

④ 조직은 다수의 목표를 추구할 수 있으며 이들은 상하관계를 가지기도 한다.

✔ **해설** ④ 조직은 다수의 조직목표를 추구할 수 있다. 이러한 조직목표들은 위계적 상호관계가 있어서 서로 상하관계에 있으면서 영향을 주고받는다.
① 조직의 사명은 조직의 비전, 가치와 신념, 조직의 존재이유 등을 공식적인 목표로 표현한 것이다. 반면에, 세부목표 혹은 운영목표는 조직이 실제적인 활동을 통해 달성하고자 하는 것으로 사명에 비해 측정 가능한 형태로 기술되는 단기적인 목표이다.
② 조직목표는 한번 수립되면 달성될 때까지 지속되는 것이 아니라 환경이나 조직 내의 다양한 원인들에 의해 변동되거나 없어지고 새로운 목표로 대치되기도 한다.
③ 조직구성원들은 자신의 업무를 성실하게 수행한다고 하더라도 전체 조직목표에 부합되지 않으면 조직목표가 달성될 수 없으므로 조직목표를 이해하고 있어야 한다.

Answer 13.① 14.④

15 조직이 유연하고 자유로운지 아니면 안정이나 통제를 추구하는지, 조직이 내부의 단결이나 통합을 추구하는지 아니면 외부의 환경에 대한 대응성을 추구하는지의 차원에 따라 집단문화, 개발문화, 합리문화, 계층문화로 구분된다. 지문에 주어진 특징을 갖는 조직문화의 유형은?

> 과업지향적인 문화로, 결과지향적인 조직으로써의 업무의 완수를 강조한다. 조직의 목표를 명확하게 설정하여 합리적으로 달성하고, 주어진 과업을 효과적이고 효율적으로 수행하기 위하여 실적을 중시하고, 직무에 몰입하며, 미래를 위한 계획을 수립하는 것을 강조한다. 이 문화는 조직구성원 간의 경쟁을 유도하는 문화이기 때문에 때로는 지나친 성과를 강조하게 되어 조직에 대한 조직구성원들의 방어적인 태도와 개인주의적인 성향을 드러내는 경향을 보인다.

① 집단문화
② 개발문화
③ 합리문화
④ 계층문화

✔ **해설** ① 관계지향적인 문화이며, 조직구성원 간 인간애 또는 인간미를 중시하는 문화로서 조직내부의 통합과 유연한 인간관계를 강조한다. 따라서 조직구성원 간 인화단결, 협동, 팀워크, 공유가치, 사기, 의사결정과정에 참여 등을 중요시하며, 개인의 능력개발에 대한 관심이 높고 조직구성원에 대한 인간적 배려와 가족적인 분위기를 만들어 내는 특징을 가진다.
② 높은 유연성과 개성을 강조하며 외부환경에 대한 변화지향성과 신축적 대응성을 기반으로 조직구성원의 도전의식, 모험성, 창의성, 혁신성, 자원획득 등을 중시하며 조직의 성장과 발전에 관심이 높은 조직문화를 의미한다. 따라서 조직구성원의 업무수행에 대한 자율성과 자유재량권 부여 여부가 핵심요인이다.
④ 조직내부의 통합과 안정성을 확보하고 현상유지차원에서 계층화되고 서열화된 조직구조를 중요시하는 조직문화이다. 즉, 위계질서에 의한 명령과 통제, 업무처리 시 규칙과 법을 준수하고, 관행과 안정, 문서와 형식, 보고와 정보관리, 명확한 책임소재 등을 강조하는 관리적 문화의 특징을 나타내고 있다.

16 다음은 W사의 경력평정에 관한 규정의 일부이다. 다음 중 규정을 올바르게 이해하지 못한 설명은 어느 것인가?

제15조(평정기준)

직원의 경력평정은 회사의 근무경력으로 평정한다.

제16조(경력평정 방법)

① 평정기준일 현재 근무경력이 6개월 이상인 직원에 대하여 별첨 서식에 의거 기본경력과 초과경력으로 구분하여 평정한다.

② 경력평정은 당해 직급에 한하되 기본경력과 초과경력으로 구분하여 평정한다.

③ 기본경력은 3년으로 하고, 초과경력은 기본경력을 초과한 경력으로 한다.

④ 당해 직급에 해당하는 휴직, 직위해제, 정직기간은 경력기간에 산입하지 아니한다.

⑤ 경력은 1개월 단위로 평정하되, 15일 이상은 1개월로 계산하고, 15일 미만은 산입하지 아니한다.

제17조(경력평정 점수)

평가에 의한 경력평정 총점은 30점으로 하며, 다음 각 호의 기준으로 평정한다.

① 기본경력은 월 0.5점씩 가산하여 총 18점을 만점으로 한다.

② 초과경력은 월 0.4점씩 가산하여 총 12점을 만점으로 한다.

제18조(가산점)

① 가산점은 5점을 만점으로 한다.

　• 정부포상 및 자체 포상 등(대통령 이상 3점, 총리 2점, 장관 및 시장 1점, 사장 1점, 기타 0.5점)

　• 회사가 장려하는 분야에 자격증을 취득한 자(자격증의 범위와 가점은 사장이 정하여 고시한다)

② 가산점은 당해 직급에 적용한다.

---

① 과장 직급으로 3년간 근무한 자가 대통령상을 수상한 경우, 경력평정 점수는 21점이다.

② 주임 직급 시 정직기간이 2개월 있었으며, 장관상을 수상한 자가 대리 근무 2년을 마친 경우 경력평정 점수는 12점이다.

③ 차장 직급으로 4년 14일 근무한 자의 경력평정 점수는 23.2점이다.

④ 차장 직책인 자는 과장 시기의 경력을 인정받을 수 없다.

> ✔ 해설　③ 15일 미만의 경력은 산입되지 않으므로 14일을 제외한 4년만이 경력평정에 들어간다. 따라서 기본경력 3년, 초과경력 1년으로 경력평정을 계산하면 0.5×36+0.4×12=22.8점이 된다.
> ① 과장 직급으로 3년간 근무한 것에 정부 포상을 계산하면 0.5×36+3=21점
> ② 주임 직급 시 있었던 정직기간과 포상 내역은 모두 대리 직급의 경력평정에 포함되지 않으므로 대리 2년의 근무만 적용되어 0.5×24=12점이다.
> ④ 당해직급에 적용되는 것이므로 차장 직책인 자는 차장 직급의 근무경력으로만 근무평정이 이루어진다.

17 매트릭스 조직에 대한 설명으로 옳은 것은?

① 이중적인 명령 체계를 갖고 있다.

② 시장의 새로운 변화에 유연하게 대처하기 어렵다.

③ 기능적 조직과 사업부제 조직을 결합한 형태이다.

④ 단일 제품을 생산하는 조직에 적합한 형태이다.

> ✔ 해설 ① 매트릭스 조직은 구성원이 원래의 종적 계열에 소속됨과 동시에 횡적 계열이나 프로젝트 팀의 일원으로서 임무를 수행하는 형태이므로 이중적인 명령 체계를 가진다.
> ② 시장의 새로운 변화에 유연하게 대처할 수 있다.
> ③ 기능적 조직과 프로젝트 조직을 결합한 형태이다.
> ④ 단일 제품을 생산하는 조직에는 적합하지 않다.

18 다음 조직의 경영자에 대한 정의를 참고할 때, 경영자의 역할로 적절하지 않은 것은 어느 것인가?

> 조직의 경영자는 조직의 전략, 관리 및 운영활동을 주관하며, 조직구성원들과 의사결정을 통해 조직이 나아갈 방향을 제시하고 조직의 유지와 발전에 대해 책임을 지는 사람이며, 조직의 변화방향을 설정하는 리더이며, 조직구성원들이 조직의 목표에 부합된 활동을 할 수 있도록 이를 결합시키고 관리하는 관리자다.

① 대외 협상을 주도하기 위한 자문위원을 선발한다.

② 외부환경 변화를 주시하며 조직의 변화 방향을 설정한다.

③ 우수한 인재를 뽑기 위한 구체적이고 개선된 채용 기준을 마련한다.

④ 미래전략을 연구하기 위해 기획조정실과의 회의를 주도한다.

> ✔ 해설 ③ 우수한 인재를 채용하고자 하는 등의 기본 방침을 설정하는 일은 조직 경영자로서의 역할이라 할 수 있으나, 그에 따른 구체적인 채용 기준을 마련하는 일은 해당 산하 조직의 역할이라고 보아야 한다.

19 다음 내용은 서원의 기업혁신에 관한 것인데, 이 기업에서는 종합생산성 혁신을 통해 각 단위로 목표에 의한 관리를 추진할 예정이라고 한다. 아래의 내용을 참조하여 밑줄 친 부분에 관한 설명으로 가장 적합하지 않은 것을 고르면?

동합금 제조기업 서원은 연간 40억 원의 원가 절감을 목표로 '원가혁신 2030' 출범 행사를 열었다고 26일 밝혔다. 원가혁신 2030은 오는 2026년까지 경영혁신을 통해 원가 또는 비용은 20% 줄이고 이익은 30% 향상시키는 혁신활동의 일환이라고 회사 측은 설명했다.

이 회사는 원가혁신 2030을 통해 연간 40억 원을 절감한다는 계획이다. 이를 달성하기 위해 체계적으로 원가코스트 센터를 통해 예산을 통제하고, 원가활동별로 비용 절감을 위한 개선활동도 진행한다. 또 종합생산성혁신 (Total Productivity Innovation)을 통해 팀별, 본부별 단위로 <u>목표에 의한 관리</u>를 추진할 예정이다. 이에 대한 성과 평가와 보상을 위한 성과관리시스템도 구축 중이다.

서원은 비용 및 원가 절감뿐 아니라 원가혁신 2030을 통해 미래 성장비전도 만들어가기로 했다. 정직, 인재, 도전, 창조, 상생의 5개 핵심가치를 중심으로 지식을 공유하는 조직문화를 정착시키는 계획도 추진한다. 박 위원장은 "내실을 다지면서 변화와 혁신을 도구 삼아 지속 성장이 가능한 기업으로 거듭나야 한다." 며 "제2의 창업이라는 각오로 혁신활동을 안착 시키겠다"고 말했다.

---

① 목표에 의한 관리가 제대로 수행되어질 수 있게끔 조직을 분권화 하는 등의 조직시스템의 재정비가 뒤따라야 한다.

② 의사소통의 통로 및 종업원들의 태도와 그들의 행위변화에 대한 대책을 마련하여, 올바른 조직문화 형성에 노력을 아끼지 말아야 한다.

③ 종업원들끼리의 지나친 경쟁과 리더의 역할갈등으로 인해 집단 저항의 우려가 있다.

④ 기업 조직의 사기 및 분위기나 문화 등이 경영환경에 대응해야만 하는 조직의 단기적인 안목에 대한 전략이 약화될 수 있으므로 주의해야 한다.

> **해설** 목표에 의한 관리방식(Management By Objectives : MBO)은 기업 조직의 경우 단기적인 목표와 그에 따른 성과에만 급급하여 기업 조직의 사기 및 분위기나 문화 등이 경영환경에 대응해야만 하는 조직의 장기적인 안목에 대한 전략이 약화될 수 있으므로 주의해야 하며 동시에 목표설정의 곤란, 목표 이외 사항의 경시 가능성, 장기 목표의 경시 가능성 등의 문제점이 발생할 수 있다.

Answer 19.④

20 다음의 기사와 관련성이 가장 높은 것을 고르면?

> 소주 업계에서는 甲주류의 A소주와 乙주류의 B소주가 새로운 소주를 출시하면서 두 회사 간 치열한 경쟁이 벌어지고 있다. 특히 이 두 소주 회사들은 화장품을 증정하는 프로모션을 함께 벌이면서 고객 끌어들이기에 안간힘을 쓰고 있다.
>
> A소주는 서울 경기 강원 지역 중에 대학가와 20대가 많이 모이는 유흥상권에서 화장품을 이용한 판촉행사를 진행하고 있다. A소주를 마시는 고객에게 게임을 통해 마스크 팩과 핸드크림을 나눠주고 있다. 또한 B소주에서도 서울 경기 지역에서 폼 클렌징을 증정하고 있다. 두 소주 회사들의 주요 목표 층은 20대와 30대 남성들로 멋 내기에도 관심이 있는 계층이어서 화장품에 대한 만족도도 매우 높은 것으로 알려지고 있다. A소주 판촉팀 관계자는 수십 개 판촉팀을 나눠 진행하는데 마스크 팩이나 핸드 크림을 증정 받은 남성들의 반응이 좋아 앞으로 화장품 프로모션은 계속 될 것이라고 말했다. 이 관계 자는 또 "화장품이 소주의 판촉물로 선호되는 것은 무엇보다도 화장품이라는 아이템이 깨끗하고, 순수 한 느낌을 주고 있어 가장 적합한 제품"이라고 덧붙였다. 특히 폼 클렌징을 증정 받아 사용해본 고객들 은 사용 후 폼 클렌징을 직접 구매하고 있어 판매로 이어지면서 화장품 업계에서도 적극 권유하고 있 다. 업계 관계자는 "화장품과 식품음료업체간의 이러한 마케팅은 상대적으로 적은 비용으로 브랜드 인 지도와 매출을 동시에 높일 수 있는 효과를 거둘 수 있다"며 "비슷한 소비층을 목표로 한 업종 간의 마케팅이 더욱 활발하게 전개될 것"이라고 전망했다.

① 제품의 수요 또는 공급을 선택적으로 조절해 장기적인 측면에서 자사의 이미지 제고와 수익의 극대 화를 꾀하는 마케팅 활동이다.

② 시장의 경쟁체제는 치열해지고 이러한 레드 오션 안에서 틈새를 찾아 수익을 창출하는 마케팅 활동 이다.

③ 유통 경로 수준에 있는 기업들이 자본, 생산, 마케팅 기능 등을 결합해 각 기업의 경쟁 우위를 공 유하려는 마케팅 활동이다.

④ 이메일이나 또는 다른 전파 가능한 매체를 통해서 자발적으로 어떤 기업이나 기업의 제품을 홍보할 수 있도록 제작하여 널리 퍼지게 하는 마케팅 활동이다.

✓**해설** ③ 문제의 지문은 공생 마케팅을 설명하고 있다. 소주업계와 화장품 회사 간의 자원의 연계로 인해 시너지 효과를 극 대화시키는 전략이다. 즉, 공생 마케팅 (Symbiotic Marketing)은 동일한 유통 경로 수준에 있는 기업들이 자본, 생산, 마케팅 기능 등을 결합해 각 기업의 경쟁 우위를 공유하려는 마케팅 활동으로써 이에 참여하는 업체가 경쟁 관계에 있는 경우가 보통이며 자신의 브랜드는 그대로 유지한다. 흔히, 경쟁 관계에 있는 업체끼리의 제휴라는 면 에서 이는 적과의 동침이라고 불리기도 한다. 또한 다른 말로 수평적 마케팅 시스템 (Horizontal Marketing System)이라고도 할 수 있다.
① 디 마케팅(De Marketing)
② 니치 마케팅(Niche Marketing)
④ 바이러스 마케팅(Virus - Marketing)

Answer 20.③

21 아래의 기사를 읽고 이 글에서 다루고 있는 회의방식에 관련한 사항으로 적절하지 않은 것을 고르면?

> 2026월드컵을 앞둔 A국가 축구국가대표팀은 사전훈련캠프를 모두 마쳤다. B국가와 C국가와 두 차례 매치를 통해 경기감각을 끌어올렸고 체력훈련과 세부전술까지 소화하며 조금씩 희망을 키워갔다.
>
> 여기에 치열했던 브레인스토밍도 희망요소다. 선수들은 틈날 때마다 머리를 맞대고 자체 미팅을 가졌다. 주제도, 방식도 아주 다양했는데 특히 훈련 내용과 실전에서의 효율적인 움직임에 대한 이야기가 많았다는 후문이다. 장소는 가리지 않았다. 선수들이 옹기종기 모여 이미지 트레이닝을 하는 장면은 곳곳에서 포착됐다.
>
> 선수들이 전용훈련장에서는 물론이고 숙소 식당과 커피숍, 숙소~훈련장(경기장)을 왕복한 버스, 심지어 아침식사 전 머리를 깨우기 위해 갖는 가벼운 산책길에서도 선수들은 수시로 토론을 했다. 트레이닝센터에서부터 캠프에서도 최종엔트리 본격적인 강화훈련 이후에 미팅이 눈에 띄게 늘어났다. 이 미팅의 형태는 주장의 주도로 전체 미팅을 하고나면 선수들이 패턴을 수시로 바꿔가며 2차 대화를 갖는 형태다.

① 위와 같은 회의방식은 1941년에 미국의 광고회사 부사장 알렉스 F. 오즈번의 제창으로 그의 저서 「독창력을 신장하라」로 널리 소개되었다.

② 한 사람보다 다수인 쪽이 제기되는 아이디어가 많다.

③ 이러한 회의방법에서는 어떠한 내용의 발언이라도 그에 대한 비판을 해서는 안 되며, 오히려 자유분방하고 엉뚱하기까지 한 의견을 출발점으로 하여 구성원들이 아이디어를 전개시켜 나가도록 하고 있는데, 일종의 자유연상법이라고도 할 수 있다.

④ 아이디어 수가 많을수록 양적으로 우수한 아이디어가 나올 가능성이 많다.

> ✔ **해설** 두 번째 문단에 "여기에 치열했던 브레인스토밍도 희망요소다."에서 알 수 있듯이 지문에 나와 있는 회의 방식은 브레인스토밍이다. 브레인스토밍은 문제를 해결하기 위해서는 혼자만의 구상보다는 여러 사람이 함께하는 방법이 더 효과적일 수 있다는 인지 하에 주어진 한 가지 문제를 놓고 여러 사람이 머리를 맞대고 회의를 통해 아이디어를 구상하는 방법으로, 많은 아이디어를 얻는 데 매우 효과적인 방법을 의미한다. "틈날 때마다 머리를 맞대고 자체 미팅을 가졌다.", "식당과 커피숍, 숙소~훈련장(경기장)을 왕복한 버스, 심지어 아침식사 전 머리를 깨우기 위해 갖는 가벼운 산책길에서도 선수들은 수시로 토론을 했다."에서 보듯이 브레인스토밍임을 암시하고 있는데 ④의 경우 회의를 통해 양적으로 아이디어 수는 많아지지만 지속적인 회의를 통해 내용이 걸러지게 되므로 그 중에서 더 나은 질적인 우수한 아이디어가 나올 가능성이 많아지게 되는 것이다.

22 아래의 표는 어느 기업의 조직도를 나타내고 있다. 아래의 내용을 참조하여 분석 및 추론한 것으로 가장 옳지 않은 항목을 고르면?

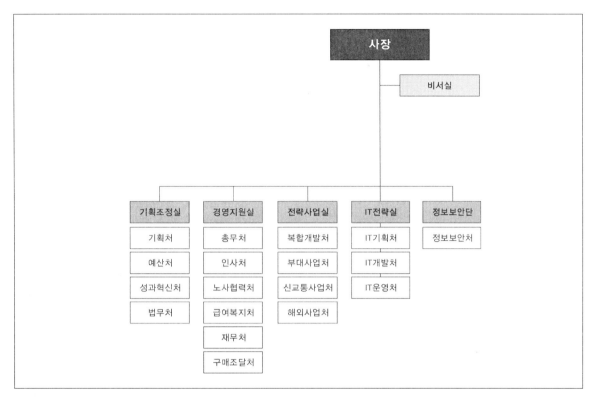

① 위 조직도의 가장 상위의 업무를 관장하게 되는 것은 비서실이며, 사장의 부속실 역할을 수행함을 알 수 있다.
② 기획조정실은 1실 4처로 구성되어 있다.
③ 경영지원실은 1실 6처로 구성되어 있다.
④ 사장 아래에 있는 부서는 5실 2단으로 구성되어 있다.

✔해설 표에서 보면 사장 아래에 있는 부서는 4실(기획조정실, 경영지원실, 전략사업실, IT 전략실) 1단(정보보안단)으로 구성되어져 있음을 알 수 있다.

Answer 22.④

23 다음은 관리조직의 일반적인 업무내용을 나타내는 표이다. 표를 참고할 때, C대리가 〈보기〉와 같은 업무를 처리하기 위하여 연관되어 있는 팀만으로 나열된 것은 어느 것인가?

부서명	업무내용
총무팀	집기비품 및 소모품의 구입과 관리, 사무실 임차 및 관리, 차량 및 통신시설의 운영, 국내외 출장 업무 협조, 사내외 홍보 광고업무, 회의실 및 사무 공간 관리, 사내·외 행사 주관
인사팀	조직기구의 개편 및 조정, 업무분장 및 조정, 인력수급계획 및 관리, 노사관리, 평가관리, 상벌관리, 인사발령, 교육체계 수립 및 관리, 임금제도, 복리후생제도 및 지원업무, 복무관리, 퇴직관리
기획팀	경영계획 및 전략 수립, 전사기획업무 종합 및 조정, 경영정보 조사 및 기획보고, 경영진단업무, 종합예산수립 및 실적관리, 단기사업계획 종합 및 조정, 사업계획, 손익추정, 실적관리 및 분석
외환팀	수출입 외화자금 회수, 외환 자산 관리 및 투자, 수출 물량 해상 보험 업무, 직원 외환업무 관련 교육 프로그램 시행, 영업활동에 따른 환차손익 관리 및 손실 최소화 방안 강구
회계팀	회계제도의 유지 및 관리, 재무상태 및 경영실적 보고, 결산 관련 업무, 재무제표 분석 및 보고, 법인세, 부가가치세, 국세 지방세 업무자문 및 지원, 보험가입 및 보상업무, 고정자산 관련 업무

〈보기〉

　C대리는 오늘 매우 바쁜 하루를 보내야 한다. 항공사의 파업으로 비행 일정이 아직 정해지지 않아 이틀 후로 예정된 출장이 확정되지 않고 있다. 일정 확정 통보를 받는 즉시 지사와 연락을 취해 현지 거래처와의 미팅 일정을 논의해야 한다. 또한, 지난 주 퇴직한 선배사원의 퇴직금 정산 내역을 확인하여 이메일로 자료를 전해주기로 하였다. 오후에는 3/4분기 사업계획 관련 전산입력 담당자 회의에 참석하여야 하며, 이를 위해 회의 전 전년도 실적 관련 자료를 입수해 확인해 두어야 한다.

① 인사팀, 기획팀, 외환팀
② 총무팀, 기획팀, 회계팀
③ 총무팀, 인사팀, 외환팀, 회계팀
④ 총무팀, 인사팀, 기획팀, 회계팀

해설 출장을 위한 항공 일정 확인 및 확정 업무는 총무팀의 협조가 필요하며, 퇴직자의 퇴직금 정산 내역은 인사팀의 협조가 필요하다. 사업계획 관련 회의는 기획팀에서 주관하는 회의가 될 것이며, 전년도 실적 자료를 입수하는 것은 회계팀에 요청하거나 회계팀의 확인 작업을 거쳐야 공식적인 자료로 간주될 수 있을 것이다. 따라서 총무팀, 인사팀, 기획팀, 회계팀과의 업무 협조가 예상되는 상황이며, 외환팀과의 업무 협조는 '오늘' 예정되어 있다고 볼 수 없다.

Answer 23.④

24 다음 설명의 빈칸에 들어갈 말이 순서대로 바르게 짝지어진 것은?

> ( )은(는) 상대 기업의 경영권을 획득하는 것이고, ( )은(는) 두 개 이상의 기업이 결합하여 법률적으로 하나의 기업이 되는 것이다. 최근에는 금융적 관련을 맺거나 또는 전략적인 관계까지 포함시켜 보다 넓은 개념으로 사용되고 있다. 기업은 이를 통해서 시장 지배력을 확대하고 경영을 다각화시킬 수 있으며 사업 간 시너지 효과 등을 거둘 수 있다. 이러한 개념이 발전하게 된 배경은 기업가 정신에 입각한 사회 공헌 실현 등 경영 전략적 측면에서 찾을 수 있다. 그러나 대상 기업의 대주주와 협상·협의를 통해 지분을 넘겨받는 형태를 취하는 우호적인 방식이 있는 반면 기존 대주주와의 협의 없이 기업 지배권을 탈취하는 적대적인 방식도 있다.

① 인수, 제휴
② 인수, 합작
③ 인수, 합병
④ 합병, 인수

✔**해설** 제시문은 기업 인수와 합병 즉, M&A의 의미와 기업에게 주는 의미를 간략하게 설명하는 글이다. 기업 입장에서 M&A는 기업의 외적 성장을 위한 발전전략으로 이해된다. 따라서 M&A는 외부적인 경영자원을 활용하여 기업의 성장을 도모하는 가장 적절한 방안으로 볼 수 있는 것이다. '인수'는 상대 기업을 인수받아 인수하는 기업의 일부로 예속하게 되는 것이며, '합병'은 두 기업을 하나로 합친다는 의미를 갖는다. 두 가지 모두 기업 경영권의 변화가 있는 것으로, 제휴나 합작 등과는 다른 개념이다.

25 다음 중 ㉠에 들어갈 경영전략 추진과정은?

전략목표설정 → 환경분석 → ㉠ → 경영전략 실행 → 평가 및 피드백

① 경영전략 구성
② 경영전략 분석
③ 경영전략 도출
④ 경영전략 제고

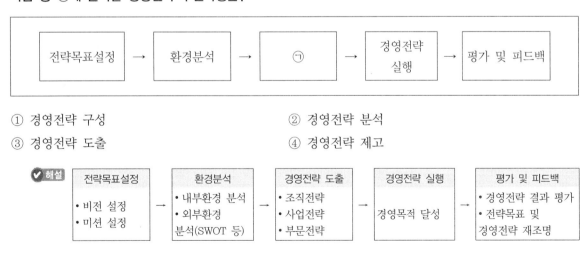

전략목표설정	환경분석	경영전략 도출	경영전략 실행	평가 및 피드백
• 비전 설정 • 미션 설정	• 내부환경 분석 • 외부환경 분석(SWOT 등)	• 조직전략 • 사업전략 • 부문전략	경영목적 달성	• 경영전략 결과 평가 • 전략목표 및 경영전략 재조명

출제경향 예측

업무를 수행함에 있어 필요한 기본적인 수리능력과 논리력까지 파악할 수 있는 문항들로 구성된다. 수리에 서 기초연산, 방정식과 부등식, 응용계산, 수열추리 등과 같은 단순계산영역에서 출제빈도는 줄어들고 복합 형 형태로 출제된다. 짧은 시간 내에 정확하게 계산하거나 암산하는 능력을 요구하고 있다. 증감률, 이자율 과 같은 까다로운 계산문제가 빈번하게 출제되고 있는 편이다.

유형별 출제빈도

기초연산	응용계산	통계능력	도표 분석	그래프 분석

다음 자료에 대한 올바른 분석을 다음 〈보기〉에서 모두 고르면?

연도	구분	교통사고 발생건수		
		합계	A지역	B지역
2021년	계	3,937건	1,663건	2,274건
	시내버스	3,390건	1,451건	1,939건
	시외버스	547건	212건	335건
2022년	계	4,139건	1,630건	2,509건
	시내버스	3,578건	1,413건	2,165건
	시외버스	561건	217건	344건
2023년	계	4,173건	1,727건	2,446건
	시내버스	3,670건	1,507건	2,163건
	시외버스	503건	220건	283건
2024년	계	4,234건	1,681건	2,553건
	시내버스	3,723건	1,451건	2,272건
	시외버스	511건	230건	281건
2025년	계	4,401건	1,615건	2,786건
	시내버스	3,859건	1,412건	2,447건
	시외버스	542건	203건	339건

〈연도별 교통사고 발생건수 현황〉

───── 보기 ─────

㉠ 2021~2025년 동안 전체 교통사고 발생 건수는 지속적으로 증가하였다.
㉡ B지역의 2021 ~ 2025년의 연간 평균 시외버스 교통사고 발생건수는 300건이 넘는다.
㉢ 2025년의 시외버스 사고건수 1건당 시내버스 사고건수는 A지역이 더 많다.
㉣ 전체 사고건수 중 시외버스가 차지하는 비율은 2021 ~ 2025년 동안 모두 2%p 이내의 차이를 보인다.

① ㉠㉡㉢
② ㉠㉡㉣
③ ㉠㉢㉣
④ ㉡㉢㉣

㉢ A지역은 1,412 ÷ 203 = 약 6.96건이며, B지역은 2,447 ÷ 339 = 약 7.22건이다. B지역이 A지역보다 더 많다.
㉠ 3,937 → 4,139 → 4,173 → 4,234 → 4,401건으로 지속적인 증가를 보인다.
㉡ (335 + 344 + 283 + 281 + 339) ÷ 5 = 316.4건이다.
㉣ 연도별 비율은 각각 547 ÷ 3,937 × 100 = 약 13.9%, 561 ÷ 4,139 × 100 = 약 13.6%, 503 ÷ 4.73 × 100 = 약 12.1%, 511 ÷ 4,234 × 100 = 약 12.1%, 542 ÷ 4,401 × 100 = 약 12.3%로 모두 12.1 ~ 13.9% 이내이므로 비율의 차이는 2%p 이내이다.

답 ②

1 철도 레일 생산업체에서 A, B 2개의 생산라인에서 레일을 생산한다. 2개의 생산라인을 하루 종일 풀가동 할 경우 3일 동안 525개의 레일을 생산할 수 있으며, A라인만을 풀가동하여 생산할 경우 90개의 레일을 생산할 수 있다. A라인만을 풀가동하여 5일 간 제품을 생산하고 이후 2일은 B라인만을, 다시 추가로 2일 간은 A, B라인을 함께 풀가동하여 생산을 진행한다면, 강한 금속이 생산한 총 레일의 개수는 모두 몇 개인가?

① 940개　　　　　　　　　　　　　　　② 970개

③ 1,050개　　　　　　　　　　　　　　④ 1,120개

> **해설** 일률을 계산하는 문제이다. 2개의 생산라인을 풀가동하여 3일 간 525개의 레일을 생산하므로 하루에 2개 생산라인에서 생산되는 레일의 개수는 525÷3=175개가 된다. 이 때, A라인만을 풀가동하여 생산할 수 있는 레일의 개수가 90개이므로 B라인의 하루 생산 개수는 175−90=85개가 된다.
> 따라서 구해진 일률을 통해 A라인 5일, B라인 2일, A+B라인 2일의 생산 결과를 계산하면, 생산한 총 레일의 개수는 $(90 \times 5) + (85 \times 2) + (175 \times 2) = 450 + 170 + 350 = 970$개가 된다.

2 H상점에서는 A와 B제품을 각각 2,000원과 1,500원에 판매하고 있다. 당월의 A제품 판매량이 전월 대비 10% 증가하였고, B제품 판매량이 전월 대비 20% 감소하여 총 판매액이 5% 증가하였다. 전월의 합계 판매량이 3,800개였다면 당월에 A제품은 B제품보다 몇 개 더 많이 판매한 것인가? (당월의 A, B제품 가격은 전월과 동일하다)

① 2,200개　　　　　　　　　　　　　　② 2,220개

③ 2,240개　　　　　　　　　　　　　　④ 2,660개

> **해설** 전월의 A제품 판매량을 x, B제품의 판매량을 y라 하면 $x+y=3,800$이고, 총 판매액은 $2,000x+1,500y$원이 된다. 올해 A제품의 판매량은 $1.1x$, B제품의 판매량은 $0.8y$이므로 총 판매액은 $2,200x+1,200y=1.05(2,000x+1,500y)$가 되어 이를 풀면 $100x=375y$가 되어 결국 $x=3.75y$가 된다.
> $x+y=3,800$이라고 했으므로, $4.75y=3,800$이 되어 $y=800$, $x=3,000$이 된다.
> 따라서 당월 A제품 판매량은 3,300개, B제품 판매량은 640개가 되므로 A제품은 B제품보다 3,300−640=2,660개 더 많이 판매한 것이 된다.

┃3~4┃ 다음은 교통사고와 관련된 예시자료이다. 자료를 보고 이어지는 물음에 답하시오.

구분	2018년	2019년	2020년	2021년	2022년	2023년	2024년
사고(천 건)	212	222	224	215	224	232	221
사망(명)	6,166	5,229	5,392	5,092	4,762	4,621	4,292
부상(천 명)	336	341	345	329	337	350	332
자동차 1만대 당 교통사고(건)	3.1	2.4	2.4	2.2	2.0	1.9	1.7
인구 10만 명 당 교통사고 사망자수(명)	12.7	10.7	10.8	10.1	9.4	9.1	8.5
보행 시 교통사고자 중 사망자 구성비(%)	37.4	39.1	37.6	38.9	40.1	38.8	39.9

3 다음 중 위의 자료를 올바르게 해석하지 못한 것은 어느 것인가?

① 2024년에는 10년 전보다 사고 건수와 보행 시 교통사고자 중 사망자 구성비가 더 증가하였다.

② 교통사고 사망자와 부상자 수의 합은 2020년 이후 지속적으로 감소하였다.

③ 2019~2024년까지의 평균 사고 건수보다 더 높은 사고 건수를 기록한 해는 3개 연도이다.

④ 보행 시 교통사고가 나면 10명 중 약 4명꼴로 사망하였다.

> **✓해설** 사망자와 부상자의 단위가 다른 것에 주의하여 계산해 보면, 2020년부터 사망자와 부상자 수의 합은 각각 350,392명, 334,092명, 341,762명, 354,621명, 336,292명으로 지속 감소하지 않았음을 알 수 있다.
> ③ 2019~2024년까지의 평균 사고 건수는 (222+224+215+224+232+221)÷6=223천 건이므로 2020년, 2022년, 2023년의 사고 건수가 평균보다 더 높다.

4 2018년의 총 자동차 대수가 1천만 대였다고 가정할 경우, 2024년의 총 자동차 교통사고 건수가 2018년과 같아지게 될 때의 총 자동차 대수는 몇 대인가? (반올림하여 천의 자리까지 표시함)

① 17,508천 대

② 17,934천 대

③ 18,011천 대

④ 18,235천 대

> **✓해설** 2018년의 총 자동차 대수가 1천만 대라면 총 자동차 교통사고 건수는 $1,000 \times 3.1 = 3,100$건이 된다. 2024년의 총 자동차 대수를 x라 하면, 2024년의 총 자동차 교통사고 건수가 3,100건이 되기 위해서는 $10,000 : 1.7 = x : 3,100$이 성립해야 한다.
> 따라서 $x = 10,000 \times 3,100 \div 1.7 = 18,235,294 \rightarrow 18,235$천 대가 된다.

Answer 3.② 4.④

┃5~7┃ 다음 숫자들의 배열 규칙을 찾아 ?에 들어갈 알맞은 숫자를 고르시오.

5

4	9	14
3	7	11
7	?	25

① 15

② 16

③ 17

④ 18

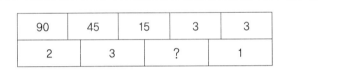 각 열의 3행 숫자들은 1행의 숫자와 2행의 숫자를 더한 값이다. 따라서 9+7=16이다.

6

90	45	15	3	3
2	3	?	1	

① 6

② 5

③ 4

④ 3

$15 \div 3 = 5$

7

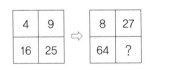

① 50

② 75

③ 100

④ 125

8 아버지가 8만 원을 나눠서 세 딸에게 용돈을 주려고 한다. 첫째 딸과 둘째 딸은 3:1, 둘째 딸과 막내딸은 7:4의 비율로 주려고 한다면 막내딸이 받는 용돈은 얼마인가?

① 10,000원

② 15,000원

③ 20,000원

④ 25,000원

> ✔해설 딸들이 받는 돈의 비율은 21:7:4이다. 막내딸은 80,000원의 $\frac{4}{32}$ 를 받으므로 10,000원을 받는다.

9 어떤 일을 하는데 정빈이는 18일, 수인이는 14일이 걸린다. 처음에는 정빈이 혼자서 3일 동안 일하고, 그 다음은 정빈이와 수인이가 같이 일을 하다가 마지막 하루는 수인이만 일하여 일을 끝냈다. 정빈이와 수인이가 같이 일한 기간은 며칠인가?

① 3일

② 4일

③ 5일

④ 6일

> ✔해설 정빈이가 하루 일하는 양 $\frac{1}{18}$, 수인이가 하루 일하는 양 $\frac{1}{14}$
>
> 전체 일의 양을 1로 놓고 같이 일을 한 일을 x라 하면
>
> $$\frac{3}{18}+\left(\frac{1}{18}+\frac{1}{14}\right)x+\frac{1}{14}=1$$
>
> $$\frac{(16x+30)}{126}=1$$
>
> $\therefore x=6$일

Answer 8.① 9.④

10 1시간에 책을 60쪽씩 읽는 사람이 있다. 30분씩 읽고 난 후 5분씩 휴식하면서 3시간동안 읽으면 모두 몇 쪽을 읽게 되는가? (단, 읽는 속도는 일정하다)

① 155쪽

② 135쪽

③ 115쪽

④ 105쪽

> ✔해설 1시간에 60쪽을 읽으므로, 1분에 1쪽을 읽는 것과 같다.
> 30분씩 읽고 5분 휴식하는 것을 묶어 35분으로 잡는다.
> $180 = 35 \times 5 + 5$이므로 30분씩 5번 읽고, 5분을 더 읽는 것과 같다.
> $30 \times 5 + 5 = 155$(쪽)

11 차고 및 A, B, C 간의 거리는 다음 표와 같다. 차고에서 출발하여 A, B, C 3개의 수요지를 각각 1대의 차량이 방문하는 경우에 비해, 1대의 차량으로 3개의 수요지를 모두 방문하고 차고지로 되돌아오는 경우, 수송 거리가 최대 몇 km 감소되는가?

구분	A	B	C
차고	10	13	12
A	–	5	10
B	–	–	7

① 30km

② 32km

③ 34km

④ 36km

> ✔해설 A, B, C의 장소를 각각 1대의 차량으로 방문할 시의 수송거리는 (10+13+12)×2= 70km, 하나의 차량으로 3곳 수요지를 방문하고 차고지로 되돌아오는 경우의 수송거리 10+5+7+12=34km, 그러므로 70-34=36km가 된다.

12 6개의 흰 공과 4개의 검은 공이 들어 있는 주머니에서 임의로 공을 꺼내는 시행을 반복할 때, 처음 두 번 꺼낸 공이 모두 흰 공일 확률은? (단, 꺼낸 공은 다시 넣지 않는다)

① $\dfrac{1}{2}$　　　　　　　　　　　② $\dfrac{1}{3}$

③ $\dfrac{5}{6}$　　　　　　　　　　　④ $\dfrac{3}{10}$

 해설　처음에 흰 공을 꺼낼 확률 : $\dfrac{6}{10}$

두 번째에 흰 공을 꺼낼 확률 : $\dfrac{5}{9}$

동시에 일어나야 하므로 $\dfrac{6}{10} \times \dfrac{5}{9} = \dfrac{1}{3}$

13 甲은행에서는 고객서비스 강화를 위해 1억 원을 투자하여 연간 15%의 수익률을 올리는 것을 목표로 새로운 택배서비스를 시작하였다. 이때, 택배서비스의 목표수입가격은 얼마가 적당한가? (단, 예상 취급량 30,000개/연, 택배서비스 취급원가 1,500원/개)

① 1,000원
② 1,500원
③ 2,000원
④ 2,500원

해설　1억 원을 투자하여 15%의 수익률을 올리므로 수익은 15,000,000원이다. 예상 취급량이 30,000개이므로 15,000,000 ÷ 30,000 = 500(원)이고, 취급원가가 1,500원이므로 목표수입가격은 1,500 + 500 = 2,000(원)이 된다.

14 갑, 을, 병은 각각 640원, 760원, 1,100원의 저금을 가지고 있다. 매주 갑이 240원, 을이 300원, 병이 220원씩 더 저축한다고 하면, 갑과 을의 저축액의 합이 병의 저축액의 2배가 되는 것은 몇 주 후인가?

① 6주

② 7주

③ 8주

④ 9주

> ✔해설 2배가 되는 시점을 x주라고 하면
> $$(640 + 240x) + (760 + 300x) = 2(1,100 + 220x)$$
> $$540x - 440x = 2,200 - 1,400$$
> $$100x = 800$$
> $$\therefore \ x = 8$$

15 아시안 게임에 참가한 어느 종목의 선수들을 A, B, C 등급으로 분류하여 전체 4천5백만 원의 포상금을 지급하려고 한다. A등급의 선수 각각은 B등급보다 2배, B등급은 C등급보다 1.5배 지급하려고 한다. A등급은 5명, B등급은 10명, C등급은 15명이라면, A등급을 받은 선수 한 명에게 지급될 금액은?

① 300만 원

② 400만 원

③ 450만 원

④ 500만 원

> ✔해설 A등급 한 명에게 지급되는 금액을 $6x$,
> B등급 한 명에게 지급되는 금액을 $3x$,
> C등급 한 명에게 지급되는 금액을 $2x$라 하면,
> $6x \times 5 + 3x \times 10 + 2x \times 15 = 4,500$(만 원)으로,
> $x = 50 \rightarrow 6x = 300$(만 원)

16 甲은행 공채에 응시한 남녀의 비는 5 : 4이고, 합격자 남녀의 비는 4 : 3, 불합격자 남녀의 비가 6 : 5이다. 총 합격자의 수가 140명일 때 2019년 IBK기업은행 공채에 응시한 인원수는 몇 명인가?

① 320명
② 340명
③ 360명
④ 380명

> ✔해설 합격자가 140명이고 남녀비가 4 : 3이므로 합격한 남자의 수는 80명, 여자의 수는 60명이다.
>
> 남자 응시인원을 $5a$, 여자 응시인원을 $4a$라 하고, 남자 불합격인원을 $6b$, 여자 불합격인원을 $5b$라 할 때 만들어지는 식은 다음과 같다.
>
> $\begin{cases} 5a - 6b = 80 \\ 4a - 5b = 60 \end{cases}$ 두 식을 연립하여 풀면 $a = 40$, $b = 20$이므로 총 응시인원은 $9a = 360$(명)이다.

17 甲은행 인적성검사는 오답인 경우 감점이 있다. 한 문제당 점수는 5점, 오답 감점점수는 2점이다. 총 20문제를 풀어서 70점 이상 받아야 합격일 때, 최소한 몇 문제를 맞아야 합격할 수 있는가? (단, 빈칸으로 놔둔 문제도 오답으로 간주한다.)

① 15개
② 16개
③ 17개
④ 18개

> ✔해설 정답의 개수를 a, 오답의 개수를 $20 - a$라 할 때,
>
> 20문제 중 70점 이상 받아야 합격이므로 이를 식으로 나타내면 다음과 같다.
>
> $5a - 2(20 - a) \geq 70$
>
> $7a \geq 110$
>
> $a \geq 15.\text{xx}$
>
> ∴ 16문제 이상 맞아야 합격할 수 있다.

18 고가의 피규어를 인터넷 경매를 통해 판매하려고 한다. 경매 방식과 규칙, 예상 응찰 현황이 다음과 같을 때, 경매 결과를 바르게 예측한 것은?

• 경매 방식 : 각 상품은 따로 경매하거나 묶어서 경매
• 경매 규칙
 - 낙찰자 : 최고가로 입찰한 자
 - 낙찰가 : 두 번째로 높은 입찰가
 - 두 상품을 묶어서 경매할 경우 낙찰가의 5%를 할인해 준다.
 - 입찰자는 낙찰가의 총액이 100,000원을 초과할 경우 구매를 포기한다.
• 예상 응찰 현황

입찰자	A 입찰가	B 입찰가	합계
甲	20,000원	50,000원	70,000원
乙	30,000원	40,000원	70,000원
丙	40,000원	70,000원	110,000원
丁	50,000원	30,000원	80,000원
戊	90,000원	10,000원	100,000원
己	40,000원	80,000원	120,000원
庚	10,000원	20,000원	30,000원
辛	30,000원	10,000원	40,000원

① 두 상품을 묶어서 경매한다면 낙찰자는 己이다.
② 경매 방식에 상관없이 지헌이의 예상 수입은 동일하다.
③ 두 상품을 따로 경매한다면 얻는 수입은 120,000원이다.
④ 두 상품을 따로 경매한다면 A의 낙찰자는 丁이다.

✔해설 ③ 두 상품을 따로 경매한다면 A는 戊에게 50,000원에, B는 己에게 70,000원에 낙찰된다. 이에 따라 얻는 수입은 120,000원이다.
① 己가 낙찰 받는 금액은 110,000원으로 5% 할인을 해주어도 그 금액이 100,000원이 넘는다. 입찰자는 낙찰가의 총액이 100,000원을 초과할 경우 구매를 포기한다는 조건에 의해 己는 구매를 포기하게 되므로 낙찰자는 丙이 된다.
② 지헌이가 얻을 수 있는 예상 수입은 두 상품을 따로 경매할 경우 120,000원, 두 상품을 묶어서 경매할 경우 95,000원으로 동일하지 않다.
④ 두 상품을 따로 경매한다면 A의 낙찰자는 戊이다.

Answer 18.③

19 A씨는 30 % 할인 행사 중인 백화점에 갔다. 매장에 도착하니 당일 구매물품의 정가 총액에 따라 아래의 〈혜택〉 중 하나를 택할 수 있다고 한다. 정가 10만원짜리 상의와 15만원짜리 하의를 구입하고자 한다. 옷을 하나 이상 구입하여 일정 혜택을 받고 교통비를 포함해 총비용을 계산할 때, 〈보기〉의 설명 중 옳은 것을 모두 고르면? (단, 1회 왕복교통비는 5천원이고, 소요시간 등 기타사항은 금액으로 환산하지 않는다)

〈혜택〉

• 추가할인 : 정가 총액이 20만 원 이상이면, 할인된 가격의 5%를 추가로 할인
• 할인쿠폰 : 정가 총액이 10만 원 이상이면, 세일기간이 아닌 기간에 사용할 수 있는 40% 할인권 제공

〈보기〉

㉠ 오늘 상·하의를 모두 구입하는 것이 가장 싸게 구입하는 방법이다.
㉡ 상·하의를 가장 싸게 구입하면 17만 원 미만의 비용이 소요된다.
㉢ 상·하의를 가장 싸게 구입하는 경우와 가장 비싸게 구입하는 경우의 비용 차이는 1회 왕복 교통비 이상이다.
㉣ 오늘 하의를 구입하고, 세일기간이 아닌 기간에 상의를 구입하면 17만 5천 원이 든다.

---

① ㉠㉡
② ㉠㉢
③ ㉡㉢
④ ㉢㉣

✔해설 갑씨가 선택할 수 있는 방법은 총 세 가지이다.
• 오늘 상·하의를 모두 구입하는 방법(추가할인적용)
$(250,000 \times 0.7) \times 0.95 + 5,000 = 171,250$(원)
• 오늘 상의를 구입하고, 세일기간이 아닌 기간에 하의를 구입하는 방법(할인쿠폰사용)
$(100,000 \times 0.7) + (150,000 \times 0.6) + 10,000 = 170,000$(원)
• 오늘 하의를 구입하고, 세일기간이 아닌 기간에 상의를 구입하는 방법(할인쿠폰사용)
$(150,000 \times 0.7) + (100,000 \times 0.6) + 10,000 = 175,000$(원)
∴ ㉠ 가장 싸게 구입하는 방법은 오늘 상의를 구입하고, 세일기간이 아닌 기간에 하의를 구입하는 것이다.
   ㉡ 상하의를 가장 싸게 구입하면 17만 원의 비용이 소요된다.

20 다이어트 중인 수진이는 품목별 가격과 칼로리, 오늘의 행사 제품 여부에 따라 물건을 구입하려고 한다. 예산이 10,000원이라고 할 때, 칼로리의 합이 가장 높은 조합은?

〈품목별 가격과 칼로리〉

품목	피자	돈가스	도넛	콜라	아이스크림
가격(원/개)	2,500	4,000	1,000	500	2,000
칼로리(kcal/개)	600	650	250	150	350

〈오늘의 행사〉

행사 1 : 피자 두 개 한 묶음을 사면 콜라 한 캔이 덤으로!

행사 2 : 돈가스 두 개 한 묶음을 사면 돈가스 하나가 덤으로!

행사 3 : 아이스크림 두 개 한 묶음을 사면 아이스크림 하나가 덤으로!

단, 행사는 품목당 한 묶음까지만 적용됩니다.

① 피자 2개, 아이스크림 2개, 도넛 1개

② 돈가스 2개, 피자 1개, 콜라 1개

③ 아이스크림 2개, 도넛 6개

④ 돈가스 2개, 도넛 2개

✔ 해설 ① 피자 2개, 아이스크림 2개, 도넛 1개를 살 경우, 행사 적용에 의해 피자 2개, 아이스크림 3개, 도넛 1개, 콜라 1개를 사는 효과가 있다. 따라서 총 칼로리는 (600 × 2) + (350 × 3) + 250 + 150 = 2,650kcal이다.

② 돈가스 2개(8,000원), 피자 1개(2,500원), 콜라 1개(500원)의 조합은 예산 10,000원을 초과한다.

③ 아이스크림 2개, 도넛 6개를 살 경우, 행사 적용에 의해 아이스크림 3개, 도넛 6개를 구입하는 효과가 있다. 따라서 총 칼로리는 (350 × 3) + (250 × 6) = 2,550kcal이다.

④ 돈가스 2개, 도넛 2개를 살 경우, 행사 적용에 의해 돈가스 3개, 도넛 2개를 구입하는 효과가 있다. 따라서 총 칼로리는 (650 × 3) + (250 × 2) = 2,450kcal이다.

21 아래의 표는 "(주) 안 켜져" TV 제조업체의 최근 5개월 동안 컬러 TV 판매량을 나타낸 것이다. 이 때 6월의 컬러 TV 판매량을 단순 이동평균법, 가중이동평균법, 단순지수평활법을 이용하여 예측한 값을 각각 ㉠, ㉡, ㉢이라고 할 때, 그 크기를 비교한 것으로 옳은 것을 고르면? (단, 이동평균법에서 주기는 4개월, 단순지수평활법에서 평활상수는 0.4를 각각 적용한다) (단위 : 천대)

	1월	2월	3월	4월	5월	6월
판매량	10	14	9	13	15	
가중치	0.0	0.1	0.2	0.3	0.4	

① ㉠ > ㉡ > ㉢

② ㉡ > ㉠ > ㉢

③ ㉠ > ㉢ > ㉡

④ ㉡ > ㉢ > ㉠

 ㉠ 단순이동평균법 $= \dfrac{14+9+13+15}{4} = 12.75$대

㉡ 가중이동평균법 $= 15 \times 0.4 + 13 \times 0.3 + 9 \times 0.2 + 14 \times 0.1 = 13.1$ 대

㉢ 지수평활법을 이용하기 위해서는 세 개의 자료가 필요하다. 전월의 예측치, 전월의 실제치, 지수평활계수 이를 식으로 나타내면 당기 예측치 = 전기 예측치 + 지수평활계수 (전기 실제치 − 전기 예측치) 그런데 이 문제에서는 5월의 예측치가 없으므로 문제가 성립될 수 없다. 그러나 이러한 경우에는 단순이동 평균치를 예측치로 사용한다. 4월까지의 단순이동 평균치는 11.50이다. 지수평활법 $= 0.4 \times 15 + 0.6 \times 11.50 = 12.90$대이므로 따라서 ㉡ > ㉢ > ㉠이 된다.

22 야산 한 쪽에 태양광 설비 설치를 위해 필요한 부품을 트럭에서 내려 설치 장소까지 리어카를 이용하여 시속 4km로 이동한 K씨는 설치 후 트럭이 있는 곳까지 시속 8km의 속도로 다시 돌아왔다. 처음 트럭을 출발하여 작업을 마치고 다시 트럭의 위치로 돌아오니 총 4시간이 걸렸다. 작업에 소요된 시간이 1시간 30분이라면, 트럭에서 태양광 설치 장소까지의 거리는 얼마인가? (거리는 반올림하여 소수 둘째 자리까지 표시함)

① 약 4.37km

② 약 4.95km

③ 약 5.33km

④ 약 6.67km

✔해설 '거리=시간×속력'을 이용하여 계산할 수 있다.

총 4시간의 소요 시간 중 작업 시간 1시간 30분을 빼면, 왕복 이동한 시간은 2시간 30분이 된다. 트럭에서 태양광 설치 장소까지의 거리를 x km라고 하면, 시속 4km로 이동한 거리와 시속 8km로 되돌아 온 거리 모두 x km가 된다.

따라서 거리=시간×속력 → 시간=거리÷속력 공식을 이용하여, 2시간 30분은 2.5시간이므로 $2.5 = (x \div 4) + (x \div 8)$이 성립하게 된다. 이것을 풀면, $2.5 = x/4 + x/8$ → $2.5 = 3/8 x$ → $x = 2.5 \times 8/3 = 6.666...$ → 약 6.67km가 된다.

23 다음은 어느 카페의 메뉴판이다. 오늘의 커피와 단호박 샌드위치를 먹으려할 때, 세트로 구매하는 것은 단품으로 시키는 것보다 얼마가 더 저렴한가?

〈메뉴〉

음료		샌드위치	
오늘의 커피	3,000원	하우스 샌드위치	5,000원
아메리카노	3,500원	단호박 샌드위치	5,500원
카페라떼	4,000원	치즈듬뿍 샌드위치	5,500원
생과일주스	4,000원	베이컨토마토 샌드위치	6,000원

수프
콘수프   4,500원
감자수프   5,000원
브로콜리수프   5,000원

세트 7,000원
오늘의 커피 + 하우스 샌드위치 or 콘수프 중 택1
※ 커피종류는 변경할 수 없음
※ 샌드위치 또는 수프 변경 시 가격의 차액만큼 추가

---

① 500원

② 1,000원

③ 1,500원

④ 2,000원

해설 단품으로 구매 시 : 오늘의 커피(3,000) + 단호박 샌드위치(5,500) = 8,500원
세트로 구매 시 : 7,000 + 샌드위치 차액(500) = 7,500원
∴ 세트로 구매하는 것이 단품으로 구매하는 것보다 1,000원 더 저렴하다.

24 다음은 A 자동차 회사의 광고모델 후보 4명에 대한 자료이다. 〈조건〉을 적용하여 광고모델을 선정할 때, 총 광고효과가 가장 큰 모델은?

〈표〉 광고모델별 1년 계약금 및 광고 1회당 광고효과

(단위 : 만 원)

광고모델	1년 계약금	1회당 광고효과	
		수익 증대 효과	브랜드 가치 증대 효과
A	1,000	100	100
B	600	60	100
C	700	60	110
D	1,200	110	110

〈조건〉

㉠ 광고효과는 수익 증대 효과와 브랜드 가치 증대 효과로만 구성된다.
- 총 광고효과 = 1회당 광고효과 × 1년 광고횟수
- 1회당 광고효과 = 1회당 수익 증대 효과 + 1회당 브랜드 가치 증대 효과

㉡ 1회당 광고비는 20만 원으로 고정되어 있다.
- 1년 광고횟수 = $\dfrac{\text{1년 광고비}}{\text{1회당 광고비}}$

㉢ 1년 광고비는 3,000만 원(고정값)에서 1년 계약금을 뺀 금액이다.
- 1년 광고비 = 3,000만 원 − 1년 계약금

※ 광고는 tv를 통해서만 1년 내에 모두 방송됨

① A
② B
③ C
④ D

✔해설 총 광고효과 = 1회당 광고효과 × 1년 광고횟수

$= (\text{1회당 수익 증대 효과} + \text{1회당 브랜드 가치 증대 효과}) \times \dfrac{\text{3,000만 원} - \text{1년 계약금}}{\text{1회당 광고비}}$

A : $(100+100) \times \dfrac{3,000-1,000}{20} = 20,000$만 원

B : $(60+100) \times \dfrac{3,000-600}{20} = 19,200$만 원

C : $(60+110) \times \dfrac{3,000-700}{20} = 19,550$만 원

D : $(110+110) \times \dfrac{3,000-1,200}{20} = 19,800$만 원

Answer 24.①

｜25~26｜ 다음 〈표〉는 지역별 외국인 국내 토지 소유현황에 관한 자료이다. 다음 자료를 보고 물음에 답하시오.

지역명	면적(천m^2)	비율(%)
서울	2,729	1.2
부산	5,738	2.6
대구	1,792	0.8
인천	4,842	2.2
광주	3,425	1.5
대전	837	0.4
울산	5,681	2.5
세종	867	0.4
경기	37,615	(㉠)
강원	18,993	8.5
충북	12,439	5.5
충남	22,313	9.9
전북	7,462	3.3
전남	37,992	16.9
경북	35,081	15.6
경남	17,058	(㉡)
제주	9,851	4.4
계	224,715	100.0

25 이 자료에 대한 설명으로 옳지 않은 것은?

① 울산의 외국인 소유면적은 대구보다 3배 이상이다.

② 외국인 국내 토지 소유면적이 가장 큰 지역은 전남이다.

③ 부산의 외국인 국내 토지 소유면적은 대구와 광주의 면적을 합친 것보다 작다.

④ ㉠에 알맞은 수치는 16.7이다.

✔해설 ③ 1,792+3,425=5,217<5,738

26 위의 표에서 ㉡에 알맞은 수치는? (단, 소수점 둘째자리에서 반올림한다.)

① 7.6

② 8.0

③ 8.4

④ 8.8

✔해설 (17,058/224,715)×100=7.59

27 형과 동생은 함께 집안 정리를 하려고 한다. 형 혼자 정리를 하면 30분, 동생 혼자 정리를 하면 20분이 걸린다. 처음 10분 동안은 두 형제가 함께 정리를 하고 남은 일은 형 혼자 정리를 하게 된다면 집안 정리를 끝마치는 데 걸리는 총 시간은 얼마인가?

① 13분   ② 15분
③ 18분   ④ 20분

✔해설 형과 동생의 분당 정리량은 각각 1/30과 1/20이다. 따라서 두 형제가 함께 정리할 때의 분당 정리량은 1/30+1/20=1/12이 된다. 그러므로 10분 동안 함께 일을 하면 총 정리량은 10×1/12=5/6가 된다. 나머지 1/6을 형이 정리해야 하므로 형의 분당 정리량인 1/30에 필요한 시간 x를 곱하여 1/6이 되어야 한다. 따라서 1/30× x=1/6이 된다. 그러므로 형이 혼자 정리하는 데 필요한 시간은 5분이 된다. 따라서 총 소요 시간은 10분 +5분=15분이 된다.

28 다음은 A사의 금년도 추진 과제의 전공별 연구책임자 현황에 대한 자료이다. 다음 설명 중 옳지 않은 것을 고르면?

(단위 : 명, %)

전공 \ 연구책임자	남자		여자	
	연구책임자 수	비율	연구책임자 수	비율
이학	2,833	14.8	701	30.0
공학	11,680	61.0	463	19.8
농학	1,300	6.8	153	6.5
의학	1,148	6.0	400	17.1
인문사회	1,869	9.8	544	23.3
기타	304	1.6	78	3.3
계	19,134	100.0	2,339	100.0

① 전체 연구책임자 중 공학전공의 연구책임자가 차지하는 비율이 50%를 넘는다.
② 전체 연구책임자 중 의학전공의 여자 연구책임자가 차지하는 비율은 1.9%이다.
③ 전체 연구책임자 중 인문사회전공의 연구책임자가 차지하는 비율은 12%를 넘는다.
④ 전체 연구책임자 중 농학전공의 남자 연구책임자가 차지하는 비율은 6%를 넘는다.

✔해설 ③ $\frac{1,869+544}{19,134+2,339}\times100 ≒ 11.23$이므로 12%를 넘지 않는다.

| 29~30 | 다음에 제시된 항공사별 운항현황을 보고 물음에 답하시오.

항공사	구분	2021년	2022년	2023년	2024년
A항공사	운항 편(대)	8,486	8,642	8,148	8,756
	여객(명)	1,101,596	1,168,460	964,830	1,078,490
	운항거리(km)	5,928,362	6,038,761	5,761,479	6,423,765
B항공사	운항 편(대)	11,534	12,074	11,082	11,104
	여객(명)	1,891,652	2,062,426	1,715,962	1,574,966
	운항거리(km)	9,112,071	9,794,531	8,972,439	8,905,408

29 A항공사의 경우 항공기 1대 당 수송 여객의 수가 가장 많았던 해는 언제인가?

① 2021년 ② 2022년
③ 2023년 ④ 2024년

> **✔해설** ① 2021년 : $1,101,596 \div 8,486 =$ 약 129명
> ② 2022년 : $1,168,460 \div 8,642 =$ 약 135명
> ③ 2023년 : $964,830 \div 8,148 =$ 약 118명
> ④ 2024년 : $1,078,490 \div 8,756 =$ 약 123명

30 항공기 1대당 운항 거리가 2024년과 동일하다고 했을 때, B항공사가 2025년 한 해 동안 9,451,570km의 거리를 운항하기 위해서 증편해야 할 항공기 수는 몇 대인가?

① 495 ② 573
③ 681 ④ 709

> **✔해설** B항공사의 2024년 항공기 1대당 운항 거리는 $8,905,408 \div 11,104 = 802$로, 2025년 한 해 동안 9,451,570km의 거리를 운항하기 위해서는 $9,451,570 \div 802 = 11,785$대의 항공기가 필요하다. 따라서 B항공사는 $11,785 - 11,104 = 681$대의 항공기를 증편해야 한다.

Chapter

06 정보

출제경향 예측

실제 업무에서 활용되는 컴퓨터 활용 유형의 문제가 출제된다. 최근 시험에서는 엑셀함수 문제가 다수 출제되었다. 엑셀 관련한 문항은 출제될 확률이 높기 때문에 기본적인 함수, 오류, 작동방법 등을 자세하게 알아두는 것이 좋다. 컴퓨터활용능력과 관련하여 출제율이 높은 편이다. 컴퓨터 용량과 관련한 기본 단위, 바이러스 관련 질문 등도 출제된다. 디지털 트렌드와 관련이 높은 이슈와 관련한 문제가 출제되는 편이므로 디지털상식에 대한 높은 관심도 필요하다.

유형별 출제빈도

엑셀	코딩	컴퓨터활용능력	정보처리능력	알고리즘

다음 중 [D2] 셀에서 사용하고 있는 함수식으로 옳은 것은? (금액 = 수량 × 단가)

	A	B	C	D	E
1	지역	상품코드	수량	금액	
2	甲	AA-10	15	45,000	
3	乙	BB-20	25	125,000	
4	丙	AA-10	30	90,000	
5	丁	CC-30	35	245,000	
6					
7		상품코드	단가		
8		AA-10	3,000		
9		BB-20	7,000		
10		CC-30	5,000		
11					

① =C2*VLOOKUP(B2,$B$8:$C$10, 1, 1)

② =B2*HLOOKUP(C2,$B$8:$C$10, 2, 0)

③ =C2*VLOOKUP(B2,$B$8:$C$10, 2, 0)

④ =C2*HLOOKUP($B$8:$C$10, 2, B2)

C2*VLOOKUP(B2,$B$8:$C$10, 2, 0) 상품코드별 단가가 수직(열)형태로 되어 있으므로, 그 단가를 가져오기 위해서는 VLOOKUP함수를 이용해야 되며, 상품코드별 단가에 수량(C2)를 곱한다. $B$8:$C$10에서 단가는 2열이고 반드시 같은 상품코드 (B2)를 가져와야 되므로, 0(False)를 사용하여 VLOOKUP(B2,$B$8:$C$10, 2, 0)처럼 수식을 작성해야 한다.

답 ③

1 다음에 제시된 네트워크 관련 명령어들 중, 그 의미가 올바르게 설명되어 있지 않은 것은 어느 것인가?

㉠ netstat	활성 TCP 연결 상태, 컴퓨터 수신 포트, 이더넷 통계 등을 표시한다.
㉡ nslookup	DNS가 가지고 있는 특정 도메인의 IP Address를 검색해 준다.
㉢ finger	원격 컴퓨터의 사용자 정보를 알아보기 위해 사용되는 서비스이다.
㉣ ping	인터넷 서버까지의 경로 추적으로 IP 주소, 목적지까지 거치는 경로의 수 등을 파악할 수 있도록 한다.

① ㉠

② ㉡

③ ㉢

④ ㉣

✔ 해설 'ping'은 원격 컴퓨터가 현재 네트워크에 연결되어 정상적으로 작동하고 있는지 확인할 수 있는 명령어이다. 해당 컴퓨터의 이름, IP 주소, 전송 신호의 손실률, 전송 신호의 응답 시간 등이 표시된다.
㉣에 제시된 설명은 'tracert'에 대한 설명으로, tracert는 특정 사이트가 열리지 않을 때 해당 서버가 문제인지 인터넷 망이 문제인지 확인할 수 있는 기능, 인터넷 속도가 느릴 때 어느 구간에서 정체를 일으키는지 확인할 수 있는 기능 등을 제공한다.

2 제시된 설명에 공통으로 해당되는 용어로 알맞은 것은 다음 중 어느 것인가?

> • 인터넷 상에 존재하는 각종 자원들의 위치를 같은 형식으로 나타내기 위한 표준 주소 체계이다.
> • 인터넷에 존재하는 정보나 서비스에 대해 접근 방법, 존재 위치, 자료 파일명 등의 요소를 표시한다.
> • 형식은 '프로토콜://서버 주소[:포트 번호]/파일 경로/파일명'으로 표시된다.

① Domain name   ② DNS

③ IP Address   ④ URL

URL에 대한 설명이다. 방대한 컴퓨터 네트워크에서 자신이 원하는 정보 자원을 찾기 위해서는 해당 정보 자원의 위치와 종류를 정확히 파악할 필요가 있는데, 이를 나타내는 일련의 규칙을 URL(Uniform Resource Locator : 자원 위치 지정자)이라고 한다. URL에는 컴퓨터 네트워크 상에 퍼져있는 특정 정보 자원의 종류와 위치가 기록되어 있다.

3 다음 중 아래와 같은 자료를 '기록(초)' 필드를 이용하여 최길동의 순위를 계산하고자 할 때 C3에 들어갈 함수식으로 올바른 것은 어느 것인가?

	A	B	C
1	이름	기록(초)	순위
2	김길동	53	3
3	최길동	59	4
4	박길동	51	1
5	이길동	52	2
6			

① =RANK(B3,$B$2:$B$5,1)

② =RANK(B3,$B$2:$B$5,0)

③ =RANK(B3,$B$2:B5,1)

④ =RANK(B3,B2:$B$5,0)

RANK 함수는 지정 범위에서 인수의 순위를 구할 때 사용하는 함수이다. 결정 방법은 수식의 맨 뒤에 0 또는 생략할 경우 내림차순, 0 이외의 값은 오름차순으로 표시하게 되면, 결과값에 해당하는 필드의 범위를 지정할 때에는 셀 번호에 '$'를 앞뒤로 붙인다.

BL－19－JAP－1C－2401	HA－07－PHI－3A－2102	BB－37－KOR－3B－2402
HA－32－KOR－2B－2309	CO－17－JAP－2A－2201	BB－37－PHI－1B－2402
MP－14－PHI－1A－2308	TA－18－CHA－2A－2311	CO－17－JAP－2A－2209
TA－18－CHA－2C－2403	BL－19－KOR－2B－2307	EA－22－CHA－3A－2112
MP－14－KOR－2B－2401	EA－22－CHA－3A－2109	EA－22－CHA－3A－2103
EA－22－CHA－2C－2102	TA－18－KOR－2B－2305	BL－19－JAP－1C－2405
EA－22－CHA－2B－2108	MP－14－KOR－2B－2305	CO－17－JAP－2A－2310
BB－37－CHA－1A－2308	BB－37－CHA－2A－2402	BB－37－KOR－2B－2402
BL－19－KOR－2B－2312	CO－17－JAP－2A－2211	TA－18－KOR－2B－2307
CO－17－JAP－2A－2312	EA－22－CHA－3A－2110	BB－37－PHI－1A－2308
TA－18－PHI－3B－2307	HA－07－KOR－2B－2302	TA－18－PHI－2B－2305
EA－22－CHA－3A－2104	TA－18－PHI－3B－2511	CO－17－JAP－2A－2501

〈코드 부여 방식〉

[기기 종류]－[모델 번호]－[생산 국가]－[공장과 라인]－[제조연월]

〈예시〉

NO－10－KOR－3A－2501

2025년 1월에 한국 3공장 A라인에서 생산된 노트북 10번 모델

기기 종류 코드	기기 종류	생산 국가 코드	생산 국가
NO	노트북	CHA	중국
CO	데스크톱pc	KOR	한국
TA	태블릿pc	JAP	일본
HA	외장하드	PHI	필리핀
MP	MP3		
BL	블루투스		
BB	블랙박스		
EA	이어폰		
BA	보조배터리		

4 위의 코드 부여 방식을 참고할 때 옳지 않은 것은?

① 창고에 있는 기기 중 데스크톱pc는 모두 일본 2공장 A라인에서 생산된 것들이다.

② 창고에 있는 기기 중 한국에서 생산된 것은 모두 2공장 B라인에서 생산된 것들이다.

③ 창고에 있는 기기 중 이어폰은 모두 2021년에 생산된 것들이다.

④ 창고에 있는 기기 중 외장하드는 있지만 보조배터리는 없다.

> ✔ **해설** ② 재고목록에 BB－37－KOR－3B－2402가 있는 것으로 보아 한국에서 생산된 것들 중에 3공장 B라인에서 생산된 것도 있다.

5 甲회사에 다니는 K대리는 전자기기 코드 목록을 파일로 불러와 검색을 하고자 한다. 다음의 결과로 옳은 것은?

① K대리는 창고에 있는 기기 중 일본에서 생산된 것이 몇 개인지 알기 위해 'JAP'를 검색한 결과 7개임을 알았다.

② K대리는 '07'이 들어가는 코드를 알고 싶어서 검색한 결과 '07'이 들어가는 코드가 5개임을 알았다.

③ K대리는 창고에 있는 데스크톱pc가 몇 개인지 알기 위해 'CO'를 검색한 결과 7개임을 알았다.

④ K대리는 '24' 검색을 통해 창고에 있는 기기 중 2024년에 생산된 제품이 9개임을 알았다.

> ✔ **해설** ① 일본에서 생산된 제품은 8개이다.
> ③ 창고에 있는 데스크톱pc는 6개이다.
> ④ 2024년에 생산된 제품은 8개이다.

〈LOT번호 규칙〉

LOT 제조년월일 - 화장품라인 - 제품종류 - 완성품 수량

제조년월일	화장품라인				제품종류				완성품수량
• 2024년 12월 1일 제조 →241201 • 2025년 2월 5일 제조 →250205	제품코드		코드명		분류코드		용량번호		00001부터 시작하여 완성품수량만큼 5자리의 번호가 매겨짐
	1	계열사 I	A	베이비	01	스킨	001	100mL	
			B	발효			002	300mL	
			C	모이스춰			003	500mL	
			D	안티에이징	02	에센스	004	50mL	
			E	바디			005	100mL	
			F	옴므			006	200mL	
	2	계열사 M	G	베이비	03	로션	007	100mL	
			H	발효			008	300mL	
			I	모이스춰			009	500mL	
			J	안티에이징	04	크림	010	30mL	
			K	바디			011	50mL	
			L	옴므			012	100mL	
	3	계열사 R	M	베이비	05	엠플	013	3mL	
			N	발효			014	5mL	
			O	모이스춰			015	10mL	
			P	안티에이징	06	클렌징	016	50g	
			Q	바디			017	100g	
			R	옴므			018	150g	

〈예시〉

2024년 12월 3일에 제조된 계열사 R의 안티에이징 크림 100mL제품 51,200개의 LOT번호

LOT 241203-3P-04012-51200

6 2025년 1월 21일에 제조된 계열사 M의 바디 클렌징 150g제품 29,000개의 LOT번호로 알맞은 것은 무엇인가?

① LOT 2501213K0401729000
② LOT 2501213K0601729000
③ LOT 2510212K0601829000
④ LOT 2501212K0601829000

Answer 6.④

✔ 해설 2025년 1월 21일 제조 : 220121, 계열사 M의 바디 라인 : 2K, 클렌징 150g : 06018
∴ LOT 2501212K0601829000

7 2024년 9월 1일에 제조된 계열사 I의 옴므 스킨 300mL제품 83,214개의 LOT번호로 알맞은 것은?

① LOT 2401091F0200283214

② LOT 2409011F0100283214

③ LOT 2409012L0100283214

④ LOT 2409012R0100283214

✔ 해설 2024년 9월 1일에 제조 : 240901, 계열사 I의 옴므 라인 : 1F, 스킨 300mL : 01002
∴ LOT 2409011F0100283214

8 LOT 2308022J05013975541에 대한 설명으로 옳지 않은 것은?

① 2023년 8월 2일에 제조되었다.

② 계열사 M의 안티에이징 라인이다.

③ 5mL의 엠플 제품이다.

④ 9만 개 이상 제조되었다.

✔ 해설 ③ 05013 : 3mL의 엠플 제품이다.

9 LOT 2411033M0300908790에 대한 설명으로 옳은 것은?

① 베이비 스킨 제품이다.

② 계열사 M의 제품이다.

③ 1만 개 이상 제조되었다.

④ 용량은 500mL이다.

✔ 해설 2024년 11월 3일에 제조된 계열사 R의 베이비 500mL 로션 제품이며, 8,790개 제조되었다.

10 기계결함으로 LOT번호가 잘못 찍혔다. 올바르게 수정된 것은?

> 2024년 7월 30일에 제조된 계열사 I의 발효 에센스 100mL제품 76,210개
> LOT 2407301I0200576210

① 제조년월일 : 240730 → 240703

② 화장품라인 : 1I → 1B

③ 제품종류 : 02005 → 02004

④ 완성품수량 : 76210 → 07621

✔ 해설 2024년 7월 30일 제조 : 240730, 계열사 I의 발효 라인 : 1B, 에센스 100mL : 02005, 76,210개 제조 : 76210
∴ LOT 2407301B0200576210

Answer 7.② 8.③ 9.④ 10.②

11 다음 매크로 실행 및 보안에 대한 설명 중 올바르지 않은 것은 어느 것인가?

① Alt+F1 키를 누르면 Visual Basic Editor가 실행되며, 매크로를 수정할 수 있다.

② Alt+F8 키를 누르면 매크로 대화 상자가 표시되어 매크로 목록에서 매크로를 선택하여 실행할 수 있다.

③ 매크로 보안 설정 사항으로는 모든 매크로 제외(알림 표시 없음), 모든 매크로 제외(알림 표시), 디지털 서명된 매크로만 포함, 모든 매크로 포함(알림 표시) 등이 있다.

④ 개발 도구-코드 그룹의 매크로를 클릭하거나 매크로를 기록할 때 지정한 바로가기 키를 눌러 매크로를 실행할 수 있다.

> ✔해설 매크로 보안 설정 사항으로는 모든 매크로 제외(알림 표시 없음), 모든 매크로 제외(알림 표시), 디지털 서명된 매크로만 포함 등이 있으며, '모든 매크로 포함'은 위험성 있는 코드가 실행될 수 있으므로 권장하지 않는다.

12 다음 스프레드시트 서식 코드 사용 설명 중 올바르지 않은 것은 어느 것인가?

입력 데이터	지정 서식	결과 데이터
㉠ 13-03-12	dd-mmm	12-Mar
㉡ 13-03-12	mmm-yy	Mar-13
㉢ 02:45	hh:mm:ss AM/PM	02:45:00 AM
㉣ 신재생	+@에너지	신재생에너지
02:45	h:mm:ss	3:45:00

① ㉠

② ㉡

③ ㉢

④ ㉣

> ✔해설 표시 위치를 지정하여 특정 문자열을 연결하여 함께 표시할 경우에는 @를 사용한다. 따라서 '신재생'을 입력하여 '신재생에너지'라는 결과값을 얻으려면 '@에너지'가 올바른 서식이다.

13 다음 중 컴퓨터에서 사용되는 자료의 물리적 단위가 큰 것부터 순서대로 올바르게 나열된 것은?

① Word － Byte － Nibble － Bit
② Byte － Word － Nibble － Bit
③ Word － Byte － Bit － Nibble
④ Word － Nibble － Byte － Bit

> ✔ 해설 데이터의 구성단위는 큰 단위부터 Database → File → Record → Field → Word → Byte(8Bit) → Nibble(4Bit) → Bit의 순이다. Bit는 자료를 나타내는 최소의 단위이며, Byte는 문자 표현의 최소 단위로 1Byte = 8Bit이다.

14 다음 중 워크시트 셀에 데이터를 자동으로 입력하는 방법에 대한 설명으로 옳지 않은 것은?

① 셀에 입력하는 문자 중 처음 몇 자가 해당 열의 기존 내용과 일치하면 나머지 글자가 자동으로 입력된다.
② 실수인 경우 채우기 핸들을 이용한 [연속 데이터 채우기]의 결과는 소수점 이하 첫째 자리의 숫자가 1씩 증가한다.
③ 채우기 핸들을 이용하면 숫자, 숫자/텍스트 조합, 날짜 또는 시간 등 여러 형식의 데이터 계열을 빠르게 입력할 수 있다.
④ 사용자 지정 연속 데이터 채우기를 사용하면 이름이나 판매 지역 목록과 같은 특정 데이터의 연속 항목을 더 쉽게 입력할 수 있다.

> ✔ 해설 실수인 경우 채우기 핸들을 이용한 [연속 데이터 채우기]의 결과는 일의 자리 숫자가 1씩 증가한다.
> 15.1
> 16.1
> 17.1
> 18.1

Answer 13.① 14.②

06. 정보 **143**

15 다음은 무엇에 대한 설명인가?

> 아직 특정의 목적에 대하여 평가되지 않은 상태의 숫자나 문자들의 단순한 나열

① 자료   ② 정보

③ 뉴스   ④ 지식

✔ 해설   자료 · 정보 · 지식
    ⊙ **자료** : 정보 작성을 위해 필요한 데이터로 아직 특정의 목적에 대하여 평가되지 않은 상태의 숫자나 문자들의 단순한 나열
    ⓒ **정보** : 자료를 일정한 프로그램에 따라 컴퓨터가 처리 · 가공한 것으로 특정한 목적을 위해 다시 생산된 것
    ⓒ **지식** : 어떤 특정의 목적을 달성하기 위해 과학적 또는 이론적으로 추상화되거나 정립되어 있는 일반화된 정보

16 다음 중 아래와 같은 자료의 '기록(초)' 필드를 이용하여 최길동의 순위를 계산하고자 할 때 C3에 들어갈 함수식으로 올바른 것은?

> 아직 특정의 목적에 대하여 평가되지 않은 상태의 숫자나 문자들의 단순한 나열

	A	B	C
1	이름	기록(초)	순위
2	김길동	53	3
3	최길동	59	4
4	박길동	51	1
5	이길동	52	2
6			

① =RANK(B3,$B$2:$B$5,1)   ② =RANK(B3,$B$2:$B$5,0)

③ =RANK(B3,$B$2:B5,1)   ④ =RANK(B3,B2:$B$5,0)

✔ 해설   RANK 함수는 지정 범위에서 인수의 순위를 구할 때 사용하는 함수이다. 결정 방법은 수식의 맨 뒤에 0 또는 생략할 경우 내림차순, 0 이외의 값은 오름차순으로 표시하게 되며, 결과값에 해당하는 필드의 범위를 지정할 때에는 셀 번호에 '$'를 앞뒤로 붙인다.

17 정보의 전략적 기획을 위한 5W 2H에 포함되지 않는 사항은?

① WHAT

② WHO

③ HOW MANY

④ WHY

 5W 2H
　　㉠ WHAT(무엇을) : 정보의 입수대상
　　㉡ WHERE(어디에서) : 정보의 소스
　　㉢ WHEN(언제까지) : 정보의 요구시점
　　㉣ WHY(왜) : 정보의 필요목적
　　㉤ WHO(누가) : 정보활동의 주체
　　㉥ HOW(어떻게) : 정보의 수집방법
　　㉦ HOW MUCH(얼마나) : 정보의 비용성

18 다음 중 엑셀에서 날짜 데이터의 입력 방법을 설명한 것으로 옳지 않은 것은?

① 날짜 데이터는 하이픈(–)이나 슬래시(/)를 이용하여 년, 월, 일을 구분한다.

② 날짜의 연도를 생략하고 월과 일만 입력하면 자동으로 올해의 연도가 추가되어 입력된다.

③ 날짜의 연도를 두 자리로 입력할 때 연도가 30이상이면 1900년대로 인식하고, 29이하면 2000년대로 인식한다.

④ 오늘의 날짜를 입력하고 싶으면 Ctrl+Shift+;(세미콜론)키를 누르면 된다.

　　해설 Ctrl+Shift+;(세미콜론)키를 누르면 지금 시간이 입력된다.
　　오늘의 날짜는 Ctrl+;(세미콜론) 키를 눌러야 한다.

19 다음에서 설명하는 검색 옵션은 무엇인가?

> 와일드 카드 문자를 키워드로 입력한 단어에 붙여 사용하는 검색으로 어미나 어두를 확장시켜 검색한다.

① 필드 검색   ② 절단 검색
③ 구문 검색   ④ 자연어 검색

✔해설 절단검색은 지정한 검색어를 포함한 문자열을 가진 자료를 모두 검색하는 것으로, 단어의 어미변화 다양성을 간단하게 축약한다. 일반적으로 *나 %를 많이 사용하며, 특정한 문자열로 시작하는 정보를 찾는지, 특정한 문자열로 끝나는 정보를 찾는지에 따라 후방절단, 전방절단으로 분류한다.

20 검색엔진을 사용하여 인터넷에서 조선시대의 문장가 허균의 누나가 누구인지 알아보려고 한다. 키워드 검색방법을 사용할 때 가장 적절한 검색식은? (단, 사용하려는 검색엔진은 AND 연산자로 '&', OR 연산자로 '+', NOT 연산자로 '!'을 사용한다.)

① 문장가 & 허균   ② 허균 & 누나
③ 허균 + 누나   ④ 조선시대 ! 허균

✔해설 허균의 누나가 누군지 알아보는 것이므로 허균과 누나가 동시에 들어있는 웹문서를 검색해야 한다.

21 정보 분석에 대한 설명으로 옳지 않은 것은?

① 여러 정보를 상호 관련지어 새로운 정보를 생성해내는 활동을 정보분석이라 한다.
② 정보를 분석함으로써 한 개의 정보로써 불분명한 사항을 다른 정보로써 명백히 할 수 있다.
③ 서로 동일하거나 차이가 없는 정보의 내용을 판단하여 새로운 해석을 할 수 있다.
④ 좋은 분석이란 하나의 메커니즘을 그려낼 수 있고, 동향, 미래를 예측할 수 있는 것이어야 한다.

✔해설 정보를 분석함으로써 서로 상반되거나 큰 차이가 있는 정보의 내용을 판단하여 새로운 해석을 할 수 있다.

22 워크시트에서 다음 〈보기〉의 표를 참고로 55,000원에 해당하는 할인율을 'C6'셀에 구하고자 할 때의 적절한 수식은?

① =VLOOKUP(C5,C2:F2,C3:F3) ② =LOOKUP(C5,C2:F2,C3:F3)

③ =HLOOKUP(C5,C2:F2,C3:F3) ④ =LOOKUP(C6,C2:F2,C3:F3)

> ✔️해설 LOOKUP 함수에 대한 설명이다. LOOKUP 함수는 찾을 값을 범위의 첫 행 또는 첫 열에서 찾은 후 범위의 마지막 행 또는 열의 같은 위치에 있는 값을 구하는 것으로, 수식은 '=LOOKUP(찾을 값, 범위, 결과 범위)'가 된다.

23 다음 자료를 참고할 때, B7 셀에 '=SUM(B2:CHOOSE(2,B3,B4,B5))'의 수식을 입력했을 때 표시되는 결과값으로 올바른 것은?

	A	B
1	성명	성과점수
2	오 과장	85
3	민 대리	90
4	백 사원	92
5	최 대리	88
6		
7	부분합계	

① 175 ② 355

③ 267 ④ 177

> ✔️해설 CHOOSE 함수는 'CHOOSE(인수,값1,값2,…)'과 같이 표시하며, 인수의 번호에 해당하는 값을 구하게 된다. 다시 말해, 인수가 1이면 값1을, 인수가 2이면 값2를 선택하게 된다. 따라서 두 번째 인수인 B4가 해당되어 B2:B4의 합계를 구하게 되므로 정답은 267이 된다.

Answer 22.② 23.③

PART

02

직무수행

Chapter 01 경영상식

> 마케팅 전략에 대한 지문이 주요하게 출제되었다. 경영 관련 상식은 빈번하게 출제되지는 않는 편에 해당한다.
> 하지만 마케팅 관련한 전략이 가장 높은 빈도로 출제되고 그 이외로는 포지셔닝, 경쟁우위, 브랜드, 의사결정,
> 인적자원관리와 관련한 문제가 출제되는 편이다.

□ 경영자 계층별 유형

① 최고경영자
   ㉠ 조직 상위에 속하는 최고경영층으로 회장, 사장, 부사장 등 고위 인사가 이에 해당한다.
   ㉡ 기업의 전반적인 경영정책 및 의사결정 등을 수행한다.

② 중간경영자
   ㉠ 조직 중간에 속하는 중간경영층으로 부장, 차장, 과장 등이 이에 해당한다.
   ㉡ 최고경영층이 수립한 계획을 실행하며 상위자와 하위자 간의 능력을 조화시키는 역할을 한다.

③ 일선경영자
   ㉠ 현장경영자라고도 불리며, 가장 낮은 단계에 속하는 경영층으로 대리 등이 이에 해당한다.
   ㉡ 작업을 감독·지시하고 생산이나 제조에 직접 관여한다.

□ 경영자 분류

① 소유경영자
   ㉠ 기업의 출자자인 동시에 경영을 맡고 있는 사람이다.
   ㉡ 경영활동의 위험과 책임을 직접 부담한다.
   ㉢ 주로 규모가 작은 기업의 경영자가 이에 해당한다.

② 고용경영자
   ㉠ 경영의 일부를 위임받아 활동하는 사람이다.
   ㉡ 대리인 개념으로, 경영활동의 지휘 및 감독업무를 담당한다.
   ㉢ 최종 의사결정은 소유경영자가 한다.

③ 전문경영자

    ㉠ 전문 지식과 능력을 갖추고 윤리적 행동을 실천하는 경영자로서, 경영권을 위탁받아 기업을 경영하는 사람이다.

    ㉡ 기업이 대규모화됨에 따라 일반적인 기업의 이익 극대화뿐만 아니라 사회적 윤리 실천까지 추구한다.

    ㉢ 규모가 큰 대기업의 경영자가 이에 해당한다.

☐ 경영자 역할

경영자는 기업의 목표를 달성하기 위해 계획을 수립하고 지휘하며 경영활동을 책임지는 사람으로, 캐나다의 헨리 민츠버그 교수가 정리한 경영자의 역할은 다음과 같다.

① 대인관계 역할

    ㉠ 대표자 : 기업을 대표하여 여러 가지 행사를 수행하는 상징적인 역할을 한다.

    ㉡ 리더 : 목표를 달성을 위해 구성원들에게 동기유발과 격려, 갈등 해소 역할을 한다.

    ㉢ 연결고리 : 조직 내 각 관계에서 연결고리 역할을 한다.

② 정보수집 역할

    ㉠ 관찰자 : 빠르고 정확한 의사결정을 위해 관련 정보를 수집하고 관찰하는 역할을 한다.

    ㉡ 전달자 : 수집한 정보를 구성원들에게 전달하는 역할을 한다.

    ㉢ 대변인 : 외부인들에게 정보전달 및 투자를 유치하는 역할을 한다.

③ 의사결정 역할

    ㉠ 기업가 : 기업의 지속적인 성장을 위해 창의적 방법을 모색하는 역할을 한다.

    ㉡ 분쟁조정가 : 노사관계 등에서 조직 내 갈등을 조정하는 역할을 한다.

    ㉢ 자원분배역할 : 기업의 자원을 효율적으로 활용·배분하는 역할을 한다.

    ㉣ 협상자 : 내부뿐만 아니라 외부와의 협상에서 기업에게 유리한 결과를 끌어내도록 협상을 한다.

☐ 경영자의 요구능력

① 개념화능력(Conceptual Skill)

    ㉠ 본질을 파악하고 의미를 부여하는 능력이다.

    ㉡ 기업의 성장과 목표달성을 위해 전략적이고 효율적인 의사결정을 해야 하는 최고경영자에게 상대적으로 중요하게 요구되는 능력이다.

② 대인관계능력(Human Skill)

    ㉠ 조직의 일원으로서 원활한 의사소통 및 협동에 필요한 능력이다.

    ㉡ 갈등 해결과 동기부여, 공공의 목표를 달성해야 하는 모든 계층 경영자에게 공통적으로 요구되는 능력이다.

③ 현장업무수행능력(Technical Skill)
　　㉠ 현장에서의 업무수행에 필요한 지식과 기술 능력이다.
　　㉡ 각 업무 분야에 필요한 능력이며 특히 일선경영자에게 중요하게 요구되는 능력이다.

☐ 가치사슬

① 개념 … 1985년 마이클 포터 교수가 주장한 이론으로, 기업이 부가가치 창출에 직·간접적으로 수행하는 주요 활동들을 의미한다. 주활동과 지원활동으로 구분할 수 있다.

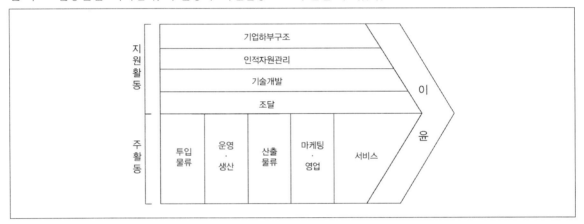

② 목적
　　㉠ 각 단계에서 핵심활동의 강점과 약점, 차별화를 분석할 수 있다.
　　㉡ 다른 기업과 비교하여 기업 내부역량을 분석하고 경쟁우위를 구축하는 것을 목적으로 한다.

③ 지원활동 … 조달·기술개발·인사·재무·기획 등 현장업무를 지원하는 지원활동으로 부가가치가 창출에 간접적인 역할을 한다.
　　㉠ 기업하부구조 : 일반 경영관리나 기획, 법률, 회계 등의 활동을 포함한다.
　　㉡ 인적자원관리 : 직원 채용 및 훈련, 개발, 보상 등의 활동을 포함한다.
　　㉢ 기술개발 : 연구개발, 설계 등 신기술 개발 활동을 포함한다.
　　㉣ 조달 : 투입 물류 외에 부품이나 기업에서 필요한 물품을 구매, 보관 및 조달하는 활동을 포함한다.

④ 주활동 … 제품의 생산부터 운송·마케팅·판매·물류·서비스 등과 같은 현장업무로 직접적으로 부가가치를 창출하는 역할을 한다.
　　㉠ 물류 투입 : 생산에 사용되는 물류 접수 및 보관, 관리 수송계획 등의 활동을 포함한다.
　　㉡ 운영·생산 : 투입된 물류를 가공, 포장, 테스트 등 최종 제품으로 전환하는 활동을 포함한다.
　　㉢ 물류 산출 : 최종 제품을 주문실행, 유통관리 등 소비자에게 출고하는 활동을 포함한다.
　　㉣ 마케팅 및 영업 : 광고, 가격설정 등 소비자가 제품을 구매할 수 있도록 하는 활동을 포함한다.
　　㉤ 서비스 : 고객 상담, 제품 설치 및 수리 등 기업과 제품의 가치 유지와 강화활동을 포함한다.

□ 공급사슬

① 개념 … 제품이나 서비스를 생산하고 최종제품을 소비자에게 출고하기까지의 각종 활동 및 일련의 과정을 말하며 내부공급사슬과 외부공급사슬로 나눌 수 있다.
   ㉠ 내부공급사슬 : 기업 내에서의 자재 흐름(구매 및 생산, 유통)
   ㉡ 외부공급사슬 : 외부 공급자와 소매점 및 소비자
② 공급사슬관리(SCM) … 공급자로부터 소비자에게 이르기까지의 모든 활동과 과정을 관리하는 것으로 자재의 흐름을 효율적으로 관리하고, 서비스 수준과 경쟁력을 향상시키는 것을 목적으로 한다.

□ 아웃소싱

기업이나 조직이 특정 업무나 서비스를 내부에서 수행하지 않고, 외부 전문 업체나 개인에게 위탁하는 것이다.
① 특징
   ㉠ 비핵심 업무 위탁 : 기업이 핵심 역량에 집중할 수 있도록 상대적으로 중요도가 낮은 업무를 외부 업체에 맡기는 것이다.
   ㉡ 비용 절감 : 내부 인력의 유지비용보다 외부 업체를 활용하는 것이 더 경제적이다.
   ㉢ 전문성 활용 : 외부 전문가나 전문 기업의 기술과 경험을 활용하여 더 높은 품질의 서비스를 제공받을 수 있다.
   ㉣ 유연성 증가 : 필요할 때만 서비스를 이용하거나 조정할 수 있어 업무 운영의 유연성이 높아진다.
② 예시
   ㉠ IT 아웃소싱 : 소프트웨어 개발, 시스템 유지보수, 네트워크 관리
   ㉡ 제조업 아웃소싱 : 부품 생산, 조립
   ㉢ 고객 서비스 아웃소싱 : 콜센터 운영, 채팅 상담
   ㉣ 인사 아웃소싱 : 급여 관리, 채용 대행

□ MBO(경영목표관리)

① 개념
   ㉠ 1954년 미국의 경제학자 피터 드럭커가 저서 「경영의 실제」에서 제시한 이론으로, 맥그리거에 의해 발전되었다.
   ㉡ 피터 드럭커는 기업의 계획행태를 개선하는 데 중점을 두고 MBO를 관리계획의 한 방법으로 소개하였으며, 맥그리거는 업적평가의 한 방법으로 정착시켰다.
   ㉢ 조직의 상·하위계층 구성원들이 참여를 통해 조직과 구성원의 목표를 설정하고 그에 따른 생산 활동을 수행한 뒤, 업적을 측정·평가함으로 관리의 효율을 기하려는 총체적인 조직관리 체제를 말한다.

② MBO의 과정 예시

    ⊙ **목표 설정** : 조직의 개선과 성장을 위하여 현재 상태를 인지하고 단기간에 달성해야 할 목표를 구체적으로 정한다. 이때, 구성원들의 참여를 통해 조직의 최종목표와 각 부문, 개인 목표를 설정한다.

    ⓒ **목표 실행 및 중간점검** : 정해진 목표와 계획에 따라 업무를 수행하며 실행계획이 제대로 진행되고 있는지 진행과정을 수시로 평가한다.

    ⓒ **최종평가 및 피드백** : 업무가 종료되면 최종평가를 통해 목표성취 여부를 판단하고 피드백 하여, 다음 기간의 목표관리를 추진한다.

③ MBO의 특징

    ⊙ 목표와 기간이 구체적이며 명확하다. - 조직의 최종목표를 결정하고 하위 부서와 개인의 목표를 결정하는 과정에서 목표뿐만 아니라 기간도 명확히 한다.

    ⓒ 참여적 의사결정을 통해 목표를 설정한다. - 조직의 상위계층에서 일방적으로 정한 목표를 지시하는 것이 아니라 하위계층까지 참여할 수 있도록 한다.

    ⓒ 피드백을 통하여 목표를 수정한다. - 수행과정에서도 목표와 성과를 비교하며 수정하고 환류할 수 있다.

④ 한계

    ⊙ 과정보다 결과를 중시한다.

    ⓒ 단기간의 목표만을 강조하며, 효과적인 목표달성을 위해 많은 시간을 투자해야 한다.

    ⓒ 외부환경의 변화에 대응하기 어렵다.

⑤ MBO의 장점

    ⊙ 조직의 상위계층과 하위계층 간의 의사소통이 원활해진다.

    ⓒ 업무에 대한 피드백을 통해 효율성을 높이고 구성원 개인의 능력 개발을 촉진할 수 있다.

    ⓒ 구성원들의 참여적 의사결정을 통해 동기부여와 수동적 업무 수행을 막을 수 있다.

    ⓔ 체계적인 평가를 할 수 있으며 구성원 개인의 기여도를 확인 할 수 있다.

□ 균형성과표(BSC, Balanced Scorecard)

기업의 성과를 단순한 재무적 지표뿐만 아니라 비재무적 지표까지 포함하여 균형 있게 평가하는 성과 관리 시스템이다. 조직의 비전과 전략을 구체적인 목표와 성과 지표로 변환하여 성과를 측정하고 관리할 수 있도록 돕는다.

① **재무적 관점**(Financial Perspective) … 기업의 수익성, 비용 절감, 투자 수익률(ROI) 등 재무적 성과를 평가한다. 매출 증가율, 영업이익률, 주주 가치 등이 있다.

② **고객 관점**(Customer Perspective) … 고객 만족도, 브랜드 인지도, 시장 점유율 등 고객과의 관계 및 가치 창출을 평가한다. 고객 만족도 점수, 신규 고객 유치율, 고객 유지율 등이 있다.

③ 내부 프로세스 관점(Internal Business Processes Perspective) … 제품 개발, 생산, 서비스 제공 등의 내부 운영 효율성과 프로세스 개선을 평가한다. 제품 개발 기간, 불량률, 생산성 등이 있다.

④ 학습 및 성장 관점(Learning & Growth Perspective) … 직원 역량 개발, 혁신, 조직 문화 등 장기적 성장을 위한 역량을 평가한다. 직원 교육 시간, 연구개발(R&D) 투자율, 조직 만족도 등이 있다.

☐ 주식회사

① 개념 … 주식을 발행하여 설립된 회사로, 주주에게는 채무에 관한 직접 책임이 없고 소유와 경영이 분리되어 주주가 직접 경영에 참가할 필요가 없다.

② 특징
  ㉠ 주주의 출자로 구성되며 자본은 주식으로 분배된다. 주주는 주식을 통하여 회사에 대한 출자의무를 질 뿐 그 밖의 아무런 책임은 지지 않는다.
  ㉡ 소유와 경영이 분리되어있으며 기관의 분화가 이루어져 있다. 주식의 매매와 양도가 자유로워 주주의 지위를 떠날 수 있으므로 소유와 경영은 분리된다.
  ㉢ 주주는 주주총회에서 회사의 기본 사항을 결정한다. 주주총회의 결의에 의해 해산하고 특별결의에 의해 회사를 계속 경영할 수 있다.

③ 기관
  ㉠ 주주총회
    • 기본적인 의사를 결정하는 기관으로 주주로 구성되어 있다.
    • 소집 시기에 따라 정기적으로 개최하는 정기총회와 필요에 따라 개최하는 임시총회가 있다.
    • 주요 결정사항에는 재무제표 승인, 이사 · 감사 및 청산인의 선임과 해임, 보수 결정, 합병 승인, 정관 변경, 전환사채 발행, 주식배당, 자본의 감소 등이 있다.
    • 주주는 이사 인사권을 가지고 있으며 회사의 실질적 소유자로, 주주의 이익을 우선시 한다.
  ㉡ 이사회
    • 업무집행에 관한 사항을 결정하는 기관으로 이사로 구성되어 있다.
    • 이사의 선임은 등기사항이며 회사의 자본총액이 5억 미만인 경우 1인 혹은 2인의 이사를 둘 수 있다.
    • 회사경영을 맡고 있으며 대표이사가 이사들의 의견을 취합하여 의사결정을 한다.
    • 이사는 주주총회에서 선출되며 언제든지 특별결의에 의한 주주총회 결의로 해임될 수 있다.
  ㉢ 감사
    • 회사의 회계감사를 임무로 하는 기관이다.
    • 감사는 주주총회에서 선출한다.
    • 감사의 의무로는 감사록 작성, 이사회에 대한 업무보고, 주주총회에 대한 보고의무, 감사보고서 제출이 있다.
    • 감사의 의무를 해태 한 때에는 감사는 회사에 대하여 손해 배상할 책임이 있다.

□ 조직시민행동(Organizational Citizenship Behavior, OCB)

직원이 공식적인 직무 요구사항을 초과하여 자발적으로 조직에 긍정적인 영향을 미치는 행동으로 조직의 효율성과 성과를 향상시키는 데 중요한 역할을 한다.

① **이타주의** … 타인을 돕는 자발적 행동으로, 주로 동료나 조직 구성원의 업무 수행을 지원하는 것으로 바쁜 동료 도와주기, 신규 직원 교육 지원 등이다.

② **예의** … 조직 내 긍정적인 관계를 유지하고, 불필요한 갈등을 예방하는 행동으로 중요한 결정을 내리기 전에 동료에게 미리 알리거나 협업 시 배려하는 태도이다.

③ **성실성** … 조직의 규칙과 절차를 자발적으로 따르고 기대 수준을 초과하여 책임감 있게 행동하는 것으로 근무시간을 철저히 지키거나 회사 자원을 효율적으로 사용하는 행동이다.

④ **스포츠맨십** … 조직 내 불만이 있더라도 긍정적인 태도를 유지하고, 사소한 문제에 불평하지 않는 것으로 업무 환경이 불편해도 감내하고 협조적인 태도를 유지하고 작은 실수에 대해 불만을 표출하지 않는 행동이다.

⑤ **시민정신** … 조직의 발전과 운영에 적극적으로 참여하는 행동으로 조직의 일원으로서 책임감을 갖고 관심을 가지는 태도이다. 회사의 공식 행사 참여하고 조직의 규범과 정책에 대한 관심 갖는 등의 행동이 해당한다.

□ 의사결정과정의 오류

① **확증편향** … 자신의 기존 신념을 강화하는 정보만 찾고 반대 정보를 무시하는 오류이다.

② **대표성 오류** … 일부 사례를 전체의 대표로 간주하여 잘못된 결론을 내리는 오류이다.

③ **과도한 자신감 오류** … 자신의 판단이나 능력을 과신하여 위험을 과소평가하는 오류이다.

④ **후견편향** … 일이 발생한 후에 예측할 수 있었다고 생각하는 오류이다.

⑤ **확률무시 오류** … 확률과 통계를 무시하고 감정이나 직관으로 의사결정을 하는 오류이다.

⑥ **매몰비용 오류** … 이미 투자한 비용을 고려하여 비합리적인 결정을 내리는 오류이다.

⑦ **프레이밍 효과** … 동일한 정보라도 표현 방식에 따라 다르게 판단하는 오류이다.

⑧ **집단사고** … 집단 내 의견 일치를 중시하여 비판적 사고가 억제되는 오류이다.

⑨ **자기이익 편향** … 성공은 자신의 공으로, 실패는 외부 요인 때문이라고 생각하는 오류이다.

⑩ **현상 유지 편향** … 변화를 두려워하고 현재 상태를 유지하려는 경향이다.

공식적 의사소통 네트워크

공식적 의사소통 네트워크(Formal Communication Network)는 조직 내에서 공식적인 구조와 규칙에 따라 이루어지는 의사소통 체계를 의미한다. 조직의 목표 달성을 위해 설계된 명확한 경로와 역할을 통해 정보가 전달된다.

① **사슬형** … 계층 구조가 명확한 형태로, 수직적 의사소통이 이루어지는 구조로 정보가 위에서 하향식이나 상향식으로 직선적으로 전달된다.

② **Y형** … 두 개의 다른 하위 그룹과 연결되는 형태로 상위에서 내려온 정보를 중간 관리자를 거쳐 두 개의 다른 부서나 팀으로 전달된다.

③ **바퀴형** … 모든 구성원은 중심에 있는 리더와 직접적으로 연결된다. 리더가 모든 정보를 통제하며 다른 구성원 간 직접적인 의사소통은 없다.

④ **원형** … 조직 구성원이 서로 이웃한 사람과만 의사소통할 수 있는 구조로 정보가 한 방향으로 순환되며 전달되므로 모든 구성원이 정보에 접근 가능하지만 속도가 느리다.

⑤ **완전연결형** … 모든 구성원이 서로 자유롭게 소통할 수 있는 네트워크로 수평적이고 개방적인 구조이다. 팀워크와 협업이 중요한 환경에서 사용된다.

매슬로의 욕구 5단계

매슬로(A. Maslow)는 인간의 욕구를 5단계의 위계 구조로 정리했다. 하위 욕구가 충족되어야 상위 욕구를 추구할 수 있다고 보았다.

① **생리적 욕구** … 인간이 생존하기 위해 필요한 기본적인 욕구로 식욕, 수면욕 등이 있다.

② **안전 욕구** … 위험이나 불안을 피하고 안정된 삶을 유지하려는 욕구로 신체적 안전, 경제적 안정(직업, 재산), 건강 보호, 법과 질서에 대한 욕구이다.

③ **사회적 욕구** … 타인과의 관계에서 애정과 소속감을 얻고자 하는 욕구이다.

④ **존경 욕구** … 타인에게 인정받고 자존감을 유지하려는 욕구로 명예, 지위, 자존감, 성취감, 타인의 존중에 대한 욕구이다.

⑤ **자아실현 욕구** … 자신의 잠재력을 최대한 발휘하고 성장하려는 욕구로 창의성 발휘, 자기계발, 목표 달성, 도전 등에 대한 욕구에 해당한다.

□ 인적자원관리

① 개념

ㄱ 인적자원관리는 기업에 필요한 인력을 발굴하고 교육·개발하여 그들을 효율적으로 관리하는 체제를 말한다.

ㄴ 직무 분석 및 설계, 모집 및 선발, 훈련, 보상, 노조와의 관계 등이 있다.

② 관리체계

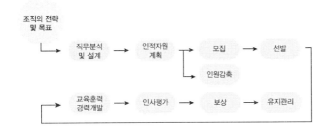

③ 인적자원관리의 필요성

ㄱ 내부환경
- 기업의 규모 확대 : 기업의 규모가 확대되어 그에 맞는 인사관리 필요성 대두
- 노동력 변화 : 구성원들의 연령 변화와 전문성 증가, 여성근로자의 증가 등
- 사고 변화 : 조직 중심의 사고에서 개인의 가치와 목표달성이 우선시 되는 사고

ㄴ 외부환경
- 경제 변동 : 경기 호황과 불황에 따른 고용문제와 인력문제 발생
- 기술 발달 : 자동화 기술 발달이나 시스템 발달 등으로 인한 재구축 필요성 대두
- 사회적 책무 : 기업이 마땅히 해야 할 사회적 책임 수행

ㄷ 인적자원관리와 성과의 관계 : HRM 시스템이 구성원들의 태도와 지각에 영향을 주고 행동 변화를 촉진하며 이를 통하여 성과를 달성할 수 있다.

④ 전통적 HRM과 현대적 HRM

ㄱ 전통적 HRM
- 직무 중심의 인사관리
- 조직 목표만을 강조
- 소극적 관리
- 평가 - 보상제도의 미흡한 체계

ㄴ 현대적 HRM
- 경력 중심의 인사관리
- 조직 목표와 개인 목표의 조화
- 적극적 관리
- 평가 - 보상제도의 확실한 체계

☐ 전사적 품질경영(Total Quality Management, TQM)

조직 전체가 지속적인 품질 개선과 고객 만족을 목표로 하는 경영 방식이다. 고객 중심, 지속적 개선, 전 직원 참여, 프로세스 중심, 데이터 기반 의사결정 등이 핵심이다. 제품과 서비스의 품질 개선으로 고객의 신뢰를 확보하고 불량률 감소, 공정 개선을 통해서 비용을 절감할 수 있다. 업무 프로세스 최적화를 통해 효율성 증대와 지속적인 혁신으로 시장에서의 경쟁 우위 확보를 할 수 있는 경영방식이다.

☐ Vroom의 기대이론

① 개념
　㉠ 자신이 조직 내에서 어떠한 일을 수행할 것인가를 결정하는 데는 그 일이 자신에게 가져다 줄 가치와 그 일을 함으로써 기대하는 가치가 달성될 가능성, 그리고 자신의 일처리 능력에 대한 평가가 복합적으로 작용한다는 것이다.
　㉡ 자신의 노력이 어떤 성과를 가져오리라는 기대감과 성과가 보상을 가져다 줄 것이라는 기대감에 의해 개인의 동기가 결정된다는 미국 경영학자 빅터 브룸의 동기이론이다.
　㉢ VIE 이론이라 부르기도 하는데, 기대 · 수단 · 유의성의 영향을 받아 형성된다.

② 동기유발 = 기대 × 수단 × 유의성
　㉠ 기대(Expectancy) – 성과에 대한 기대
　• 자신의 행위와 노력의 결과가 나타내는 성과에 대한 기대를 의미한다.
　• 자신의 능력과 가능성에 대해 인지하는 정도로, 상황의 지각(知覺)에 따라 결정된다.
　• 자신의 노력이 성과로 나타날 것이라고 믿는 주관적인 확률이다.
　㉡ 수단(Instrumentality) – 보상에 대한 기대
　• 일의 성과가 원하는 보상을 가져올 것이라는 기대를 의미한다.
　• 성과를 얻기 위한 도구이자 수단이다.
　• 높은 성과가 항상 낮은 보상을 가져올 것이라는 믿음인 '–1'에서 성과와 보상 사이에 차이가 없다고 믿는 '0', 높은 성과가 항상 높은 보상을 가져올 것이라는 완전한 믿음인 '1' 사이에 존재한다.
　㉢ 유의성(Valence) – 보상에 대한 주관적인 판단
　• 어떤 보상에 대해 개린이 평가하는 정도를 말한다.
　• 개인의 욕구와 가치에 따라 중요성은 달라진다.
　• 승진이 보상이라면, 승진에 갈망이 높은 경우에는 긍정적인 유의성이 나타나고, 승진에 대한 갈망이 낮은 경우 부정적인 유의성이 나타난다.
　• 개인이 부정적인 유의성을 가질 때 '–1', 무관심할 경우에 '0', 긍정적인 유의성을 가질 때 '1' 사이에 존재한다.

□ 포드시스템

헨리 포드(Henry Ford)가 개발한 대량생산(Mass Production) 방식이다. 컨베이어 시스템을 활용하여 자동차 생산 효율을 극대화하였다. 작업 표준화, 원가 절감, 제품 가격 인하를 목표로 하였다. 프레더릭 테일러(Frederick Taylor)의 시간연구 및 동작연구 기반으로 과학적 관리법을 적용하였다. 대량생산을 통해 제작비용을 절감하고 소비자가 쉽게 구매할 수 있는 가격을 책정했다. 또한 반복 노동으로 인한 높은 이직률 문제 해결을 위해 노동자에게 고임금 지급하였다.

□ 관여도

관여도는 소비자가 제품을 구매하기 전 정보 탐색에 들이는 시간과 노력의 정도를 말하며, 미국 마케팅 연구자 허버트 크루그먼에 의해 처음 도입된 개념이다.

① 특징 … 관여도를 증가시키는 요인에는 제품의 중요도, 욕구, 관심 등이 있으며 저관여 구매행동과 고관여 구매행동으로 구분할 수 있다.
   ㉠ 저관여 구매행동
   • 소비자가 제품이나 서비스에 대하여 비교적 관심이 적고 정보 탐색 과정이 짧은 경우를 말한다.
   • 습관적으로 소비하는 저가의 제품일수록 저관여 구매행동이 나타나며 최소한의 정보로 구매 결정을 내린다.
   ㉡ 고관여 구매행동
   • 소비자가 구매에 앞서 신중한 의사결정을 하게 되는데 구매하려는 제품이나 서비스에 대한 관심과 상황 등에 결정된다.
   • 정보 탐색 과정에서 많은 시간과 노력을 들이는 경우로 구매 빈도가 낮고 고가의 제품일수록 고관여 구매행동이 나타난다.

② 소비자와 구매의사결정 과정

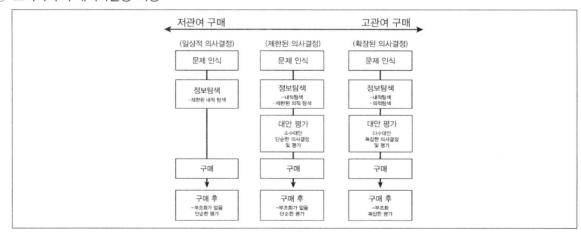

□ 포터의 산업구조 모형

산업 내 경쟁 강도를 평가하고 기업의 경쟁 전략 수립에 도움을 주는 모델이다. 기업이 경쟁 환경을 분석하고 전략적 의사결정을 내리는 데 도움을 주며 진입 장벽을 강화와 경쟁력을 높일 전략을 세우는 데 활용된다. 산업의 매력도를 평가하여 신규 시장 진출 여부 결정할 수 있다.

① 기존 경쟁자 간의 경쟁 강도
   ㉠ 동일 산업 내 경쟁 기업들 간의 경쟁 정도이다.
   ㉡ 경쟁이 심할수록 가격은 인하하고 마케팅 비용 증가 등으로 수익성이 감소한다.
   ㉢ 경쟁 강도를 높이는 요인: 경쟁 업체 수 증가, 시장 성장 둔화, 제품 차별성 부족

② 잠재적 진입자의 위협
   ㉠ 신규 기업이 산업에 쉽게 진입할 가능성이 높다.
   ㉡ 진입장벽이 낮으면 새로운 기업이 증가하여 기존 기업의 시장 점유율 감소할 수 있다.
   ㉢ 진입장벽 요인 : 규모의 경제, 브랜드 인지도, 높은 초기 투자 비용, 법적 규제

③ 대체재의 위협
   ㉠ 소비자가 기존 제품을 대체할 수 있는 다른 제품을 선택할 가능성이 높다.
   ㉡ 대체재가 많거나 가격이 저렴하면 기존 기업의 수익성이 낮아진다.

④ 구매자의 교섭력
   ㉠ 소비자가 가격을 인하하거나 품질 개선을 요구할 수 있는 힘이다.
   ㉡ 구매자의 힘이 강하면 기업은 이윤 감소, 맞춤 서비스를 제공하는 부담이 증가한다.
   ㉢ 구매자 교섭력이 커지는 요인 : 대체 공급업체 많음, 대량 구매 고객 존재

⑤ 공급자의 교섭력
   ㉠ 원자재, 부품을 공급하는 기업이 가격을 올리거나 품질을 조정할 수 있는 능력이다.
   ㉡ 공급자의 힘이 강하면 기업의 비용이 증가하고 수익성은 악화된다.
   ㉢ 공급자 교섭력이 커지는 요인 : 독점적 공급업체 존재, 대체 공급업체 부족

□ 앤소프 매트릭스 전략

러시아의 이고르 앤소프 박사가 제시한 기업의 성장전략 유형 매트릭스이다. '제품 – 시장 성장 매트릭스'라고도 하며, 이 유형은 기업의 향후 방향을 결정하고 성장전략을 파악하는 데 도움을 준다.

① 시장 침투(Market Penetration) 전략
   ㉠ 기존 제품을 변경하지 않고 기존 고객들의 제품 사용량을 증가시키는 방법이다.
   ㉡ 가장 안정적인 방법이며, 브랜드 리뉴얼 전략이라고도 한다.
   ㉢ 광고 등을 통하여 소비자가 인식하지 못했던 특징을 어필하거나, 생산원가절감 등을 통하여 가격 경쟁력을 높여 경쟁사의 고객을 유인하고 시장 점유율을 확대할 수 있다.

② 시장 개발(Market Development) 전략
  ㉠ 기존 제품을 새로운 시장에 판매하는 것으로 지역이나 고객층을 확대하는 방법이다.
  ㉡ 이미 국내 시장을 지배하고 있는 기업은 해외 시장으로 확대하여 기존 제품에 대한 새로운 수요를 창출할 수 있다.

③ 제품 개발(Product Development) 전략
  ㉠ 기존 시장에 신제품을 개발 · 출시하여 시장 점유율을 확대하는 전략이다.
  ㉡ 고객과의 소통이 활발하고 브랜드 충성도가 높은 기업은 시장의 흐름과 소비자의 니즈를 파악하기 쉽기 때문에 매우 효율적인 방법이다.

④ 다각화(Diversification) 전략
  ㉠ 새로운 제품이나 서비스를 개발하여 새로운 시장을 개척하는 전략이다.
  ㉡ 네 가지 성장전략 유형에서 가장 혁신성이 높고 위험도도 가장 크다.
  ㉢ 다각화 전략에는 기존 제품과 관련된 제품을 개발하여 새로운 시장에 내놓는 방법(관련 다각화)과 기존 제품과 관련이 없는 제품을 개발하여 새로운 시장에 내놓는 방법(비관련 다각화)이 있다.

□ SWOT 분석

조직내부의 강점과 약점을 조직외부의 기회와 위협요인과 대응시켜 전략을 개발하는 기법을 말한다.

① SO전략(강점-기회전략) … 강점으로 시장기회를 활용하는 전략

② ST전략(강점-위협전략) … 강점으로 시장위협을 회피하는 전략

③ WO전략(약점-기회전략) … 약점을 극복하여 시장기회를 활용하는 전략

④ WT전략(약점-위협전략) … 시장위협을 회피하고 약점을 최소화하는 전략

□ 제품수명주기(PLC : Product Life Cycle)

제품이 시장에 출시되어 폐기될 때까지 순환되는 일련의 과정을 의미한다. 시간 흐름에 따라 '도입 – 성장 – 성숙 – 쇠퇴'의 단계를 거치는데, 각 단계마다 다른 마케팅 전략이 요구된다.

① 도입기 … 경쟁자가 적고 거의 독점 상태의 단계이나 인지도도 낮기 때문에 매출도 낮은 단계이다.
  ㉠ 마케팅 목표 : 제품 인지 증대에 주력
  ㉡ 마케팅 전략 : 원가에 가산한 가격 전략, 유통업자를 대상으로 광고 전략 등

② 성장기 … 제품 판매량이 급속히 증가하면서 순이익이 발생하는 단계이다. 이때, 경쟁기업들이 점차적으로 생겨난다.
  ㉠ 마케팅 목표 : 시장점유율 극대화
  ㉡ 마케팅 전략 : 시장 세분화 전략, 제품 인지도 구축 전략

③ 성숙기 … 매출 최고치를 찍고 경쟁으로 인해 서서히 매출이 줄어드는 단계이다.
  ㉠ 마케팅 목표 : 기존 시장점유율 방어
  ㉡ 마케팅 전략 : 시장 세분화 극대화, 제품 수정 및 광고 수정

④ 쇠퇴기 … 소비자의 기호 변화, 경쟁기업의 증가 등으로 매출이 쇠퇴하는 단계이다.
  ㉠ 마케팅 목표 : 비용 절감 및 투자액 회수
  ㉡ 마케팅 전략 : 제품 가격 인하, 선택적 유통경로 전략

☐ GE/맥킨지 매트릭스

제너럴 일렉트릭(GE)과 맥킨지 컨설팅(McKinsey)이 공동 개발한 포트폴리오 분석 도구이다. 사업 부문의 경쟁력과 시장의 매력도를 평가하여 전략적 의사결정을 돕는 모델이다. 산업 매력도에서는 시장 성장률, 산업 수익성, 경쟁 강도, 기술 변화, 진입장벽 등을 고려하여 해당 산업이 성장 가능성이 높고 수익성이 있는지 평가한다. 사업 경쟁력에서는 시장 점유율, 브랜드 인지도, 기술력, 원가 경쟁력, 유통망 등을 고려하여 기업이 해당 사업에서 경쟁 우위를 갖고 있는지 평가한다. 세분화된 전략 수립이 가능하고 다양한 산업과 사업 부문에서 적용이 가능하다.

구분	사업 경쟁력(높음)	사업 경쟁력(중간)	사업 경쟁력(낮음)
산업 매력도(높음)	성장에 집중 투자	신중한 투자	신중한 유지 또는 철수
산업 매력도(중간)	선택적 투자	선택적 유지	사업 철수 고려
산업 매력도(낮음)	유지 또는 철수	철수 검토	즉각적 철수

☐ BCG 매트릭스

① 개념
  ㉠ 1970년대에 보스턴컨설팅그룹에서 개발한 사업 포트폴리오분석 기법이다.
  ㉡ Y축에는 시장성장률 , X측에는 상대적 시장점유율 을 두고 기업의 현재를 분석하여 향후 전략을 수립하도록 도와준다.
  ㉢ BCG 매트릭스에서 사업군의 매출을 원의 크기로 나타낸다.

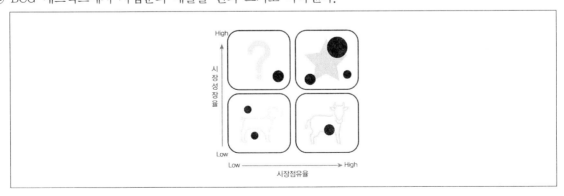

㉣ 상대적 시장점유율의 기준은 1이며, 1 이상일 경우에는 자사가 시장 내에서 점유율 1위라는 의미이다.

② 포지션별 특징 및 전략

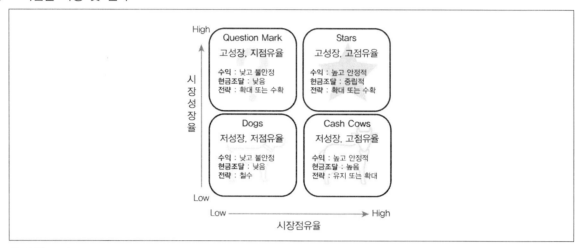

㉠ 별(Star)
- 고성장분야이면서 상대적 시장점유율이 높은 사업군, 성장사업을 의미한다.
- 현금 유입량이 많지만 성장을 위한 자금소요량도 많아서 현금조달이 중립적이다.
- 성장을 위한 지속적인 투자가 필요하다.

㉡ 물음표(Question Mark)
- 고성장분야이지만 상대적 시장점유율이 낮은 사업군, 신규사업을 의미한다.
- 수익은 낮고 불안정 하여 막대한 자금량이 소요된다.
- 투자를 확대하여 별(Star) 포지션으로 이동할지, 투자를 포기하고 개(Dog) 포지션으로 이동할지 의사결정이 필요하다.

㉢ 현금젖소(Cash Cow)
- 시장성장률은 낮으나 상대적 시장점유율이 높은 사업군, 수익수종사업을 의미한다.
- 수익이 높고 안정적이어서 현금조달이 높은 편이다.
- 현상유지전략을 통해 안정적인 현금회수가 가능하다.

㉣ 개(Dog)
- 시장성장률이 낮고 상대적 시장점유율도 낮은 사업군, 사양사업을 의미한다.
- 수익이 낮고 현금조달이 어렵다.
- 시장철수를 고려해야 하는 포지션이다.

③ GE/맥킨지 매트릭스

    ㉠ GE와 맥킨지가 공동으로 개발한 사업포트폴리오 분석기법이다.

    ㉡ BCG 매트릭스보다 발전된 기법으로 시장 매력도(외부요인)와 사업단위의 시장 경쟁력(내부요인) 측면에서 평가한다.

    ㉢ BCG 매트릭스가 높고, 낮음 두 가지로 구분했다면, GE/맥킨지 매트릭스는 높음, 중간, 낮음 세 가지 척도로 구분하였다.

④ BCG 매트릭스와 GE/맥킨지 매트릭스 비교

BCG 매트릭스	GE/맥킨지 매트릭스
• 객관적으로 측정이 가능한 지수로 평가(단일변수)	• 많은 요소를 반영하여 세밀한 평가(다양한 변수)
• 높고 낮음 두 가지로 측정	• 높음, 중간, 낮음 세 가지로 측정
• 4개의 포지션으로 구성	• 9개의 포지션으로 구성

□ 마케팅

① 개념 … 본질적으로 고객에게 가치를 전달하는 것으로 개인이나 조직의 목표를 충족시키기 위한 교환을 창출하기 위해 추진되는 일련의 과정이다.

② 마케팅 개념의 발전

    ㉠ 생산 개념(Production Concept) : 수요에 비해 공급이 부족하여 소비자들이 제품을 구매하기 어려운 경우, 기업은 생산만 하면 쉽게 판매할 수 있으므로 생산량을 증가시키는 데 집중하는 마케팅 개념을 일컫는다.

    ㉡ 제품 개념(Product Concept) : 공급이 증대됨에 따라 경쟁이 심화되면서 기업은 제품의 품질이나 성능 등 차별화를 주게 된다. 생산 개념과 달리 제품 개선에 집중하는 마케팅 개념을 일컫는다.

    ㉢ 판매 개념(Selling Concept) : 제품이 차고 넘치는 공급과잉 시장이 되면서 기업에서는 판매량을 최대화하기 위한 전략을 펼치게 되는데, 제품의 판매 촉진 활동 마케팅 개념을 일컫는다.

    ㉣ 마케팅 개념(Marketing Concept) : 고객의 니즈에 집중하는 것으로 고객의 욕구를 충족시키고 고객을 만족시킴으로써 이익을 실현하는 것을 목표로 하는 마케팅 개념을 일컫는다.

    ㉤ 사회적 마케팅 개념(Societal Marketing Concept) : 소비자 만족과 기업의 이윤은 사회 전체 이익에 기여하고 충족시켜야한다는 마케팅 개념을 일컫는다. 기업의 봉사활동이나 그린마케팅 이 이에 해당한다.

③ 마케팅 관리의 과정

    ㉠ 효과적인 조직 목표 달성을 위해 시장의 변화에 집중하여 분석하고 분석결과에 따라 표적시장의 고객을 만족시키는 마케팅 전략을 계획 · 실행 · 통제하는 경영 관리 활동이다.

    ㉡ 분석 : 현재 상황을 인지하고 자사분석, 소비자 분석, 경쟁사분석 등의 활동을 통해 기업의 마케팅 성과를 향상시킬 수 있는 목표를 수립하는 단계이다.

ⓒ 전략(장기)과 계획(단기) 수립 : 분석 단계를 통해 목표 수립 후 구체적인 마케팅 활동을 결정하는 단계이다. 이 단계에서 시장 세분화와 표적시장, 포지셔닝, 마케팅 믹스 활동이 이루어진다.
- 시장세분화 : 소비자의 니즈, 특성 등을 기준으로 다양한 집단으로 세분화하여 이들이 원하는 요인을 조사하여 시장을 세분화한다.
- 표적시장 선정 : 기업이 세분화한 시장 중 집중적으로 공략하는 시장을 말한다.
- 포지셔닝 : 자사제품이 경쟁제품과는 다른 차별적 경쟁우위 요인을 가지고 있어 표적시장에서 소비자들의 욕구를 보다 효율적으로 잘 충족시켜 줄 수 있음을 소비자에게 인식시켜주는 것으로, 기업 경쟁에서 가장 유리한 포지션에 자리를 잡을 수 있도록 하는 활동을 말한다.
- 마케팅믹스(4P) : 기업이 마케팅 목표의 효과적인 달성을 위해 사용하는 마케팅도구의 집합으로, 제품(Product), 가격(Price), 유통(Place), 촉진(Promotion)으로 분류된다. 4P는 표적시장에서 좋은 위치를 선점하는 데 활용된다.
ⓔ 실행 및 통제 : 마케팅을 실행하고 목표달성 여부를 평가 및 피드백 하는 단계이다. 이후 기업의 마케팅 활동에 대한 방향을 설정에 많은 영향을 미친다.

☐ 마케팅 믹스(4P) 전략

① 제품관리(Product Management)
ⓐ 4P의 첫 번째로 가장 중요한 요소이다.
ⓑ 제품전략은 제품생산, 브랜드, 포장 등에 대한 종합적인 의사결정을 말한다.
ⓒ 라이프사이클 관리로 제품의 경쟁력과 차별성을 확보한다.

② 가격관리(Price Management)
ⓐ 4P 중 단기간에 효과가 확연하게 나타나는 특징을 가지고 있다.
ⓑ 비가격요소의 역할이 강조되고 있지만 가격은 여전히 4P의 주요 요소이다.
ⓒ 지역별로 가격을 차별화 할 수 있고 할인 및 공제정책도 활용할 수 있으며 서로 다른 세분시장에 대해 가격을 설정할 수도 있다.

③ 유통관리(Place Management)
ⓐ 생산된 제품을 소비자에게 전달되는 과정으로 모든 생산자가 직접 소비자와 만날 수 없으므로 이와 같은 관리가 필요하다.
ⓑ 제품이나 서비스가 고객에게 효율적으로 전달될 수 있도록 하는 것이 중요하다.

④ 촉진관리(Promotion Management)
ⓐ 마케터가 제품의 혜택을 소비자에게 확산시키기 위해 펼치는 모든 활동을 말한다.
ⓑ 촉진관리에는 광고, 판촉, 홍보, 인적 판매 등이 있다.

☐ 마케팅전략

① **시장선도기업(Market Leader)의 경쟁시장 전략**
- ㉠ 시장 규모를 확대하는 전략
- ㉡ 경쟁우위를 유지하는 전략
- ㉢ 진입장벽을 높이는 전략
- ㉣ 가격설정자(Price Market) 역할

② **시장도전기업(Market Challenger)의 경쟁시장 전략**
- ㉠ 시장 점유율을 높이기 위한 제품 개발 전략
- ㉡ 시장 분석을 철저히 수행하는 전략
- ㉢ 가격 차별화(Price Discrimination) 전략

③ **시장추종기업(Market Follower)의 경쟁시장 전략**
- ㉠ 시장선도기업을 모방하는 전략
- ㉡ 모방에서 점진적 개선 작업수행
- ㉢ 가격 수용자(Price Taker) 역할

④ **시장틈새기업(Market Nicher)의 경쟁시장 전략**
- ㉠ 경쟁우위구축전략
- ㉡ 비용우위전략
- ㉢ 저가(Low Price) 전략

☐ 포지셔닝 과정

① **소비자 분석** … 소비자 욕구와 기존제품에 대한 불만족 원인을 파악한다.

② **경쟁자 확인** … 제품의 경쟁 상대를 파악하고 표적시장을 어떻게 설정하느냐에 따라 경쟁자가 달라진다.

③ **경쟁제품의 포지션 분석** … 경쟁제품이 소비자들에게 어떻게 인식되고 평가받는지 파악한다.

④ **자사제품의 포지션 개발** … 경쟁사보다 소비자 욕구를 충족시킬 수 있는 자사제품의 포지션을 결정한다.

⑤ **포지셔닝의 확인 및 리포지셔닝** … 포지셔닝 전략이 실행된 후 자사제품이 목표한 위치에 포지셔닝이 되었는지 확인한다.

☐ 프로슈머 마케팅(Prosumer Marketing)

생산자(Producer)와 소비자(Consumer)를 합성한 용어로 소비자가 신제품 개발에 참여하는 마케팅으로, 소비자들의 니즈를 파악한 후 신제품을 개발하던 방식에서 공모전이나 대회 등의 참여를 통하여 소비자가 직접 아이디어를 제안하고, 기업이 이를 제품으로 개발한다.

□ 프리 마케팅(Free Marketing)

상품과 서비스를 무료로 제공하는 마케팅으로, 고객의 시선을 끌기 위하여 사용되나 타 업체와의 경쟁 방법으로도 사용된다. 특정 시간대에만 통화료를 무료로 하거나 개인정보 수집을 동의하면 정보 열람을 무료로 하는 등 다양한 형태가 있다.

□ 바이럴 마케팅(Viral Marketing)

소비자가 SNS 등 전파 가능한 매체를 통해 자발적으로 홍보할 수 있도록 기업에서 홍보물을 제작하여 퍼트리는 마케팅 기법으로, 컴퓨터 바이러스처럼 확산된다고 하여 바이럴 마케팅이라는 이름이 붙었다. 기업은 광고인 듯 광고가 아닌 유행을 따르는 홍보물을 제작하여 간접광고를 하게 된다.

□ 넛지 마케팅(Nudge Marketing)

제품의 특성을 강조하고 구매를 촉진하는 것과 달리 소비자가 제품을 선택할 때 보다 유연하게 접근하도록 하는 마케팅이다. 선택은 소비자가 하는 것이지만 원하는 방향으로 특정 행동을 유도한다. 직접적인 명령이나 지시를 내리지 않는다.

□ 니치 마케팅(Niche Marketing)

'틈새시장'이라는 뜻으로, 시장의 빈틈을 공략하는 제품을 잇따라 내놓는 마케팅으로, 시장 전체가 아닌 특정한 성격을 가진 소규모의 소비자를 대상으로 판매목표를 설정한다.

□ 디 마케팅(De Marketing)

소비자의 자사 제품 구매를 의도적으로 줄이는 마케팅으로, 수익성이 낮은 고객을 줄이고 충성도가 높은 (수익성이 높은) 고객에게 집중하기 위한 마케팅이다. 소비자보호나 환경보호 등 사회적 책무를 강조하면서 기업의 이미지를 긍정적으로 바꾸는 효과가 있다.

□ 앰부시 마케팅(Ambush Marketing)

규제를 교묘하게 피해가는 간접 마케팅으로, 대형 스포츠 경기의 공식 후원업체가 아니면서 광고 문구 등으로 관련 있는 업체 인상을 준다.

□ 디드로 효과(Diderot Effect)

친구가 선물한 빨간 가운과 서재의 낡은 가구가 어울리지 않는다고 생각이 하여 하나 둘 바꾸다가 결국 모든 가구를 바꾸게 되었다는 프랑스 철학자 디드로의 일화에서 유래되었다. 하나의 제품을 구매하고 제품과 관련된 다른 제품을 추가로 계속 구매하는 현상으로 제품의 조화를 추구하려는 욕구가 충동구매를 불러일으키며 눈으로 보여 지는 제품일수록 디드로 효과는 강하게 나타난다.

□ 버즈 마케팅(Buzz Marketing)

입소문을 통하여 소비자에게 제품 특성을 전달하는 마케팅으로, 소비자 간의 네트워크를 통하여 제품 특성을 전달하는 기법으로 입소문 마케팅 또는 구전 마케팅이라고도 한다. 대중매체를 통해 불특정 다수에게 전달하는 기존 마케팅과는 달리 제품 이용자가 주위 사람들에게 직접 전달하도록 유도하기 때문에 광고비가 거의 들지 않는다는 장점이 있다.

□ PPL 마케팅(Product Placement Marketing)

TV프로그램이나 영화 속에서 특정 기업의 브랜드 명이나 제품을 넣어 노출시키는 마케팅으로, 제품의 이미지를 자연스럽게 노출시켜 시청자로 하여금 큰 거부감 없이 소비 욕구를 불러일으킬 수 있다.
최근에는 게임 콘텐츠에도 PPL 마케팅이 손을 뻗고 있다.

□ 플래그십 마케팅(Flagship Marketing)

가장 인기가 있고 성공을 거둔 특정 제품에 집중하여 판촉하는 마케팅으로, 특정 제품으로 브랜드에 대한 긍정적인 이미지를 다른 제품으로 확대·전파하여 전체 제품의 매출을 극대화하는 것이 목적이다. 비용을 절감할 수 있다는 장점이 있지만 주력 제품에 하자가 생겼을 경우 브랜드 이미지에 타격을 입을 수 있다.

□ 베블런 효과(Veblen Effect)

상류층 소비자들에 의해 이루어지는 소비 형태를 말하며, 가격이 오르는데도 과시욕이나 허영심 등으로 수요가 줄어들지 않는 현상이다. 가격이 오르면 오를수록 수요가 증가하며 가격이 떨어지면 오히려 구매하지 않는 경향이 있다.

□ 립스틱 효과(Lipstick Effect)

경제 불황기에 나타나는 소비패턴으로, 소비자 만족도가 높으면서 가격이 저렴한 사치품의 판매량이 증가하는 현상이다. 1930년 미국 대공황 때 경제가 어려움에도 립스틱 매출이 오르는 기현상에서 유래되었다. 립스틱뿐만 아니라 최저비용으로 사치욕구를 충족시킬 수 있는 상품과 서비스에 적용할 수 있다.

□ 밴드왜건 효과(Bandwagon Effect)

악단을 선도하며 사람들을 끌어 모으는 악대차(樂隊車)에서 유래되었으며, 유행하는 재화나 서비스의 정보에 동조하여 따라 구매하는 현상이다. 정치 분야에서도 사용되는데, 사전 여론 조사나 유세 운동 등에서 우세한 쪽으로 표가 집중되는 현상을 표현할 때 사용한다.

□ 스놉 효과(Snob Effect)

특정 제품에 대한 수요가 증가할 경우 오히려 그 제품에 대한 수요가 떨어지는 현상으로, 다른 사람과는 차별화된 소비를 지향하며 마치 까마귀 속에서 혼자 떨어져 고고하게 있는 백로의 모습 같다고 해서 '백로 효과'라고도 한다.

□ 전시 효과(Demonstration Effect)

타인의 소비행동을 모방하려는 소비성향을 말하며, 개인이 사회의 영향을 받아 상류층의 소비 형태를 모방하기 위해 무리한 지출을 하는 현상이다.

□ 채찍 효과

① 개념
  ㉠ 공급사슬관리에서 반복적으로 발생하는 문제점 중 하나로, 제품에 대한 수요정보가 공급사슬을 거쳐 전달될 때마다 왜곡되는 현상을 말한다.
  ㉡ 고객의 수요가 상부로 전달될수록 수요의 변동성이 증가하는 현상이다. 소를 몰 때 긴 채찍을 사용하면 손잡이 부분에서 작은 힘이 가해져도 끝부분에서는 큰 힘이 생기는 데에서 붙여진 명칭으로 나비 효과와 유사하다.
  ㉢ 공급에 있어서 수요의 작은 변동이 제조업체에 전달될 때는 확대되어 수요의 변동이 불확실하게 보이게 된다. 이처럼 정보가 왜곡되면 공급에 재고가 쌓이고 서비스 수준도 저하된다.

② 원인
  ㉠ 수요예측 실패 : 시장수요의 정보 부재로 소비자들의 실제 수요보다 주문량에 근거하여 예측하게 되어 채찍효과를 야기한다. 기업 관점으로 의사결정을 하여 결국 전체 왜곡현상이 발생하게 된다.
  ㉡ 리드타임의 장기화 : 리드타임은 생산에 착수하고 출하하는 시점을 말한다. 각 업체가 긴 리드타임을 갖게 될 경우에도 왜곡이 발생하고 재고비용의 증가로 연결될 수 있다.

□ 파노플리 효과(Panoplie Effect)

소비자가 특정 제품을 소비하면 그 제품을 소비하는 집단 혹은 계층과 같아진다는 환상을 갖게 되는 현상으로, 소비자가 구매한 제품을 통해 지위와 가치를 드러내려는 욕구에서 발생한다. 연예인이나 유명인이 사용하는 것으로 알려진 제품 수요가 높아지는 현상도 파노플리 현상이다.

☐ 브랜드

① 개념
- ㉠ 제품이나 서비스를 식별하고 경쟁사와 차별화를 두기 위해 사용하는 이름 혹은 로고 및 디자인이다.
- ㉡ 어느 브랜드를 소비하느냐에 따라 자신의 사회적 위치와 개성을 드러낼 수 있기 때문에 단순한 상표에서 벗어나 기업과 제품의 가치를 담는 수단이다.

② 구성요소
- ㉠ 브랜드 네임 : 소비자들에게 쉽게 각인될 수 있어야 하며 제품이나 서비스의 특성이 나타나야 한다. 소비자와의 소통에서 가장 중요한 핵심 요소이다.
- ㉡ 심벌 및 로고 : 브랜드 이미지를 고착시키는 수단으로 아이덴티티를 나타낼 수 있는 차별화된 시각적인 효과가 필요하다.
- ㉢ 캐릭터 : 브랜드의 개성을 나타내며 기업이나 제품의 특징을 강조할 수 있어야 한다.
- ㉣ 슬로건 : 짧은 문장으로 소비자들에게 각인되기 쉬우면서 의미와 기업의 속성을 내포하고 있어야 한다.
- ㉤ 패키지 : 상품을 보호하고 편리함 제공과 브랜드의 이미지를 소비자에게 전달할 수 있어야 한다.

③ 계층구조
- ㉠ 한 기업이 제공하는 여러 제품들에 적용되는 브랜드 유형들 간의 서열을 나타낸 것으로 네 가지로 나눌 수 있다.
- ㉡ 종류
  - 기업 브랜드 : 기업명이 브랜드 역할을 하는 것으로 기업 이미지를 통합하거나 기업의 모든 활동을 의미한다.
  - 패밀리 브랜드 : 한 기업에서 생산하는 대표 유사제품 브랜드로 한 가지 브랜드를 부각시킨다.
  - 개별 브랜드 : 단일제품군 내에서 공동 브랜드를 사용하는 것보다 차별화를 둘 수 있으며 각 제품의 속성이나 특징을 잘 나타내어 이미지를 소비자에게 쉽게 전달할 수 있다.
  - 브랜드 수식어 : 이전 제품 모델과 구분하기 위한 짧은 형태의 숫자 또는 수식어를 의미한다.

☐ SPA 브랜드

1986년 미국의 청바지사가 처음 도입한 방식으로 한 기업이 기획 및 생산, 유통 과정을 통합·총괄하는 브랜드를 의미한다. 장점으로는 유통단계가 축소되고 비용도 절감하여 제품을 비교적 저렴한 가격으로 제공할 수 있으며, 약 1~2주의 짧은 생산 주기로 재고를 줄이고 회전율이 빠르며 최신 트렌드를 즉각 반영할 수 있다. 그러나 최신 트렌드에 맞춰 생산되므로 시즌이 지나면 폐기되는 경우가 발생하며, 무분별하게 생산하여 환경오염을 야기하는 등 단점도 존재한다.

□ 소비자 의사결정 과정

① **문제 인식** … 소비자가 욕구를 느낄 때 발생하는 의사결정의 첫 번째 단계로 소비자는 문화나 사회적, 개인적인 다양한 요인으로 문제를 인식하게 된다.

② **정보 탐색**
  ㉠ 소비자가 문제를 해결할 수 있는 제품에 대해 정보를 획득하는 단계이다.
  ㉡ 내적 탐색과 외적 탐색으로 나눌 수 있다. 내적 탐색은 경험이나 지식 등에서 탐색하는 것이고 외적 탐색은 외부에서 정보를 추가적으로 탐색하는 것을 말한다.

③ **대안 평가**
  ㉠ 구매 대안을 비교하고 평가내릴 때 발생하는 단계이다.
  ㉡ 가능성과 가치 판단이 대안 평가의 중심이 된다.

④ **구매 결정** … 다양한 대안 중 소비자가 하나의 대안을 선택하게 되는 단계이다.

⑤ **구매 후 행동** … 소비자가 구매 한 제품이나 서비스에 대해 반응하는 모든 것으로 소비자의 제품 재구매 여부가 결정되는 단계이다.

□ 소비자의 의사결정에 영향을 미치는 요인

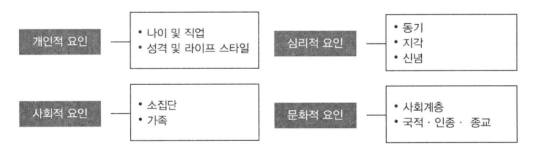

□ 소비자 행동

소비자들이 제품을 구매하고 사용하고 평가하는 일련의 모든 행동이다. 제품을 선택한 이유와 방법, 시점이나 빈도 등도 소비자 행동에 포함된다. 소비자의 의사결정 단위에는 정보수집자, 영향력행사자, 의사결정자, 구매자 등 다양한 역할을 맡은 개개인들이 존재한다.

□ 변혁적 리더십

① 특징

　㉠ 리더의 신념과 가치에 기초한다.

　㉡ 구성원들의 의식 수준을 높이고 기대했던 성과보다 더 나은 결과를 유도한다.

　㉢ 구성원들을 매슬로우의 인간 욕구 5단계 이론의 상위욕구를 추구할 수 있도록 한다.

② 변혁적 리더십 요소

　㉠ 이상적 영향력 : 구성원들에게 자신감과 바람직한 가치관, 리더에 대한 존경심을 심어주고 비전과 사명감을 제시한다.

　㉡ 영감적 동기부여 : 구성원들이 비전과 열정을 가지고 업무 수행할 수 있도록 격려하며 동기를 유발한다.

　㉢ 지적 자극

　　• 구성원들이 하나의 틀에 얽매이지 않고 새롭고 창의적인 관점으로 문제를 해결할 수 있도록 유도한다.

　　• 구성원들의 신념과 가치뿐만 아니라 조직이나 리더의 신념과 가치에도 의문을 품고 더 나은 방향으로 변화할 수 있도록 지원한다.

　㉣ 개별적 배려 : 구성원 개개인에게 관심을 가지며 그들의 욕구와 능력 차이를 인정하고 잠재되어 있는 능력을 끌어올릴 수 있도록 멘토의 역할을 한다.

□ 거래적 리더십

① 특징

　㉠ 리더와 구성원 간 교환관계에 기초한다.

　㉡ 리더는 구성원들이 원하는 것을 제공하며 구성원들의 성과를 유도한다.

　㉢ 구성원 개인의 성장이나 발전보다 조직의 목표달성에 목적을 둔다.

② 거래적 리더십 요소

　㉠ 조건적 보상

　　• 리더는 명확한 조직의 목표를 제시한다.

　　• 그 목표를 달성한 경우, 리더가 인센티브나 적절한 보상을 제공함으로써 구성원들의 동기 및 협조를 유발한다.

　㉡ 예외관리

　　• 목표달성 과정 중 예기치 못한 사건이 발생할 시 리더가 개입하는 것이다.

　　• 구성원들의 실수로 문제가 발생하지 않도록 사전에 점검하는 적극적인 관리와 업무 결과가 기준에 부합하지 않을 경우에 개입하는 소극적인 관리로 구분한다.

□ 서번트 리더십

① 특징
   ㉠ 자신보다 구성원들의 이익추구에 기초한다.
   ㉡ 지시나 명령이 아닌 낮은 자세를 취하며 구성원들의 성장과 발전을 도와 조직의 목표달성을 유도한다.
   ㉢ 리더가 희생하여 리더와 구성원들 사이의 신뢰를 형성한다.

② 서번트 리더십 요소
   ㉠ **경청하는 자세** : 구성원들의 의견을 수용하는 자세로 주의 깊게 듣는다.
   ㉡ **공감대 형성** : 구성원들의 상황과 입장을 이해한다.
   ㉢ **치유** : 업무로 인한 건강문제나 구성원들 간의 감정교류 및 스트레스를 경감한다.
   ㉣ **지각** : 구성원들보다 전체적인 상황과 요소들을 정확하고 빠르게 판단한다.
   ㉤ **설득** : 일방적인 지시를 내리는 것이 아니라 대화로 구성원들을 설득한다.
   ㉥ **제시** : 비전과 목표를 설정하고 제시한다.
   ㉦ **통찰** : 자신의 경험으로 앞으로의 결과를 예측한다.
   ㉧ **청지기 정신** : 자신이 감당해야 할 역할에 대해 책임을 다한다.
   ㉨ **능력개발** : 구성원들이 자신의 잠재력을 발견하고 성장할 수 있도록 지원한다.
   ㉩ **공동체 형성** : 구성원들이 소속감을 느끼고 협력할 수 있도록 조성한다.

□ 재무상태표

① 개념
   ㉠ 일정 시점에 있어서 기업이 보유하고 있는 자산 및 자본, 부채에 관한 정보를 제공하는 보고서이다.
   ㉡ 정보이용자들이 기업의 유동성과 재무적 탄력성, 수익성과 위험성을 평가하는 데 유용한 정보를 제공한다.

② 구조
   ㉠ **자산** : 해당 자금을 어떻게 운용하였는지에 대한 결과를 나타내는 것으로 크게 유동자산(1년 이내에 현금으로 전환되거나 소비될 것으로 예상되는 현금이나 예금)과 비유동자산(유동자산으로 분류되지 않는 모든 자산)으로 구분할 수 있다.
   • 당좌자산
   −재고자산을 제외한 유동자산이다.
   −판매과정을 거치지 않고 1년 이내에 현금으로 전환될 수 있는 자산이다.
   −현금 및 현금성 자산, 단기금융상품, 단기매매증권, 미수금, 선급금 등이 있다.

- 재고자산
- 영업상 판매를 목적으로 구입하거나 자체적으로 생산한 재화이다.
- 판매과정을 통하여 현금으로 전환될 수 있는 자산이다.
- 상품, 제품, 원재료, 제공품 등이 있다.
- 투자자산
- 다른 기업을 통제할 목적 혹은 장기적인 투자수익을 획득하기 위하여 보유하는 자산이다.
- 장기금융상품, 매도가능증권, 투자부동산 등이 있다.
- 유형자산
- 기업이 생산이나 영업 및 관리에 사용할 목적으로 보유하는 물리적 형태의 자산이다.
- 토지, 건물, 구축물, 기계 등이 있다.
- 무형자산
- 기업이 보유하는 물리적 형태가 아닌 비화폐성자산이다.
- 영업권, 소프트웨어, 개발비 등이 있다.
- 기타 : 임차보증금, 장기미수금, 장기성 매출채권 등이 있다.

ⓛ 부채 : 금융기관을 비롯한 제3자에게 빌린 자본, 혹은 주주들에게 투자받은 자본을 말한다.
- 유동부채 : 1년 이내에 상환해야하는 채무를 의미하며 매입 채무, 미지급법인세, 유동성장기부채 등이 있다.
- 비유동부채 : 유동부채 이외의 부채로, 상환기간이 1년을 넘는 채무를 의미하며 장기미지급부채, 사채 등이 있다.

ⓒ 자본 : 자산 총액에서 부채 총액을 차감한 잔여액 또는 순자산이다.
- 자본금
- 기업이 발행한 주식의 액면가액에 해당하는 금액
- 보통주, 우선주 등
- 자본 잉여금
- 기업활동으로 인하여 증가한 자본금 이외의 준자산증가의 유보액
- 주식발행초과금, 감자차익, 자기주식처분이익 등
- 이익 잉여금
- 자본거래 이외의 거래를 통한 순이익 중 주주에게 배당하지 않고 기업내부에 유보되어 있는 금액
- 이익준비금, 미처분이익 잉여금, 기타법정적립금 등
- 자본조정 : 주식할인발행차금, 감자차손, 자기주식, 자기주식처분손실 등
- 기타 포괄손익누계액 : 매도가능증권평가손익, 해외사업환산손익 등

□ 재무제표

① 개념
  ㉠ 기업의 재무상태와 경영성과 등을 정보이용자에게 보고하기 위한 수단으로서 기업회계기준에 따라 작성하는 보고서이다.
  ㉡ 재무상태표는 일정시점의 개념이고 나머지 기본재무제표는 일정기간의 개념을 나타낸다.

② 목적
  ㉠ 투자자나 채권자 등 정보이용자들의 의사결정에 유용한 정보를 제공한다.
  ㉡ 향후 현금흐름, 즉 시기나 불확실성 등을 예측하는데 유용한 정보를 제공한다.
  ㉢ 기업의 재무상태, 경영상태, 자본변동 등에 대한 정보를 제공한다.
  ㉣ 경영자의 수탁업무 책임을 평가하는 데 정보를 제공한다.

③ 한계
  ㉠ 정확한 서술보다는 추정과 판단에 근거하여 신뢰성이 다소 떨어질 수 있다.
  ㉡ 기업에 관한 정보를 제공하므로 산업 또는 경제 전반에 관한 정보를 제공하지 않는다.
  ㉢ 화폐단위로 측정된 정보를 제공하기 때문에 계량화하기 어려운 정보는 생략한다.

④ 종류
  ㉠ 재무상태표 : 기업의 재무상태를 나타낸 표이다(부채 + 자본).
  ㉡ 포괄손익계산서 : 기업의 영업활동 결과를 나타낸 표이다(수익 − 비용).
  ㉢ 자본변동표 : 기업의 자본 크기와 변동에 관한 정보를 나타낸 표이다(자본거래 + 손익거래).
  ㉣ 현금흐름표 : 기업의 실질적인 현금 흐름을 나타낸 표이다(영업활동 + 투자활동 + 재무활동).
  ㉤ 주석 : 본문 내용을 보완하는 설명으로 구성한다.

□ 현금흐름표

① 개념
  ㉠ 일정 기간 동안 기업의 현금 유입과 유출을 나타내는 재무제표로서 작성과 표시에 대해서 현금흐름표에 관한 기업회계기준에서 규정하고 있다.
  ㉡ 현금흐름표는 재무제표이용자에게 현금 및 현금성자산의 창출능력과 현금흐름의 사용도를 평가하는 데 유용한 정보를 제공한다.

② 현금흐름표의 유용성
  ㉠ 기업의 유동성과 재무 건전성을 평가하여 부채상환능력, 배당금 지급능력, 외부자금조달의 필요성에 관한 정보를 평가할 수 있다.
  ㉡ 손익계산서의 당기순이익과 영업활동에서 조달된 현금의 유·출입 간 차이에 대한 정보를 제공한다.
  ㉢ 영업성과에 대해 기업 간 비교를 할 수 있다.
  ㉣ 투자활동과 재무활동이 기업 재무상태에 미치는 영향을 분석할 수 있다.

③ 현금흐름 구분
  ㉠ 영업활동 : 제품의 생산과 구입 및 판매활동 등을 말한다.

구분	내용
영업활동에 의한 현금 유입	매출, 이익, 예금이자, 배당수입 등
영업활동에 의한 현금 유출	매입, 판공비, 대출이자 법인세 등

  ㉡ 투자활동 : 현금 대여, 대여금 회수 등 비유동자산과 관련된 활동을 말한다.

구분	내용
투자활동에 의한 현금 유입	유가증권이나 토지 등의 매입, 예금 등
투자활동에 의한 현금 유출	유가증권이나 토지 매각 등

  ㉢ 재무활동 : 자금 조달과 관련된 활동을 말한다.

구분	내용
재무활동에 의한 현금 유입	기차입금의 차입, 사채발행, 유상증자 등
재무활동에 의한 현금 유출	단기차입금이나 사채 상환 등

④ 현금흐름표 작성 방법
  ㉠ 직접법 : 수익 혹은 비용항목을 총액으로 표시하며 현금 유입액은 원천별로, 현금 유출액은 용도별로 분류하여 표기하는 방법이다.
  ㉡ 간접법 : 당기순이익에 현금유출이 없는 비용 등의 가산을 하고 현금유입이 없는 수익 등을 차감하며 기타 영업활동으로 인한 자산 및 부채의 변동을 가감하여 표시하는 방법이다. 현금흐름표는 간접법으로 작성해야 한다.

☐ 이익 잉여금

① 개념 … 영업활동이나 투자활동 등 기업의 이익창출황동에 의해 축적된 이익이며, 배당 등 사외에 유출하지 않고 사내에 유보한 이익을 말한다.

② 종류
  ㉠ 가처분 이익 잉여금
  • 법정적립금
  −이익준비금 : 채권자를 보호하고 회사의 재무적 기초를 견고하게 하려는 상법의 규정에 의해 강제로 적립되는 법정준비금이다.
  −기타 법정적립금 : 상법 이외의 재무관리규정 등에 의하여 의무적으로 적립해야 하는 기업합리화 적립금이다.

- 임의적립금 : 기업이 법률 규정에 의거하지 않고 주주총회 경의에 의하여 이익을 유보한 것으로 이용목적과 방법은 자유이다.
  - 적극적 적립금 : 적극적인 사업 확장 등을 목적으로 설정한 적립금으로 감채적립금, 신축적립금, 사업확장적립금 등이 해당된다.
  - 소극적 적립금 : 사업 확장이 아닌 거액의 비용이 발생하는 경우 보충하기 위한 목적으로 설정한 적립금으로 퇴직급여적립금, 배당평균적립금, 결손보전적립금 등이 해당된다.
  ⓛ 미처분 이익 잉여금 : 기업의 활동으로 얻게 된 이익 중 상여금이나 배당 등으로 처분되지 않은 이익잉여금이다.

☐ 자본 잉여금

① 개념 ··· 증자나 감자 등 주주와의 거래에서 발생하여 자본을 증가시키는 잉여금으로 배당이 불가하다.

② 종류
  ㉠ 주식발행초과금
  - 주식발행 시 액면가액을 초과하는 부분이다.
  - 주식발행과 관련하여 증권인쇄비, 주주모집을 위한 광고비 등 주식발행비가 발행하면 이는 직접적으로 발생한 비용이므로 주식의 발행가액에서 차감한다.
  - 주식이 할증 발행된 경우에는 신주발행비를 주식발행초과금에서 차감하고 액면발행이나 할인 발행된 경우에는 주식할인발행자금으로 하여 자본조정으로 처리한다.
  ㉡ 감자차익
  - 감자 시 지급한 대가가 감자한 주식의 액면가액에 미달하는 경우에는 그 미달액을 자본거래로 인한 이익으로 보아 감자차익으로 하여 자본 잉여금으로 분류한다.
  - 감자 대가가 감자한 주식의 액면가액을 초과하는 경우에는 그 초과액을 자본거래로 인한 손실로 보아 감자차손으로 하여 자본조정으로 분류한다.
  ㉢ 자기주식처분이익
  - 회사가 취득한 자기주식은 자본의 차감항목으로 자본조정에 계상한다.
  - 자기주식을 매각할 때 자기주식의 처분가액이 자기주식의 취득원가를 초과하면 그 초과액을 자기주식거래로 인한 이익으로 보아 자본 잉여금에 분류한다.
  - 자기주식의 처분가액이 취득원가에 미달하면 자기주식거래로 인한 손실로 자본조정으로 분류한다.

☐ 사채

① 개념 ··· 이사회의 결의에 따라 일반 대중으로부터 장기 자금 조달의 방법으로 발행하는 회사의 확정 재무임을 표시하는 증권이다. 주식회사만 발행할 수 있으며 사채 발행 총액은 순자산액(자산 총액 − 부채 총액)의 4배를 초과하지 못한다. 사채발행 시 1좌당 10,000원 이상으로 금액은 균일해야 한다.

② 사채발행 이자율

　㉠ 액면 이자율
　　• 사채권면(상환일 아래)에 표시된 이자율이다.
　　• 사채의 액면가액에 표시 이자율을 곱한 금액을 투자자에게 지급한다.
　㉡ 시장 이자율
　　• 채권시장에서 형성되는 실질 이자율을 의미한다.
　　• 사채의 시장가격을 결정하는 요소이다.
　㉢ 유효 이자율
　　• 사채의 현재가치와 사채의 발행가액을 일치시키는 할인율이다.
　　• 사채발행비가 발생하지 않은 경우에는 취득 당시의 시장 이자율과 동일하다.
　　• 사채발행비가 발생하면 사채의 발행가액은 시장 이자율로 할인한 사채의 현재가치에서 사채발행비를 차감하여 결정되므로 유효 이자율은 시장 이자율과 다르게 책정된다.

③ 사채발행방법

　㉠ 액면발행(액면금액 = 발행가액)
　　• 주식이나 채권을 액면금액과 동일한 금액으로 발행하는 것이다.
　　• 액면 이자율과 유효 이자율이 같을 때 발행한다.
　㉡ 할인발행(액면금액 > 발행가액)
　　• 사채를 액면금액 이하로 발행하는 것이다.
　　• 액면 이자율이 유효 이자율보다 작을 때 발행한다.
　　• 재무상태표상에는 사채 할인 발행차금을 사채에서 차감하는 형식으로 표시한다.
　㉢ 할증발행(액면금액 < 발행가액)
　　• 사채를 액면금액 이상으로 발행하는 것이다.
　　• 액면 이자율이 유효 이자율보다 높을 때 발행한다.
　　• 재무상태표상에는 사채 할증 발행차금을 사채에 가산하는 형식으로 표시한다.

☐ 우발부채

① 개념
　㉠ 과거 사건은 발생했으나 기업이 통제할 수 없는 하나 이상의 불확실한 미래 사건의 발생 여부에 의해서만 그 존재여부가 확인되는 잠재적인 의무이다.
　㉡ 과거의 거래나 사건의 결과로 발생한 현재 의무이지만, 그 의무를 이행하기 위해 자원이 유출될 가능성이 적고, 가능성이 높아도 금액을 신뢰성 있게 추정할 수 없는 경우의 잠재적 부채이다.

② 우발부채 회계처리

　㉠ 충당부채와 달리 금액의 신뢰성 있는 측정이 불가하고 현재 의무여부가 확실하지 않은 잠재적 의무인 경우와 자원의 유출 가능성이 높지 않은 경우이므로 다음을 주석으로 공시한다.

　　• 우발부채의 추정금액
　　• 자원의 유출금액 및 시기와 관련된 불확실성의 정도
　　• 제3자에 의한 변제 가능성

　㉡ 과거 우발부채로 처리해도 충당부채의 인식조건을 충족하면 재무상태표에 충당부채를 인식한다.

☐ 충당부채

① 개념 … 과거의 거래나 사건의 결과로 인한 현재의 의무로, 지출의 시기 또는 금액이 불확실하지만 요건을 모두 충족할 시 재무상태표에 부채로 올리며 관련 비용 또는 손실을 인식하여 그 성격에 따라 처리한다.

② 충당부채의 인식

　㉠ 과거의 거래나 사건의 결과 때문에 현재에 의무가 존재한다.
　㉡ 당해 의무를 이행하기 위하여 자원이 유출될 가능성이 높다.
　㉢ 의무의 이행에 소요되는 금액을 신뢰성 있게 측정할 수 있다.

☐ 충당부채와 우발부채 비교

구분	충당부채	우발부채
현재의무 존재	현재의무 존재	잠재적 의무 존재
자원 유출가능성	높음	높지 않음
금액의 신뢰성 있는 추정	신뢰성 있는 추정 가능	신뢰성 있는 추정 불가능
재무상태표	부채로 인식	주석으로 공시하나 자원의 유출성이 몹시 희박하다면 주석 공시 불필요

☐ 충당부채와 우발부채 회계 처리

자원유출 가능성	금액의 신뢰성 있는 추정	
	가능	불가능
높음	• 현재의무 : 충당부채로 인식하고 공시 • 잠재적 의무 : 우발부채로 공시	우발부채로 공시
높지 않음	우발부채로 공시	우발부채로 공시

□ 고정비

생산량과 관계없이 일정하게 발생하는 비용을 의미한다. 기업이 제품을 생산하든 하지 않든 지출해야 하는 비용이다. 생산량이 증가해도 일정하게 유지되며 단위당 고정비는 생산량이 증가할수록 감소한다.

$$단위당\,고정비 = \frac{총\,고정비}{생산량}$$

생산량과 관계없이 일정하다. 총 비용은 일정하지만, 단위당 고정비는 생산량 증가 시 감소하여 비용 통제 및 손익분기점 분석에 중요한 요소에 해당한다.

□ 단위당 변동비

제품 한 단위를 생산할 때마다 발생하는 변동비에 해당한다. 생산량에 따라 증가하거나 감소하는 생산 원가의 일부이다.

$$단위당\,변동비 = \frac{총\,변동비}{생산량(판매량)}$$

손익분기점 공식을 활용하여 $단위당\,변동비 = 판매가격 - \frac{고정비용}{손익분기점수량}$ 로 구할 수도 있다. 생산이 많아지면 총 변동비는 증가하고 생산이 없으면 변동비도 0원이다. 고정비와 다르게 직접 제품 원가에 영향을 미친다.

□ M&A(Mergers & Acquisitions)

① 개념 … 기업 외부경영자원 활용의 방법으로 기업의 인수와 합병을 의미한다. 최근에는 의미가 확장되어 인수와 합병, 전략적 제휴 등도 M&A로 정의하고 있다.

② M&A의 동기
　㉠ 경영전략적 동기
　　• 기업 지속성장 추구 : 기업 내부자원을 활용한 성장에는 한계가 있으므로 M&A를 통해 기업의 목표인 지속적인 성장을 추구한다.
　　• 국제화 추구 : 국제화 추세에 맞춰 기업과 기술의 국제화를 추구한다.
　　• 효율성 극대화 : 비효율적인 부문은 매각하고 유망 부문의 전략을 구사하여 이익의 극대화를 추구한다.
　　• 기술 발달 : 새로운 기술을 도입하고 보유하고 있는 기술을 발전시키기 위한 전략이다.
　㉡ 영업적 동기
　　• 시장지배력 확대 : 시장구조를 독점하여 시장점유율과 시장지배력을 확대함으로 이익의 극대화를 추구한다.
　　• 시장참여의 시간단축 : M&A를 통해 시장에 빠르게 진출하여 시장 선점의 시간을 단축할 수 있다.

© 재무적 동기
- 위험분산 : M&A를 통해 재무위험을 감소시키고 기업 포트폴리오의 위험을 분산할 수 있어서 리스크를 줄일 수 있다.
- 자금조달 능력 확대 : 위험분산 효과에 의해 파산위험이 줄어들 경우 인수기업의 자금 조달 능력이 확대될 수 있다.
- 세금 절감 : 피인수기업의 입장에서 상대적으로 적은 양도소득세를 부담하고 보유주식을 현금화하여 세금을 절감할 수 있다.

③ 방식에 의한 분류
  ㉠ 합병
  - 흡수합병 : 하나의 회사는 존속하고 다른 하나의 회사는 소멸하여 존속회사에 흡수되는 합병 형태이다.
  - 신설합병 : 합병하는 모든 회사가 전부 소멸하고 새로운 회사를 신설하여 권리 및 의무를 모두 신설된 회사에 양도하는 합병 형태이다.
  ㉡ 인수
  - 주식인수 : 주식 매수를 통해 대상 기업의 경영권을 인수하는 형태이다.
  - 자산인수 : 대상 기업의 자산을 취득하여 경영권을 확보하는 형태이다.

④ 의사에 의한 분류
  ㉠ 우호적 M&A : 인수회사와 피인수회사가 합의하에 이루어지는 인수합병이다.
  ㉡ 적대적 M&A : 피인수회사의 자발적 의사와는 상관없이 독단적으로 경영권을 취하는 경우이다.

⑤ 적대적 M&A
  ㉠ 곰의 포옹
  - 사전에 경고 없이 매수자가 목표 기업의 이사들에게 편지를 보내어 매수 제의를 하고 신속한 의사결정을 요구하는 기법이다.
  - 인수 대상 기업의 경영자에게 경영권을 넘기거나 협상에 응하지 않으면 회사를 통째 인수하겠다는 일종의 협박으로, 마치 곰이 다가와 포옹하는 것 같다 하여 곰의 포옹이라고 한다.
  - 시간적 여유가 없는 주말에 인수 의사를 대상 기업 경영자에게 전달하여 인수 대상 기업의 경영자가 수용여부를 빨리 결정토록 요구하는 것이다.
  ㉡ 그린메일
  - 보유주식을 팔기 위한 목적으로 대주주에게 편지를 보낼 때 초록색인 달러화를 요구한다는 의미에서 그린메일이라는 이름이 붙여졌다.
  - 그린메일은 경영권을 위협하는 수준까지 특정 회사의 주식을 대량으로 매집해놓고 기존 대주주에게 M&A를 포기하는 조건으로 일정한 프리미엄을 얻어 주식을 매입하도록 요구하는 행위를 말한다.
  - 경영권 탈취보다는 주식의 시세차익을 노리는 것이 보통이며, 그린메일 성사 후, 일정 기간 동안 적대적 M&A를 시도하지 않겠다는 약정을 맺을 수 있는데, 이를 불가침 협정이라고 한다.

ⓒ 공개매수(TOP)

- 매수자가 매수기간과 가격, 수량 등을 공개적으로 제시하고 불특정다수의 주주로부터 주식을 매수하는 방법이다.
- 우호적(목표 기업의 경영진이 동의한 경우)·적대적(공개매수에 반대한 경우)·중립적(어떠한 조언이나 입장을 취하지 않는 경우)공개매수로 구분되는데, 대부분 적대적 공개매수에 해당한다.

⑥ 방어수단

㉠ 백기사

- 적대적 M&A의 매수자보다 높은 가격으로 인수 제의를 하면서도 기존의 경영진을 유지시키는 우호 세력을 끌어들여 경영권을 방어하는 수단이다.
- 백기사 커플이란 두 기업이 서로의 주식을 교환하여 서로가 백기사가 되어 주는 것을 말한다.
- 백기사의 반대개념으로 적대적인 공개매수를 취하는 측을 기업사냥꾼이라고 한다.

㉡ 포이즌 필 : 기존 주주들이 시가보다 저렴하게 주식을 살 수 있는 권리를 주거나 회사에 주식을 비싼 값에 팔 수 있는 권리를 주면서 적대적 M&A에 나선 기업이 부담을 갖게 되어 방어할 수 있다.

㉢ 황금낙하산

- 인수대상 기업의 CEO가 임기 전에 사임하게 될 경우를 대비하여 거액의 퇴직금, 스톡옵션, 일정 기간 동안의 보수와 보너스 등 받을 권리를 사전에 고용계약에 기재하여 안정성을 확보하고 동시에 기업의 인수비용을 높이는 방법이다.
- 경영자의 신분을 보장하고 기업의 입장에서 M&A비용을 높이는 효과가 있다. 한편 일반 직원에게도 일시에 거액의 퇴직금을 지급하도록 규정하여 매수하는 기업의 의욕을 떨어뜨리는 경우가 있는데 이를 주석낙하산이라고 한다.

☐ 선형계획법

제한된 자원(원자재, 인력, 시간 등) 내에서 목표 함수를 최적화하는 수학적 기법으로 기업이나 조직이 최적의 의사결정을 내릴 수 있도록 지원한다. 목표함수는 극대화 또는 극소화하려는 수식으로 이익 최대화, 비용 최소화 등이 있다. 이익을 극대화 하는 함수는 $Z = 5x + 3y$에 해당한다. 사용 가능한 자원의 한계를 나타내는 수식인 제약조건은 $2x + y \leq 100$에 해당한다. 생산량이나 인력 배치와 같은 최적의 값을 찾아야 하는 변수인 의사결정변수가 있다. 변수 값이 0 이상이어야 하는 비음조건도 선형계획법에 주요 요소이다. 특징으로는 목표가 선형 함수 형태이며 제약 조건이 선형 부등식 형태이다. 또한 의사결정 변수가 연속적인 값(0 이상) 사용이 가능하다.

☐ 간트 차트

헨리 간트(Henry Gantt)가 개발한 프로젝트 관리이다. 프로젝트의 작업 일정과 진행 상태를 시각적으로 표현하는 도구로, 막대 그래프 형태로 각 작업의 시작과 종료 시점을 나타낸다. 프로젝트에서 수행해야 할 작업들을 나열하고 작업의 시작일과 종료일을 나타내는 기간의 시간 축이 있다. 각 작업이 일정 기간 동안 진행됨을 시각적으로 표현하며, 작업 완료율을 막대 내부 색상으로 표현 가능하다.

☐ PERT 차트

PERT 기법은 1950년대 미 해군의 폴라리스 미사일 개발 프로젝트에서 처음 사용된 PERT 차트는 프로젝트의 작업 흐름과 소요 시간을 분석하여 효율적인 일정 계획을 수립하는 네트워크 다이어그램이다. 작업 관계를 네트워크 다이어그램(노드 또는 화살표) 형태로 표현한다. 복잡한 프로젝트의 흐름을 쉽게 이해할 수 있으며 작업 간의 의존 관계를 명확히 분석할 수 있다. 주요 경로(임계 경로, Critical Path)를 파악하여 일정 지연을 방지하면서 일정 계획이 정교해진다.

☐ 식스시그마 개선 모형

기업의 프로세스를 개선하고 변동성을 줄여 품질을 향상시키는 방법론이다. 의사결정이 감이 아닌 데이터 분석에 의해 행해지면서 변동성과 불량률을 최소화할 수 있다. 품질 및 생산성 향상으로 고객 만족도가 증가하며 단발적인 프로젝트가 아닌 지속적인 개선을 유도한다.

① 정의 … 개선할 문제 및 목표 정의한다. 고객 요구사항(CTQ, Critical to Quality) 식별하고 프로젝트 범위와 팀을 구성한다.

② 측정 … 현재 프로세스 성과를 측정하고 문제의 원인을 찾기 위해 데이터를 수집하고 변동성과 결함률을 분석한다.

③ 분석 … 데이터 분석을 통해 문제의 근본 원인을 규명한다. 파레토 분석, 회귀 분석, 인과관계 도표 등을 활용하여 개선의 기회를 발견한다.

④ 개선 … 문제 해결을 위한 최적의 개선안을 도출한다. 실험 및 시뮬레이션을 통해 개선 효과를 검증하고 프로세스 변경 및 시행을 한다.

⑤ 관리 … 개선된 프로세스를 지속적으로 유지하고 관리한다. 표준화 및 모니터링 시스템을 구축하고 필요 시 추가 조정 및 재평가를 한다.

☐ ERP

전사적 자원 관리로, 기업의 핵심 업무 프로세스를 통합하여 효율적으로 관리하는 시스템이다. 재무, 회계, 인사, 생산, 공급망, 구매, 영업, 고객 관리 등 다양한 부서를 하나의 통합된 시스템에서 운영할 수 있도록 지원한다. 여러 부서의 데이터를 하나의 시스템에서 공유하여 실시간으로 정보 확인 가능하며 업무 프로세스를 표준화하고 자동화하여 생산성과 정확성이 향상된다. 데이터 분석을 통해 경영진이 빠르고 정확한 결정을 내릴 수 있도록 지원하며 중복된 업무를 줄이고 운영 효율성을 극대화하여 비용을 절감한다.

□ 린 시스템

낭비를 최소화하고 효율성을 극대화하는 경영 방식으로 최소한의 자원으로 최대의 가치를 창출하는 것이 핵심 목표다. 고객 가치를 중시하고 가치흐름을 최적화 한다. 흐름(Flow)를 개선하고, 수요에 따라 생산하는 적시생산 JIT(Just-In-Time) 방식을 적용하여 재고를 최소화 하고 고객 요청이 있는 경우에만 생산을 한다. 또한 칸반(Kanban) 시스템을 통해 시각적인 작업 관리시스템을 활용한다. 정리(Seiri), 정돈(Seiton), 청소(Seiso), 청결(Seiketsu), 습관화(Shitsuke)로 5S 시스템이 있다.

다음 기사에서 브랜드 X에서 사용한 마케팅 전략은?

> 글로벌 브랜드 X 신규 마케팅 전략을 통해 매출 급성장…
>
> 브랜드 X는 기존 고객층을 유지하면서 신규 고객을 유입하기 위해 대대적인 할인 프로모션을 진행했다. 지난 2월, 브랜드 X는 자사의 대표 제품인 "Y 시리즈"를 최대 30% 할인하는 특별 이벤트를 실시하며 소비자의 구매를 유도했다. 마케팅 담당자 A씨는 "단순한 가격 할인이 아니라 충성 고객을 위한 멤버십 할인, 1+1 이벤트, 포인트 적립 강화 등 차별화된 프로모션을 도입했다. 결과적으로 단기간 내 매출이 25% 증가했으며, 신규 고객 유입도 눈에 띄게 늘어났다"고 밝혔다.
>
> 브랜드 X는 광고 및 홍보 강화를 위해 대규모 예산을 투입했다. SNS · 인플루언서 마케팅 활성화, TV & 온라인 광고 집행 증가를 통해서 타겟 광고를 확대하고 있다.
>
> 또한 브랜드 X는 기존 오프라인 매장을 강화하면서도 온라인 쇼핑 플랫폼과의 협력을 확대하여 판매 채널을 다각화했다. 기존 주요 대형 유통사뿐만 아니라, 새로운 편의점 브랜드 및 로컬 매장과의 협업을 진행하여 소비자가 더 쉽게 제품을 구매할 수 있도록 접근성을 확대하였다.
>
> 브랜드 X는 2024년 4분기 매출이 전년 동기 대비 20% 성장했다고 발표했다. 특히 온라인 판매 채널을 통한 신규 고객 유입이 35% 증가했으며, 브랜드 충성 고객층도 확대되는 효과를 거두었다. CEO B씨는 "우리의 목표는 새로운 고객을 지속적으로 확보하는 것뿐만 아니라, 기존 고객들이 브랜드에 대한 충성도를 유지하며 재구매하도록 유도하는 것이다. 앞으로도 적극적인 마케팅, 유통 전략 최적화, 가격 경쟁력 강화를 통해 시장 점유율을 높일 계획"이라고 밝혔다.

① 시장개발
② 제품개발
③ 시장침투
④ 다각화

---

③ 기존고객에게 상품을 더 많이 판매하기 위해 광고, 가격, 서비스 등을 향상시키는 전략은 시장침투 전략에 해당한다.

답 ③

1 다음 가치사슬에 대한 설명으로 옳은 것을 모두 고른 것은?

> ㉠ 가치사슬은 기업이 제품이나 서비스를 생산하고 전달하는 과정에서 부가가치를 창출하는 활동을 의미한다.
> ㉡ 마이클 포터(Michael Porter)가 제안한 개념이다.
> ㉢ 본원적 활동에는 인적 자원 관리, 기술 개발, 구매 관리 등이 포함된다.
> ㉣ 기업이 경쟁우위를 확보할 수 있는 핵심 활동을 파악할 수 있다.
> ㉤ 내부 프로세스에 집중하기 때문에 외부 협력사와의 관계는 고려하지 않는다.

① ㉠㉡㉣ ② ㉡㉢㉤

③ ㉢㉣㉤ ④ ㉠㉣㉤

✔해설 ㉢ 본원적 활동이 아니라 지원 활동에 해당한다. 본원적 활동은 물류, 운영, 마케팅, 판매, 서비스 등이 있다.
㉤ 가치사슬은 내부 프로세스뿐만 아니라 공급업체(업스트림) 및 유통업체(다운스트림)와의 관계도 포함한다.

2 공급사슬에서 도매물류센터의 수가 증가하여 소매업체에 가까이 위치함으로써 발생할 수 있는 결과가 아닌 것은?

① 소매업체의 수요변동에 신속하게 대응할 수 있다.

② 도매물류센터의 수가 증가하여 재고 분산 효과와 리스크 풀링(risk-pooling) 효과가 모두 증가할 수 있다.

③ 각 도매물류센터에서 소매업체로 출고되는 물량의 평균수송비용 및 시간이 모두 감소할 수 있다.

④ 각 도매물류센터로 입고되는 물량의 평균수송비용이 증가할 수 있다.

✔해설 ② 리스크 풀링 효과는 중앙집중형 재고 관리 시, 개별 지역별 재고 수요 변동을 상쇄하여 전체 재고를 줄일 수 있는 효과이다. 도매물류센터가 많아지면, 재고가 여러 곳에 분산되면서 리스크 풀링 효과가 감소할 가능성이 커진다. 도매물류센터가 많아질수록 개별 물류센터의 재고 부담이 증가할 수 있어 리스크 풀링 효과가 줄어든다.

Answer 1.① 2.②

3   자본에 대한 설명으로 옳지 않은 것은?

① 기업의 자산에서 모든 부채를 차감한 후의 잔여지분이다.

② 자본을 투자된 화폐액 또는 투자된 구매력으로 보는 재무적 개념에서 자본은 기업의 순자산이나 지분과 동의어로 사용된다.

③ 재무제표이용자들이 주로 명목상의 투하자본이나 투하자본의 구매력 유지에 관심이 있다면 재무적 개념의 자본을 채택하여야 한다.

④ 자본개념을 실무적으로 적용하는 데 측정의 어려움이 있다면 선택된 자본개념에 따라 이익의 결정 목표가 무엇인지 알 수 없다.

✔ 해설   ④ 회계 기준에 따라 선택한 자본 개념이 이익 측정에 어떤 영향을 미치는지는 명확하다.

4   사채에 대한 설명으로 옳지 않은 것은?

① 사채발행 시 시장이자율이 액면이자율보다 높은 경우 할인발행된다.

② 사채를 할인발행한 경우 매년 인식할 이자비용은 증가한다.

③ 사채할증발행차금 잔액은 매년 감소한다.

④ 사채할인발행차금 상각액은 매년 감소한다.

✔ 해설   ④ 사채할인발행차금은 만기까지 점차 상각되어 이자비용을 증가시키는 역할을 한다. 유효이자율법을 적용하면, 이자비용이 점점 커지므로 사채할인발행차금의 상각액도 매년 증가한다.

5   가격책정 전략 또는 전술에 대한 설명으로 옳지 않은 것은?

① 마크업 가격책정(markup pricing)은 가격책정의 궁극적 목표인 이윤극대화에 효과적이다.

② 가격의 끝자리에 0이 아닌 단수를 붙여 가격에 대한 고객의 심리적 수용도를 높이고자 하는 가격 전략을 단수 가격책정(odd pricing)이라고 한다.

③ 혼합 묶음가격(mixed price bundling)은 개별상품 가격의 합보다 낮거나 높을 수도 있고, 순수 묶음가격(pure price bundling)보다 더 높은 이익을 가져오는 경향이 있다.

④ 원가가산 가격책정(cost-plus pricing)은 고객의 관점을 무시하고 경쟁자의 가격을 고려하지 않는다는 결함을 가지고 있다.

Answer   3.④ 4.④ 5.①

✔해설 ① 마크업 가격책정(markup pricing)은 제품 원가에 일정 비율의 마진을 더하여 가격을 결정하는 방식이다. 시장 수요, 경쟁자의 가격 전략, 고객의 가격 민감도 등을 반영하지 않기 때문에 최적 가격을 설정하여 이윤을 극대화하는 데 비효율적이므로 이윤극대화를 보장하지 않는다.

6 SWOT 분석의 각 전략에 대한 설명으로 옳지 않은 것은?

① SO전략에는 자사의 제품라인을 늘려 시장을 확장하는 전략이 있다.

② ST전략에는 기존의 경쟁 시장에 더 깊숙이 들어가 안정된 시장을 확보하는 전략이 있다.

③ WO전략에는 자사의 경쟁력이 미흡해 시장에서 나오는 전략이 있다.

④ WT전략에는 자사의 역량을 집중해 시장에서 명맥을 유지하는 전략이 있다.

✔해설 ③ WO전략은 약점을 보완하여 기회를 활용하는 전략이다. 시장에서 철수하는 것이 아니라 내부 역량을 강화해 기회를 잡는 전략이다.

7 브랜드 전략에 대한 설명으로 옳은 것은?

① 구매 시점에 브랜드를 선택하는 경우에는 브랜드 회상(brand recall)이 중요하다.

② 신제품의 티저광고(teaser ad)는 브랜드 회상 창출에 효과적이다.

③ 기업브랜드(corporate brand) 전략은 한 제품의 이미지가 나빠져도 전체 제품에 영향을 주지 않는다는 장점이 있어 기업에서 빈번하게 활용하고 있다.

④ 기업의 사업 포트폴리오 간의 이질성이 높은 경우에는 기업브랜드 전략이 효과적이다.

✔해설 ① 구매 순간에는 브랜드 인지가 더 중요하다.
③ 기업브랜드는 한 제품의 이미지가 나빠지면 전체 브랜드에 부정적인 영향을 줄 가능성이 높다.
④ 이질성이 높은 경우에는 개별 브랜드 전략이 더 효과적이다.

8 인수합병(M&A)의 동기에 대한 설명으로 옳지 않은 것은?

① 효율성(efficiency)은 시너지효과(synergy effect)라고도 하며, 합병 후의 기업가치가 합병 전 개별 기업의 가치를 합한 것보다 커지는 효과를 얻기 위한 것을 의미한다.

② 저평가(under-valuation)는 시장의 불완전성으로 인하여 대상 기업의 주가가 적정가치보다 낮을 경우, 비용을 절감하기 위한 사업확장 방법으로 합병을 추진하는 것을 의미한다.

③ 경영자주의(managerialism)는 경영자가 역량을 발휘하여 여유자금을 활용함으로써 대리인비용의 감소를 통한 주주의 이익 상승을 도모하는 것을 의미한다.

④ 다각화(diversification)는 수익의 불안전성을 줄여 기업위험을 낮추거나 새로운 분야에 진출하는 것을 의미한다.

> ✔해설 ③ 경영자주의는 기업의 경영자가 자신의 영향력을 확대하거나 보상을 늘리기 위해 비효율적인 인수합병을 추진하는 현상이다. M&A가 주주의 이익보다 경영자의 이익을 위한 동기가 되면서 대리인 비용(agency cost)이 증가하는 문제를 초래할 수 있다.

9 기업의 투자 의사결정 과정에서 추정하는 현금흐름에 관한 설명으로 옳지 않은 것은?

① 타인자본에 대한 금융비용은 할인율에 반영되므로 현금흐름 추정에서는 이자비용을 현금유출에 포함하지 않는다.

② 자산의 처분가치는 현금유입으로 고려하지만, 처분가치와 장부가치가 동일하지 않을 경우 현금흐름에 반영되는 크기는 처분가치와 다를 수 있다.

③ 매몰비용은 기존에 투입한 과거의 원가이므로 의사결정 과정에 영향이 없어 현금흐름에서 제외해야 하지만, 모든 자산의 가치를 고려하는 기회비용은 현금유출로 고려해야 한다.

④ 순운전자본은 생산과 판매라는 기업 본연의 영업활동에 소요되는 회계적 비용으로 투자안의 내용연수 내에 회수된다.

> ✔해설 ④ 순운전자본은 영업활동을 위한 유동자산과 유동부채의 차이이다. 현금, 매출채권(외상매출), 재고자산 등 운전자금의 변동을 포함하여 회계적 비용이 아니라, 단기적인 자금 유출입을 반영하는 항목이다. 투자안의 내용연수가 종료될 때 일부 회수될 수 있으나, 전액 회수된다고 보장할 수 없다.

Answer 8.③ 9.④

10 변혁적 리더십(transformational leadership)에 대한 설명으로 옳지 않은 것은?

① 변혁적 리더십과 거래적 리더십은 상호 보완적이지만 변혁적 리더십이 리더와 부하직원들의 더 높은 수준의 노력과 성과를 이끌어내기에 적합할 수 있다.

② 변혁적 리더십은 리더가 부하직원의 성과와 욕구충족을 명확히 인식하고 노력에 대한 보상을 약속하여 기대되는 역할을 수행하게 만든다는 것이다.

③ 변혁적 리더십은 리더와 부하직원 간의 교환관계에 기초한 거래적 리더십에 대한 비판으로부터 발전하였다.

④ 배스(Bass)는 카리스마, 지적 자극, 개별적 배려를 변혁적 리더십의 구성요소로 제시하였다.

> ✔해설 ② 거래적 리더십(Transactional Leadership)의 특징에 해당한다. 변혁적 리더십은 비전 제시, 동기부여, 혁신 유도 등을 통해 장기적인 성장을 목표로 한다.

11 감성적 메시지 소구 광고에 해당하는 것은?

① 제품 구매를 통해 얻게 되는 물리적 혜택을 강조하는 광고

② "아이의 흉터는 엄마 가슴에 새겨진대요"의 카피로 소구하는 유아용 밴드 제품 광고

③ 공정무역을 기치로 생산자와 직접 연계하여 유통마진을 낮췄다는 '착한 농산물' 광고

④ 우리의 헌혈이 이웃에게 도움을 줄 수 있다는 대의명분에 호소하는 광고

> ✔해설 ① 제품의 기능적(이성적) 혜택을 강조하는 광고이다.
> ③ 사회적 책임 소구 광고이다.
> ④ 대의명분 소구이다.

12 아웃소싱에 대한 설명으로 옳지 않은 것은?

① 핵심부문만 내부화하고, 기타 비핵심부문은 외부에서 조달하는 전략이다.

② 기업의 비용절감과 유연성 확보가 가능하다.

③ 아웃소싱 이후에도 동일한 사업을 수행하므로 리스크는 감소하지 않는다.

④ 장기적으로 실행하면 핵심기술이 상실되고 공급업체에 종속될 위험이 있다.

> ✔해설 ③ 아웃소싱을 통해 고정비용을 절감하고, 필요할 때마다 서비스를 조달할 수 있어 유연성이 증가한다.

Answer 10.② 11.② 12.③

13 전사적 품질경영(total quality management : TQM)에 대한 설명으로 옳은 것은?

① 고객 중심 경영, 지속적 개선, 생산라인 직원의 총체적 참여는 성공적 실행에 충분한 요건이다.

② 방해 요인은 품질개선에 대한 불명확성, 단기적 재무성과 강조, 경영자의 리더십 부족 등이다.

③ 개선에 필요한 권한을 종업원에게 부여하면 훈련이 부족하여 지속적 개선을 제대로 수행할 수 없다.

④ 단순 기법이나 프로그램의 집합이므로 조직문화의 변화가 필수적이지 않다.

> **✔해설** ① 경영자의 강력한 리더십, 조직 문화의 변화, 교육 및 훈련, 데이터 기반 의사결정 등이 필수적이다.
> ③ 권한을 부여하면 지속적인 개선을 촉진할 수 있다.
> ④ TQM은 단순한 기법이 아니라 조직의 전체적인 품질 문화를 개선하는 경영 전략이다.

14 제품수명주기(PLC)상 동일 단계의 특성에 해당하는 것만을 모두 고르면?

> ㉠ 다양한 고객 니즈를 충족시키고 경쟁에 대처하기 위해 제품의 차별화를 시도하며, 제품의 기능 및 품질향상을 모색한다.
> ㉡ 가속적인 구매확산과 대량생산을 통한 가격인하의 연쇄관계가 형성됨에 따라 전체시장의 규모가 급속히 확대되는 경향이 있다.
> ㉢ 기존제품으로 새로운 소비자의 수요를 유도하거나, 기존제품의 품질향상 및 신규 브랜드를 개발하는 마케팅 전략을 구사한다.
> ㉣ 제품을 취급하려는 유통업자의 수가 증가하고 매출액이 신장되며, 이 시기 후반기에는 소비자의 선택적 수요를 자극하기 위한 촉진비용이 많이 소요되어 이익률이 감소하는 경향이 있다.

① ㉠㉡

② ㉡㉢㉣

③ ㉠㉡㉣

④ ㉢㉣

> **✔해설** ㉢ 성숙기의 특징에 해당한다. 시장이 포화 상태에 도달하면 기존 제품의 개선, 브랜드 확장, 리포지셔닝 등의 전략이 중요하다.

15 앤소프(I. Ansoff)의 제품/시장 매트릭스에서 시장침투(market penetration) 전략에 대한 설명으로 옳은 것은?

① 혁신적인 신제품을 개발한다.

② 매력적인 시장으로 진입한다.

③ 시장에 출시된 제품의 가격을 인하한다.

④ 기존 제품을 구매하는 고객들이 새로운 제품을 구매할 수 있도록 광고의 빈도를 늘린다.

> ✔해설 ①④ 제품 개발 전략이다.
> ② 시장 개발 전략이다.

16 노동조합에 대한 설명으로 옳은 것은?

① 산업별 노동조합은 조합원의 수가 많아 압력단체의 지위를 확보할 수 있어 교섭력을 높일 수 있다.

② 산업별 노동조합은 가장 오랜 역사를 가진 노동조합 형태이며, 노동시장의 공급통제를 목적으로 숙련도 여부에 관계 없이 동일 산업의 모든 근로자를 대상으로 조직한다.

③ 프레퍼렌셜 숍(preferential shop)은 노동조합의 조합원 수 확대를 위해 비조합원에 우선순위를 주는 제도이다.

④ 단체교섭권은 근로조건의 유지 및 개선을 위해 근로자가 단결하여 사용자와 교섭할 수 있는 권리이며, 단체교섭권 남용에 대해서 사용자는 직장폐쇄로 맞설 수 있다.

> ✔해설 ② 가장 오래된 노동조합 형태는 특정 숙련 직종(배관공, 전기공, 목수 등)을 중심으로 조직된 직업별 노동조합이다.
> ③ 프레퍼렌셜 숍(preferential shop)은 고용 시 조합원에게 우선권을 주는 제도이다.
> ④ 단체교섭권은 근로자가 단결하여 사용자와 근로조건을 협상할 수 있는 헌법상 보장된 기본권이다. 사용자의 직장폐쇄는 단체교섭권 남용에 대한 대응이 아니라, 단체행동권에 대한 대응이다.

17 포드시스템에 대한 설명으로 옳지 않은 것은?

① 구성원의 단결과 조화를 유지하여 동기부여와 시너지 효과를 누리도록 하였다.

② 작업능률의 향상, 원가절감, 판매가격 인하를 도모하였다.

③ 시간연구, 동작연구에 의한 과학적 방법에 입각하였다.

④ 컨베이어 시스템은 인간성에 대한 배려가 적었고, 대량생산 방식을 도입하여 제품 차별화가 어려웠다.

> ✔해설 ① 포드시스템은 효율성을 극대화하기 위해 작업을 세분화하고 단순 반복적인 노동을 강조하였다. 근로자의 동기부여와 인간적인 요소보다는 생산성 극대화에 초점을 맞췄다.

18 채찍효과(bullwhip effect)의 해결방안으로 옳지 않은 것은?

① 주문량이나 판매량에 따라서 가격의 조정이 자주 일어나지 않도록 안정적인 가격정책을 수립한다.

② 수요 초과로 인해 물량확보 경쟁이 격해져서 발생하는 채찍효과의 경우 과거 판매실적에 근거한 공급량 배분방식으로 주문량을 부풀리려는 의도를 방지할 수 있다.

③ 공급사슬망의 단계 수 증대 및 확대를 통해 제품을 다양화하며, 참여 구성원의 유연성을 증대시킨다.

④ 수요정보처리의 왜곡을 해결하기 위해 최종 수요정보를 공급사슬의 전체 계층에서 공유한다.

> ✔해설 ③ 공급망 단계가 늘어나면 정보 전달 과정에서 왜곡이 심해져 채찍효과가 더 커진다.

19 적시생산시스템(Just-In-Time Production)에 대한 설명으로 옳은 것은?

① 로트(lot) 크기를 줄이려고 하며, 소로트생산으로 인한 생산준비비용 최소화와 생산준비시간의 단축이 중요한 과제가 된다.

② 기계설비의 예방보전은 불필요한 자원의 낭비라고 판단하여 기계의 고장수리를 보다 강조한다.

③ 작업자들의 전문화를 강조하기 위하여 작업을 세분화한 후 개별 작업자들에게 할당하며, 다기능 작업자 양성보다 전문적 작업자 양성을 목표로 하고 있다.

④ 생산 목표의 초과 달성으로 인한 과잉재고는 문제가 되지 않으며, 약간의 불량은 인정된다.

> ✔해설 ② JIT에서는 기계가 고장 나기 전에 예방 정비를 철저히 수행한다.
> ③ 다기능 작업자 양성을 중시한다.
> ④ 재고를 최소화하는 것이 핵심이므로, 과잉 생산과 과잉 재고는 문제가 된다.

20 임금에 대한 설명으로 옳지 않은 것은?

① 연공급은 근속연수에 따라 임금이 인상되며, 소극적인 근무태도를 야기하는 단점이 있다.

② 직무급은 개인별 임금격차에 대한 불만을 해소할 수 있지만 철저한 직무분석이 전제되어야 한다.

③ 직능급은 직무수행자의 역량에 따라 차별 임금을 지급하기 때문에 정확한 직무평가가 어려운 기업에서는 사용할 수 없다.

④ 성과급은 노동생산성 향상의 장점이 있지만 단기간 내 최대 산출을 위해 제품의 질을 희생시킬 수 있다는 단점이 있다.

> ✔해설 ③ 직능급은 직무 자체가 아니라 개인의 직무 수행 능력(스킬, 경험, 자격증 등)에 따라 임금을 차등 지급한다.

Answer 18.③ 19.① 20.③

21 직무평가에 대한 설명으로 옳지 않은 것은?

① 요소비교법은 기준직무를 적절하게 선정하면 임금 산정이 용이하고 상이한 직무에서도 활용될 수 있다.

② 점수법은 평가요소 선정이 어렵고 요소별 가중치 부여 시 주관적으로 판단한다는 것이 단점이다.

③ 분류법은 간단하고 이해하기 쉽지만 부서가 다르면 공통의 분류기준을 적용하기 어렵다는 단점이 있다.

④ 서열법은 직무등급을 빠르게 매길 수 있고 직무의 어떤 요소에 의해 높게 혹은 낮게 평가되는지를 알 수 있다.

> ✔ 해설 ④ 서열법은 직무의 상대적 중요도를 단순 비교하여 순위를 매기는 방법이다. 직무의 상대적 순위만 정하기 때문에 어떤 요소가 영향을 미쳤는지 구체적으로 알기 어렵다.

22 기업의 유통경로에 대한 설명으로 옳은 것은?

① 중간상의 수는 선택적(selective) 유통경로보다 전속적(exclusive) 유통경로에서 더 많다.

② 편의품은 집약적(intensive) 유통경로보다 전속적 유통경로에서 더 적합하다.

③ 제조업체는 집약적 유통경로보다 선택적 유통경로에서 더 높은 통제력을 가질 수 있다.

④ 전속적 유통경로에서 중간상은 경쟁제품을 취급하는 대신 다른 유통경로와 비교하여 낮은 마진을 갖는다.

> ✔ 해설 ① 전속적 유통경로는 소수의 유통업체만을 이용한다.
> ② 편의품은 접근성이 중요하기 때문에 집약적 유통이 적합하다.
> ④ 전속적 유통의 중간상은 일반적으로 높은 마진을 보장받는다.

23 소비자행동에서 저관여 상황과 고관여 상황의 태도 형성 및 변화의 차이를 통합하여 설명하는 것으로 옳은 것은?

① 다속성태도모형
② 정교화가능성모형
③ 연상에 의한 태도모형
④ 단순노출효과

> ✔ 해설 ① 다속성태도모형 : 소비자가 여러 가지 속성을 종합적으로 평가하여 태도를 형성한다는 모형이다.
> ③ 연상에 의한 태도모형 : 소비자가 특정 브랜드나 제품을 긍정적인 이미지(연상)와 연결하여 태도를 형성한다. 브랜드와 감성적 이미지의 연결을 강조하는 모형이다.
> ④ 단순노출효과 : 소비자는 특정 제품이나 브랜드를 반복적으로 접하면 익숙해지고, 긍정적인 태도를 형성할 가능성이 높아진다는 이론이다.

Answer 21.④ 22.③ 23.②

24 재고관리에 대한 설명으로 옳은 것은?

① 고정주문량 모형은 고정주문주기 모형보다 엄격한 재고관리를 수행하므로 보다 많은 안전재고를 요구한다.

② 경제적 주문량 모형의 경우 재고조달기간은 알려져 있으며, 단위당 재고유지비용은 일정하고, 구입단가는 주문량과 관계없이 일정하고, 재고부족현상은 발생하지 않는다는 가정을 두고 있다.

③ 고정주문량 모형은 주문량이 일정하므로 매 주문시점에서만 재고를 검토하면 된다.

④ 경제적 생산량 모형은 수요가 일정하며, 생산하고자 하는 양이 일시에 전량 생산되어 재고가 보충된다는 가정을 두고 있다.

> ✔ **해설** ① 고정주문량 모형은 재고가 미리 정한 수준 이하로 떨어질 때마다 일정량을 주문한다. 고정주문량 모형은 지속적으로 재고를 감시하여 필요한 경우 주문하므로, 오히려 안전재고가 적게 필요하다.
> ③ 재고를 지속적으로 모니터링해야 하며, 특정 시점에만 검토하지 않는다.
> ④ 전량이 한 번에 생산되는 것이 아니라, 일정한 속도로 생산되면서 재고가 증가하는 방식이다.

25 기업의 형태에 대한 설명으로 옳은 것은?

① 유한회사는 사원 전원이 출자액을 한도로 기업 채무에 대한 유한책임을 지며, 정관으로도 소유 지분의 일부 또는 전부에 대한 타인 양도를 제한하지 못한다.

② 합명회사는 회사의 모든 채무에 대해서 연대 책임을 지며, 다른 사람의 동의가 있더라도 지분의 일부 또는 전부를 타인에게 양도하지 못한다.

③ 합자회사의 유한책임사원은 출자가액에서 이미 이행한 부분을 공제한 가액을 한도로 회사 채무에 대한 변제의 책임을 지며, 회사의 업무집행이나 대표행위를 행사할 수 없다.

④ 주식회사의 주주는 회사의 모든 채무에 대해서 연대 책임을 지며, 변제 의무가 있다.

> ✔ **해설** ① 정관을 통해 지분 양도를 제한할 수 있다.
> ② 합명회사는 회사 채무에 대해 모든 사원이 무한 책임을 지며 연대책임을 지지만, 사원의 동의가 있으면 지분 양도가 가능하다.
> ④ 주주는 출자액(주식 가치) 범위 내에서만 유한책임을 지고 회사의 모든 채무에 대해 연대 책임을 지지 않는다.

03 주관식 출제예상문제

1   이번 달의 수요 예측치가 1,000개이고 실제 수요는 900개일 때, 지수평활법을 이용하여 다음 달의 수요 예측치는? (단, 평활상수(α)는 0.1이다)

(   )

> **✔ 해설** 이번달 예측치는 1,000개, 이번달 실제 수요는 900개이다.
> $F_{t+1} = \alpha A_t + (1-A)F_t = 0.1 \times 900 + 0.9 \times 1000 = 990$에 해당한다.

2   다음과 같은 투자안의 추정치를 이용하여 단위당 변동비를 구하면?

> • 건물임차료 : 20,000원
> • 감가상각비 : 10,000원
> • 단위당 판매 가격 : 2원
> • 회계적 손익분기점 : 60,000단위

(   )

> **✔ 해설** 손익분기점수량 $= \dfrac{\text{고정비}}{\text{판매가격} - \text{단위당변동비}}$ 이다. 단위당변동비 $=$ 판매가격 $- \dfrac{\text{고정비용}}{\text{손익분기점수량}}$ 에 해당한다.
>
> 단위당 변동비 $= 2 - \dfrac{20,000 + 10,000}{60,000} = 1.5$

Chapter 02 경제상식

출제경향 예측

생산자잉여, 소비자잉여, 최고가격제, 가격차별, 규모의 경제, 환율 등과 같은 기본적인 경제학 문제가 출제된다. 그래프를 제시하면서 확인하는 문제, 관세, 조세 관련 문제 등 기본적인 경제학 이론은 반드시 출제된다. 고용률, 경제활동참가율을 계산하는 문제도 빈번하게 출제된다. 주관식에서는 물가상승률을 구하는 것, 통화승수 구하는 것, 승수효과에 따른 계산과 같은 계산문제가 빈번하게 출제되기 때문에 경제 관련한 계산문제 공식을 명확하게 알고 있는 것이 중요하다.

☐ 생산가능곡선

한 경제가 주어진 자원과 기술 수준을 활용하여 생산할 수 있는 최대 생산 조합을 나타내는 곡선이다. 두 개의 재화나 서비스를 동시에 생산할 때 선택할 수 있는 최적의 생산 조합을 보여준다. 곡선 위의 모든 점은 자원을 최적으로 활용하여 최대한 생산하는 상태를 의미한다. 곡선 안쪽의 점들은 자원을 완전히 활용하지 못하는 상태이다. 곡선 바깥쪽의 점들은 현재 기술과 자원으로 생산할 수 없는 영역이다.

☐ 비교우위론

영국의 경제학자 데이비드 리카도가 주장한 이론으로, 다른 나라에 비해 더 작은 기회비용 으로 재화를 생산할 수 있는 능력을 뜻한다. 한 나라에서 어떤 재화를 생산하기 위해 포기하는 재화의 양이 다른 나라보다 적다면 비교 우위가 있는 것이다. 비교 우위는 경제적 능력이 서로 다른 국가 간에 무역이 이루어질 수 있게 해 주는 원리이다. 각 나라의 경제 여건의 차이는 비교 우위를 결정하는 요인이 된다.

☐ 절대우위론

영국의 경제학자 애덤 스미스가 주장한 이론으로, 특정 재화를 생산하는 데 얼마만큼의 노동량이 들어가는지를 기준으로 한다. 생산에 들어가는 노동량을 기준으로, 서로 비용을 줄이기 위해서 국제적인 분업과 교역이 생긴다는 이론이다.

□ 절대우위와 비교우위의 차이

애덤 스미스의 절대 우위론에 미루어 본다면 양국은 모두 재화를 특화하기 어렵다. 반면, 데이비드 리카도의 비교 우위론에 따르면 한 나라가 상대적으로 어떤 재화를 다른 나라보다 더 유리하게 생산할 수 있을 때 비교 우위를 가진다고 할 수 있으며, 각 나라가 자국에 비교 우위가 있는 재화를 특화 생산하여 무역을 하면 서로 이득을 얻을 수 있다.

□ 게임이론

경제행위에서 상대방의 행위가 자신의 이익에 영향을 미치는 경우 이익을 극대화하는 방법에 관한 이론이다.

① 내쉬균형 … 미국의 수학자 존 내쉬가 도입하였다. 상대방의 대응에 따라 최선의 선택을 하면, 균형이 형성되어 서로 자신의 선택을 바꾸지 않게 된다. 상대의 전략이 바뀌지 않으면 자신의 전략 역시 바꿀 유인이 없는 상태다. 정치적 협상이나 경제 분야에서 전략으로 널리 활용되고 있다. 게임이론 자체는 응용 수학의 한 분야였지만 경제학에서 과점시장의 문제를 분석하는 틀로 도입되기 시작했다.

② 죄수의 딜레마(Prisoners Dilemma) … 서로 믿고 협력하면 모두에게 이득이지만, 자신의 이익을 최대화하려 동료를 배신하면 모두에게 불행한 결과를 가져올 수 있음을 나타낸다. 죄수의 상황에 적용하면서 '죄수의 딜레마'라는 이름을 붙였다.

□ 한계비용(MC ; Marginal Cost)

필요한 총비용 증가분을 말한다. 총비용 증가분의 생산량 증가분에 대한 비율로 표시하며, 한계생산비라고도 하며, 한계비용함수는 U자형을 취한다. 생산량 0에서 출발하여 생산량이 증가함에 따라 한계비용이 점차 감소하다가 어느 생산량을 지나면 점차 증가하기 시작하는데, 이는 한계생산물의 감소와 증가를 반영하는 것이다.

□ 한계효용(MU ; Marginal Utility)

재화의 소비량이 한 단위 증가할 때 변화하는 총효용의 증가분을 말한다.

① 한계효용 체감의 법칙 … 재화의 소비가 증가할수록 재화의 희소성이 낮아지며 소비가 가져다주는 한계효용이 감소하는 것을 말한다.

② 한계효용 균등의 법칙 … 소비자가 주어진 소득으로 최대의 효용을 얻도록 합리적인 소비를 하고 각 재화의 한계효용은 균등하게 되는 법칙이다. 재화를 소비할 경우 각 재화의 한계효용이 같지 않다면, 한계효용이 낮은 재화의 소비가 아닌 한계효용이 보다 높은 재화로 소비를 바꿈으로써 똑같은 수량의 재화에서 얻어지는 효용 전체는 더 커지게 된다.

□ 수요

① 개념
    ㉠ 일정 기간 동안 재화나 용역을 구매하고자 하는 욕구를 말한다.
    ㉡ '일정 기간'은 특정시점이 아니며 구매하고자 하는 욕구 는 구매하려고 의도한 양을 의미한다.
    ㉢ 수요는 소비로 연결되므로 구매 의사가 있다고 하더라고 구매할 능력이 부족하다면 수요에서 제외된다.

② 수요곡선
    ㉠ 가격과 수요량의 관계를 보여주는 곡선이다.
    ㉡ 가격이 하락하면 수요량이 증가하기 때문에 수요곡선은 우하향한다.
    ㉢ 곡선이 오른쪽으로 이동하면 수요의 증가가 되고 왼쪽으로 이동하면 수요의 감소가 된다.

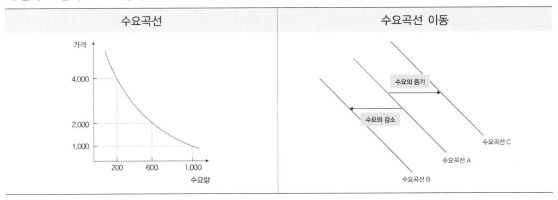

③ 수요변화 요인
    ㉠ 소비자의 소득
      • 정상재 : 소득이 증가 혹은 감소하게 되면 수요가 증가 혹은 감소하여 수요곡선이 우상향 또는 좌상향으로 이동한다.
      • 열등재 : 소득이 증가 혹은 감소하게 되면 수요가 감소 혹은 증가하며, 수요곡선이 좌하향 또는 우상향으로 이동한다.
      • 기펜재 : 열등재의 일종으로 재화의 가격이 하락하면 오히려 재화의 수요도 감소하는 예외적인 수요법칙을 보인다.
      • 중간재 : 소득이 변화함에도 불구하고 동일한 가격에서 수요량은 전혀 변하지 않는 재화로 소득이 증가 혹은 감소하여도 수요 및 수요곡선은 변하지 않는다.
    ㉡ 관련된 재화의 가격
      • 대체재 : 두 재화가 비슷한 성격을 지녀 한 재화 대신 다른 재화를 소비하더라도 만족에는 별 차이가 없는 관계를 말하며, 한 재화의 가격이 하락하면 다른 한 재화의 수요가 감소하는 경쟁하는 성격을 지니고 있어 경쟁재라고도 한다.

- 보완재 : 각각의 재화를 소비하는 것보다 두 재화를 함께 소비하는 것이 만족을 주는 관계를 말하며, 한 재화의 가격이 하락하면 다른 한 재화의 수요가 증가한다.
- 독립재 : 한 재화의 가격이 다른 재화의 수요에 아무런 영향을 주지 않는 관계로 수요곡선도 변하지 않는다.
  ⓒ 소비자의 선호 및 가격 예상 등

□ 총수요곡선

경제주체의 모든 수요의 합을 총수요라고 하며 물가수준의 변동과 총수요량의 변동 관계를 나타낸 것이 총수요곡선을 말하며, 구성 요소에는 소비, 투자, 정부 지출, 순수출 등이 있다.

① 총수요곡선의 이동
  ㉠ 물가 이외의 요인들이 변동하면 총수요곡선 자체가 이동한다. 총수요가 증가한 경우는 AD_1, 총수요가 감소한 경우는 AD_2와 같이 이동한다.
  ㉡ 물가가 하락하면 자산의 가치가 상승하고 소비지출이 증가한다. 또 이자율은 하락하고 투자지출이 증가하며 순수출이 증가한다. 따라서 총수요곡선은 우하향이 된다.

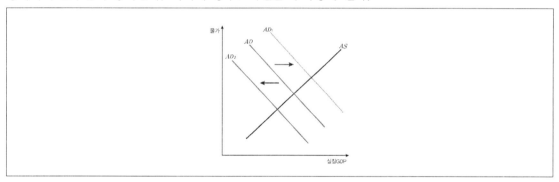

② 총수요곡선의 이동원인
  ㉠ 소비의 변동
  • 세금 인하나 주식시장의 호황은 소비지출을 증가하게 하는 요인으로, 총수요곡선은 오른쪽으로 이동한다.
  • 세금 인상이나 주식시장의 불황은 소비지출을 감소시키는 요인으로 총수요곡선은 왼쪽으로 이동한다.
  ㉡ 투자의 변동
  • 기업 경기에 대한 낙관적인 전망으로 투자지출이 증가하면 총수요곡선은 오른쪽으로 이동한다.
  • 기업 경기에 대한 비관적인 전망으로 투자지출이 감소하면 총수요곡선은 왼쪽으로 이동한다.
  ㉢ 정부지출의 변동
  • 정부의 재화와 서비스 수요량이 증가하면 총수요곡선은 오른쪽으로 이동한다.
  • 정부의 재화와 서비스 수요량이 감소하면 총수요곡선은 왼쪽으로 이동한다.

ⓔ 순수출의 변동
- 해외 경제가 호황이거나 자국 화폐가치가 하락 등 순수출이 증가하면 총수요곡선은 오른쪽으로 이동한다.
- 해외 경제가 불황이거나 자국 화폐가치가 상승하면 총수요곡선은 왼쪽으로 이동한다.

③ 총수요 변동의 영향
ⓐ 총수요가 증가할 시 생산, 고용, 소득이 증가하고 물가가 상승하게 되면서 인플레이션이 발생한다.
ⓑ 총수요가 감소할 시 생산, 고용, 소득이 감소하고 물가가 하락하게 되면서 경기 침체 및 실업률이 증가하게 된다.

□ 공급

① 개념
ⓐ 일정 기간동안 재화나 용역을 판매하고자 하는 욕구를 말한다.
ⓑ '일정 기간'은 수요와 같은 기간의 개념이며, '판매하고자 하는 욕구'는 실제 판매한 양이 아닌 의도한 양을 말한다.

② 공급곡선
ⓐ 가격과 공급량의 관계를 보여주는 곡선이다.
ⓑ 가격이 높을수록 공급량이 증가하기 때문에 공급곡선은 우상향한다.
ⓒ 곡선이 오른쪽으로 이동하면 공급의 증가가 되고 왼쪽으로 이동하면 공급의 감소가 된다.

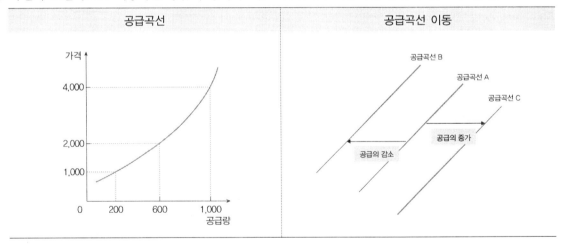

공급곡선	공급곡선 이동

③ 공급변화 요인
ⓐ 생산 요소의 가격 변동 : 생산요소의 가격이 상승하면 공급자의 수익성이 감소하므로 생산량이 감소하여 공급곡선이 왼쪽으로 이동한다.
ⓑ 기술 수준 발달 : 기술이 발달하면 생산비용이 낮아지게 되므로 공급이 증가하여 공급곡선은 오른쪽으로 이동한다.

ⓒ 대체재 및 보완재의 가격변동
- 대체재 관계의 재화 중 하나의 재화 가격이 상승하면 다른 재화는 공급이 감소하여 공급곡선이 왼쪽으로 이동한다.
- 보완재 관계의 재화 중 하나의 재화가격이 상승하면 다른 재화는 공급이 증가하여 공급곡선이 오른쪽으로 이동한다.
ⓡ 판매자의 수 및 가격 예상 등

□ 총공급곡선

① 개념
- ㉠ 한 국가의 기업들이 일정 기간 동안 생산하고 판매하려는 재화와 서비스의합을 총공급이라고 한다.
- ㉡ 물가수준과 사회 전체의 공급능력 간의 비례관계를 보여주는 곡선을 총공급곡선이라고 한다.

② 총공급곡선의 이동
- ㉠ 물가수준 이외 요인이 변동하면 총공급곡선 자체가 이동한다.
- ㉡ 물가가 예상보다 낮으면 실질임금이 상승하여 고용시장이 감소하고 재화와 서비스 생산량이 감소한다.
- ㉢ 재화의 가격이 상승하여 판매가 감소하게 되면 생산을 줄이게 된다. 때문에 단기에는 우상향 하다가 장기적으로는 수직의 형태를 보인다.

③ 총공급곡선의 이동원인
- ㉠ 노동의 변동
  - 노동인구가 증가하면 총공급곡선은 오른쪽으로 이동한다.
  - 노동인구가 감소하면 총공급곡선은 왼쪽으로 이동한다.
- ㉡ 기술과 자본의 변동
  - 기술의 발전과 자본이 증가하면 총공급곡선은 오른쪽으로 이동한다.
  - 정부 규제로 인한 기술 제약과 자본이 감소하면 총공급곡선은 왼쪽으로 이동한다.
- ㉢ 예상 물가수준의 변동
  - 예상 물가수준이 하락하면 총공급곡선은 오른쪽으로 이동한다.
  - 예상 물가수준이 상승하면 총공급곡선은 왼쪽으로 이동한다.

④ 총공급 변동의 영향
- ㉠ 총공급이 증가할 시 생산, 고용, 소득이 증가하고 물가는 하락하게 되면서 안정된 경제 성장이 가능하다.
- ㉡ 총공급이 감소할 시 생산, 고용. 소득이 감소하고 물가는 상승하게 되면서 스태그플레이션이 발생하게 된다.

□ 수요과 공급의 균형

① 수요와 공급 균형

    ㉠ 수요량과 공급량이 일치하지 않으면 가격이 상승하거나 하락한다.

    ㉡ 수요량과 공급량이 일치하면 가격은 더는 변하지 않는다. 이때의 가격을 시장 가격 또는 시장 균형 가격이라고 하며, 시장 가격에서 거래되는 양을 균형 거래량이라고 한다.

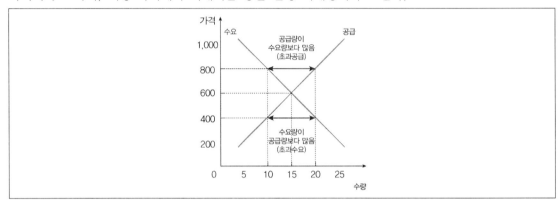

② 요인에 따른 균형의 이동

수요증가에 의한 균형의 이동	수용검소에 의한 균형의 이동

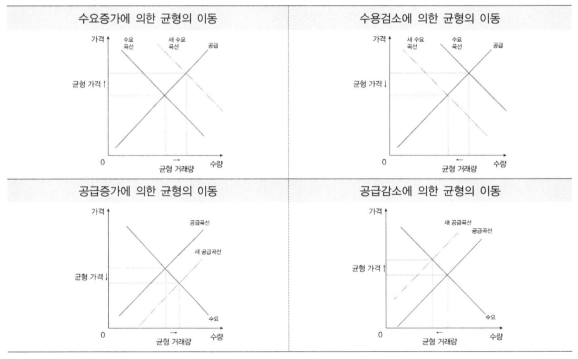

㉠ 수요증가 혹은 감소

• 수요량의 증가 : 수요곡선이 오른쪽으로 이동하며 균형가격이 상승하고 균형 거래량도 증가한다.

• 수요량의 감소 : 수요곡선이 왼쪽으로 이동하며 균형가격이 하락하고 균형 거래량도 감소한다.

ⓒ 공급증가 혹은 감소
- 공급량의 증가 : 공급곡선이 오른쪽으로 이동하면 균형가격이 하락하고 균형 거래량은 상승한다.
- 공급량의 감소 : 공급곡선이 왼쪽으로 이동하면 균형가격은 상승하고 균형 거래량은 감소한다.

□ 가격탄력성

가격이 변할 때 수요 또는 공급이 얼마나 민감하게 반응하는지를 나타내며 상품이나 서비스의 가격 변화에 따라 소비자 수요량이 얼마나 변화하는지를 측정하는 경제 개념이다.

① 수요의 가격탄력성
   ㉠ 공식 : $PED = \dfrac{수요량\ 변화율}{가격\ 변화율}$

   ㉡ 의미
   - PED 〉1 : 탄력적 수요. 가격이 조금만 변해도 수요가 크게 변화한다.
   - PED 〈1 : 비탄력적 수요. 가격 변화에 비해 수요 변화가 적다.
   - PED = 1 : 단위탄력적. 가격과 수요 변화율이 동일하다.

② 공급의 가격탄력성
   ㉠ 공식 : $PES = \dfrac{공급량\ 변화율}{가격\ 변화율}$

   ㉡ 의미
   - PES 〉1 : 탄력적 공급. 가격 상승 시 공급량 증가 폭이 크다.
   - PES 〈1 : 비탄력적 수요. 가격 상승에도 공급량 증가가 적다.
   - PES = 1 : 단위탄력적. 가격과 공급 변화율이 동일하다.

□ 수요의 가격탄력성

① 개념 … 재화의 가격이 변동할 때, 수요량이 얼마나 변동하는지를 나타내는 지표이다.

② 수요의 가격탄력성 결정요인
   ㉠ 대체재의 유무(有無) : 재화를 대체할 수 있는 또 다른 재화의 수가 많다면 그 재화의 수요는 탄력적이다.
   ㉡ 기간의 장단(長短) : 재화의 범위가 좁을수록 대체재를 찾기 쉬우므로 광범위한 재화에 비해 탄력적이다.
   ㉢ 시장 범위 : 한 재화의 가격이 다른 재화의 수요에 아무런 영향을 주지 않는 관계를 말한다. 따라서 수요곡선도 변하지 않는다.
   ㉣ 재화의 성격 : 생필품에 대한 수요는 비탄력적이지만 사치품에 대한 수요는 탄력적이다. 이는 소비자의 선호에 따라 달라진다.

③ 수요의 가격탄력성 공식

$$수요의\ 가격탄력성(E_d) = \frac{수요량\ 변화율(\%)}{가격\ 변화율(\%)}$$
$$= \frac{\triangle Q/Q}{\triangle P/P} = \frac{\triangle P}{\triangle Q} \times \frac{Q}{P}$$
$$= \frac{수요변화량}{기존수요량} \Big/ \frac{가격변화량}{기존가격}$$

④ 수요의 가격탄력성 크기

가격탄력성 크기	가격 변화율과 수요량 변화율
$E_d > 1$	$\dfrac{\triangle P}{P} < \dfrac{\triangle Q}{Q}$: 가격의 변화율 < 수요량의 변화율
$E_d = 1$	$\dfrac{\triangle P}{P} = \dfrac{\triangle Q}{Q}$: 가격의 변화율 = 수요량의 변화율
$E_d < 1$	$\dfrac{\triangle P}{P} > \dfrac{\triangle Q}{Q}$: 가격의 변화율 > 수요량의 변화율

☐ 공급의 가격탄력성

① 개념 … 재화의 가격이 변동할 때, 공급량이 얼마나 변동하는지를 나타내는 지표이다.

② 공급의 가격탄력성 결정요인
   ㉠ 공급자들의 조절
   • 공급자들이 생산량을 얼마나 조절할 수 있는지에 따라 달라진다.
   • 추가 생산이 가능한 재화는 가격이 높아지면 추가로 생산량을 늘릴 수 있기 때문에 공급이 탄력적이다.
   ㉡ 기간의 장단(長短)
   • 공급의 가격 탄력성은 짧은 기간보다 긴 기간일수록 커진다.
   • 짧은 기간에 기업이 생산을 늘리거나 줄이기 위해 쉽게 공장 규모를 변경하기가 어렵다. 그러나 긴 기간에는 공장을 새로 짓거나 기존의 공장을 폐쇄하는 등 공급량을 조절할 수 있게 되어 공급량이 가격 변화에 민감하게 반응한다.
   ㉢ 재화 경쟁 : 공급자들의 경쟁이 심할 경우에 상품의 가격이 오르면 경쟁이 심하지 않은 경우보다 상품의 공급량이 더 크게 증가할 수 있기 때문에 공급의 가격 탄력성은 커지고 경쟁이 없으면 작아진다.

③ 공급의 가격탄력성 공식

$$공급의\ 가격탄력성(E_p) = \frac{공급량\ 변화율(\%)}{가격\ 변화율(\%)}$$

$$= \frac{\triangle Q^S / Q^S}{\triangle P / P} = \frac{\triangle P}{\triangle Q^S} \times \frac{Q^S}{P}$$

$$= \frac{공급변화량}{기존공급량} \Big/ \frac{가격변화량}{기존가격}$$

④ 공급의 가격탄력성 크기

가격탄력성 크기	가격 변화율과 수요량 변화율
$E_p > 1$	$\dfrac{\triangle P}{P} < \dfrac{\triangle Q^S}{Q^S}$: 가격의 변화율 < 공급량의 변화율
$E_p = 1$	$\dfrac{\triangle P}{P} = \dfrac{\triangle Q^S}{Q^S}$: 가격의 변화율 = 공급량의 변화율
$E_p < 1$	$\dfrac{\triangle P}{P} > \dfrac{\triangle Q^S}{Q^S}$: 가격의 변화율 > 공급량의 변화율

☐ 기회비용(Opportunity Cost)

희소한 자원을 가지고 모든 욕구를 충족시킬 수 없다. 여러 대안 중 하나를 선택하면서 포기한 다른 대안들 가운데 최대 가치(유·무형)를 기회비용이라고 한다. 기회비용의 관점에서는 어떠한 경제활동의 비용은 그것을 위해 포기해야 하는 다른 경제활동의 양이다. 자원의 희소성이 존재하는 한 기회비용은 반드시 발생하게 되어 있다.

> 기회비용 = 명시적 비용 + 암묵적 비용
> 이때, 합리적인 선택을 위해서는 선택으로 얻은 이익이 기회비용보다 커야한다.

☐ 가격규제

시장에서 결정된 가격이 아닌정부가 의도적으로 가격을 규제하는 정책으로 최고가격제와 최저가격제가 있다.

① 최고가격제
   ㉠ 정부가 물가를 안정시키고 소비자를 보호하기 위하여 가격 상한을 설정하고 최고가격 이하에서만 거래하도록 통제하는 제도이다.
   ㉡ '가격상한제'라고도 하며, 대표적으로 임대료 규제와 이자율 규제 등이 있다.
   ㉢ 균형가격보다 낮은 가격으로 하락하여 수요량은 증가하지만 공급량은 감소하여 초과수요가 발생한다.
   ㉣ 초과수요로 인한 암시장이 형성된다.

② 최저가격제

    ㉠ 공급과잉과 생산자 간의 과도한 경쟁을 대비, 방지하며 보호하기 위하여 가격 하한을 설정하고 최저가격 이하로는 거래를 못하도록 통제하는 제도이다.

    ㉡ '가격하한제'라고도 하며 대표적으로 최저임금제 등이 있다.

    ㉢ 공급량이 수요를 초과하여 초과공급이 발생하며 최저가격은 균형가격보다 높을 때에 의미를 가지므로 균형가격보다 최저가격이 낮으면 실효성이 없다.

    ㉣ 초과공급으로 인한 암시장이 형성된다.

☐ 가격차별

독점기업은 동일한 상품에 대하여 상이한 시장에 상이한 가격을 매길 수 있는데, 이를 가격차별이라 한다. 독점기업이 가격차별을 실시할 경우 단일시장에서 균일한 가격으로 판매할 때보다 더 많은 이득을 획득할 수 있기 때문이다.

① 조건

    ㉠ 완전 경쟁시장에서는 동질의 재화를 시장 가격에 공급하기 때문에 가격차별이 불가능하므로 불완전 경쟁시장이어야 한다.

    ㉡ 서로 다른 집단으로 분리할 수 있어야 한다.

    ㉢ 시장 간 전매(A시장에서 구매한 재화를 B시장에서 재판매)는 불가능해야 한다.

    ㉣ 공급자가 시장에 대한 독점력을 가지고 있어야 한다.

    ㉤ 시장 분리에 들어가는 비용이 가격차별의 이익보다 적어야 한다.

② 유형

    ㉠ **1급 가격차별**(완전 가격차별)

      • 기업이 소비자의 소비 패턴을 완벽히 파악하고 있어, 최대 지불 용의만큼, 즉 유보가격을 매길 수 있다. 즉, 상품을 각 단위당 소비자에게 다른 가격을 부과하는 형태를 말한다.

      • 소비자의 최대 지불 용의를 전제로 하여 소비자 잉여 부분을 생산자 잉여 부분으로 귀속시킨다.

      • 예시 : 경매 등

    ㉡ **2급 가격차별**(수량단위 가격차별)

      • 소비자의 구매량에 따라 각 구간별로 가격을 다르게 부과한다.

      • 구매량이 높아질수록 소비자들은 단일 가격을 책정하는 경우보다 이윤을 얻을 수 있다. 그러나 대량 생산으로 인해 생산 비용이 절감하여 가격이 낮아진 경우는 가격차별로 볼 수 없다.

      • 예시 : 휴대폰 사용요금, 전기 요금 등

    ㉢ **3급 가격차별**(시장분할 가격차별)

      • 대부분의 가격차별이 시장분할 가격차별에 속한다.

      • 소비자를 특성에 따라 서로 다른 집단으로 분리하여 가격을 책정한다.

      • 예시 : 영화 조조할인, 버스 연령별 요금 등

□ 최저임금제

노동자를 보호하기 위해 시장 균형임금보다 높은 수준으로 임금을 설정하여 규제하는 제도이다.

① 특징

  ⊙ 최저임금제를 실시할 경우, 노동자들의 임금이 상승하게 된다.

  ⓛ 높은 임금으로 노동공급량은 증가하지만 수요량은 감소하여 초과공급이 발생할 수 있고 더 낮은 임금
    으로 공급하고자 하는 공급자로 인하여 암시장이 형성될 수도 있다.

  ⓒ 일반적으로 최저임금제에서의 초과공급은 실업이 발생하는 것을 의미한다.

② 암시장 형성요인

  ⊙ 최저임금은 균형임금보다 높으므로 노동공급량은 증가하면서 노동수요량은 감소한다.

  ⓛ 초과공급으로 수요자(기업)는 수요량을 줄이기 위해 공급자(노동자)를 해고한다.

□ 소비자잉여(Consumer Surplus)

소비자들이 어떤 재화나 서비스에 대해 지불하고자 하는 값과 실제로 그들이 지불한 값과의 차이를 말한다.
소비자가 지불할 용의가 있는 가격에서 실제 지불한 가격을 뺀 금액이며, 소비자가 상품을 구입함으로써
얻는 이익의 크기를 나타낸다. 가격이 오르면 소비자잉여는 감소한다.

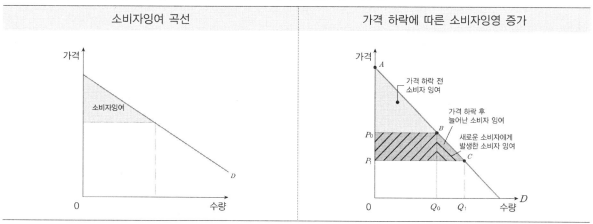

□ 생산자잉여

생산자가 상품이나 서비스를 실제 판매한 가격에서 그들이 최소한으로 받아도 되는 가격(생산 비용)을 뺀
금액으로 생산자가 얻게 되는 추가적인 이익을 의미한다.

① 공식 : 생산자잉여=실제 판매 가격-최소 수락 가격(생산비용)

  ⊙ 실제 판매 가격 : 시장에서 제품이 거래되는 가격

  ⓛ 최소 수락 가격(공급 가격) : 생산자가 기꺼이 판매할 수 있는 최저 가격

② 그래프 : 공급 곡선 아래에 있으며 시장 가격과 공급 곡선 사이의 면적이다. 시장 가격이 오르면 생산자잉여가 증가하고 시장 가격이 내리면 생산자잉여가 감소한다.

③ 증가요인 : 시장 가격 상승, 기술 발전으로 생산 비용 감소, 정부 보조금 지급

④ 감소요인 : 시장 가격 하락, 생산 비용 증가, 정부의 가격 규제 (최고가격제 도입 등)

☐ 시장균형

수요량과 공급량이 일치하여 시장에서 상품의 가격과 거래량이 안정되는 상태로, 소비자가 구매하려는 양과 생산자가 판매하려는 양이 같아지는 점을 의미한다.

① 균형 가격 : 수요량과 공급량이 일치하는 가격으로 초과 수요나 초과 공급이 발생하지 않는다.

② 균형 거래량 : 균형 가격에서 실제로 거래되는 상품의 양이다.

☐ 조세

① 개념 … 국가와 지방자치단체가 여러 가지 재정지출을 충당하기 위하여 법률상 규정된 과세요건을 충족한 자에게 부과하는 세금이다.

② 조세의 기본원칙
   ㉠ 조세법률주의 : 조세의 부과 · 징수는 반드시 국회에서 제정하는 법률에 의하여 과세권자의 일방적 · 자의적 과세를 방지한다.
   ㉡ 조세평등의 원칙 : 조세의 부담이 수직적으로나 수평적으로나 공평하게 국민들 사이에 배분되도록 세법을 제정해야 한다.

③ 조세부과의 특성
   ㉠ 조세부과 주체는 국가 혹은 지방자치단체이다. 공공사업에 부과하는 공과금은 조세에 포함되지 않으며, 위법행위에 대한 제재 목적으로 부과되는 벌금 · 과태료 등도 조세에 포함되지 않는다.
   ㉡ 법률로 규정된 과세요건에 충족된 자에게만 부과한다.
   ㉢ 조세부과에 대하여 반대급부 는 없으며 국가는 납세의무자에게 국방 · 치안 및 복지혜택을 제공하지만 이것은 조세부과의 대가가 아니다.
   ㉣ 조세는 금전 납부를 원칙으로 하지만 법인세 · 소득세 · 상속세 및 증여세는 물납도 인정한다.

☐ 국세와 지방세

① 개념
   ㉠ 조세를 징수하는 주체에 따라 구별할 때 국세와 지방세로 나눈다.
   ㉡ 국세는 중앙정부가, 지방세는 지방정부가 징수하는 조세를 말한다.

② 구분

구분				내용
국세	관세			
	내국세	보통세	직접세	소득세, 법인세, 상속세, 증여세, 종합부동산세
			간접세	부가가치세, 개별소비세, 주세, 인지세, 증권거래세
		목적세		교육세, 교통·에너지·환경세, 농어촌특별세

구분		내용
지방세	도세 보통세	취득세, 등록면허세, 레저세, 지방소비세
	도세 목적세	지방교육세, 지역자원시설세
	시·군세 담배소비세	
	시·군세 주민세	
	시·군세 지방소득세	
	시·군세 재산세	
	시·군세 자동차세	

☐ 관세

국가가 조세법률주의의 원칙에 따라 우리나라에 반입하거나 우리나라에서 소비 또는 사용하는 수입물품에 대해서 부과·징수하는 조세이다.

☐ 관세의 효과

① **보호효과** … 국내 시장의 상품가격 경쟁력과 공급을 확대하고, 외국 상품의 수입을 억제하여 국내 산업을 보호한다.

② **소비효과** … 수입상품 가격을 상승시켜 소비를 억제한다. 관세율이 높을수록 효과는 커진다.

③ **재정수입효과** … 관세부과로 국가 조세수입을 증대시킨다.

④ **경쟁효과** … 수입상품과의 국내상품 경쟁을 피할 수 있게 한다. 다만, 경쟁효과가 과해지면 국내산업은 정체된다.

⑤ **국제수지 개선효과** … 수입량과 대외지출이 감소하면서 국제수지가 개선된다.

⑥ **재분배효과** … 상품의 가격상승으로 소비자의 실질소득은 감소하지만, 상품을 생산하는 국내 공급자의 실질소득은 증가한다.

□ 한계세율

소득이 증가할 때 추가로 부과되는 세율을 의미한다. 추가 소득 1원에 대해 부과되는 세금 비율로 누진세 (progressive tax) 제도에서 중요한 개념이다. 한계세율 $= \dfrac{\text{추가 세금}}{\text{추가 소득}} \times 100$ 공식에 따라 구할 수 있다.

□ 평균세율

전체 소득에서 실제 부담하는 세금 비율을 의미한다. 총 소득 대비 납부한 세금의 비율로 세금 부담 정도를 파악하는 지표이다. 평균세율 $= \dfrac{\text{총 납부 세금}}{\text{총 소득}} \times 100$ 공식에 따라 구할 수 있다.

□ 한계세율, 평균세율의 차이

구분	한계세율(MTR)	평균세율(ATR)
정의	추가 소득 1원당 적용되는 세율	전체 소득 대비 실제 세금 비율
계산기준	추가 소득에 대한 세율	총 소득과 총 세금으로 계산
특징	구간별 다르게 적용	전체 부담 세율을 나타냄
주요 활용	세금 정책 분석, 경제적 유인 판단	개인 또는 기업의 실질 세부담 분석

□ 외부효과

① 개념 … 시장 가격과 별개로 다른 소비자에게 의도하지 않은 혜택이나 손해를 입히는 경우를 말한다. 이익을 주는 긍정적 외부효과를 외부경제라고 하며 손해를 끼치는 부정적 외부효과를 외부불경제라고 한다.

② 외부효과 대처
　㉠ 코즈의 정리
　　• 미국 경제학자 로널드 코즈의 주장이다.
　　• 재산권이 확립되어 있는 경우에 거래비용 없이도 협상이 가능하다면, 외부효과로 인해 발생할 수 있는 비효율성은 시장에서 스스로 해결할 수 있다는 이론이다.
　　• 정부 개입을 반대하는 입장이다. 소유권이 확립되어 있다면 거래를 통해 효율적인 해결책을 찾을 수 있으므로 환경오염 등 외부성이 야기하는 문제 등을 바로잡기 위해 정부가 나설 필요가 없다.
　　• 코즈의 정리가 가진 약점은 실현 가능성이다.
　㉡ 조세와 보조금
　　• 외부경제 시 보조금을 지급하여 장려한다.
　　• 외부불경제 시 조세를 부과하여 제재한다.

□ 재화의 유형

	배제성 ○	배제성 ×
경합성 ○	사적 재화 • 개별 소비 가능 • 시장에서 가격을 통해 거래 • 예 : 음식, 의류, 자동차	공유 자원 • 남용 가능성(자원 고갈 위험) • 규제가 필요할 수 있음 • 예 : 어업 자원, 공공 정원, 지하수
경합성 ×	클럽재 • 추가 소비 비용 거의 없음 • 이용료 부과 가능 • 예 : 유료 방송, 소방서비스	공공재 • 무임승차 문제 발생 • 정부 공급이 필요할 가능성 높음 • 예 : 국방, 도로, 치안

□ 규모의 경제

생산량이 증가할수록 평균 비용이 감소하는 현상을 의미한다. 기업이 생산을 확대하면 단위당 비용이 줄어들어 더 효율적인 운영이 가능하다. 규모의 경제가 발생하는 이유는 생산량이 증가할수록 공장, 기계, 연구개발(R&D) 등의 고정비가 분산되어 단위당 비용 감소하기 때문이다. 또한 원자재나 부품을 대량으로 구매하면 공급업체로부터 할인을 받을 수 있고, 작업이 반복될수록 숙련도가 증가하면서 생산성이 향상된다. 생산량이 많아질수록 자동화 설비나 첨단 기술을 도입할 여력이 생기고 대기업일수록 낮은 이자율로 자금을 조달할 수 있어 자금 조달 비용 절감 등의 원인이 있다.

□ 독점적 경쟁시장

① 개념
　㉠ 불완전 경쟁시장의 한 형태로 독점적 경쟁이 이루어지는 시장이다.
　㉡ 완전 경쟁시장과 독과점시장의 성격을 함께 지니고 있어서 다수의 기업이 존재하고, 시장 진입과 퇴출이 자유롭다는 점에서는 경쟁은 필연적이지만, 생산하는 재화가 질적으로 차별화되어 있으므로 저마다 제한된 범위의 시장을 독점한다.

② 특징
　㉠ 다수의 공급자들이 존재하며, 공급자들의 재화는 차별화된 상품이다.
　㉡ 차별화된 상품을 공급하기 때문에 시장 지배력 을 가진다.
　㉢ 기업의 시장진입과 퇴출이 자유롭다.
　㉣ 단기적으로는 초과이윤을 얻을 수 있지만, 장기적으로는 새로운 기업이 진입하여 유사 제품을 공급하게 됨으로써 초과이윤은 사라진다.

□ 과점시장

① 개념
- ㉠ 소수의 공급자가 경쟁하면서 하나의 상품을 생산·공급하는 시장이다.
- ㉡ 기업들 중에서 어느 한 기업이 가격이나 생산량에 변동을 줄 경우 다른 기업에게 큰 영향을 끼친다. 기업들이 이윤을 증대시키기 위해 담합하여 상호간의 경쟁을 제한하는 경우에는 시장 경쟁의 효율성을 제한하게 되고 자원의 배분을 왜곡하게 된다.

② 특징
- ㉠ 소수의 공급자가 시장수요를 담당한다.
- ㉡ 공급자끼리 상호의존성이 강하다.
- ㉢ 상당한 진입장벽으로 기업의 시장진입이 어렵다.
- ㉣ 기업들 간에 카르텔과 같은 경쟁을 제한하는 경우가 있다.

□ 완전 경쟁시장

① 개념
- ㉠ 동질의 상품이 다수에 의해 공급되고 다수에 의해 수요가 되는 시장이다. 소비자가 특정 생산자를 특별히 선호하지 않는다.
- ㉡ 개별 공급자와 수요자는 시장 가격에 영향을 미치지 못하고 시장 가격을 주어진 것으로 받아들이는 가격수용자(Price Taker)이다.

② 특징
- ㉠ 공급자들의 재화는 동질의 상품이다.
- ㉡ 시장에는 다수의 공급자와 다수의 소비자가 존재하므로 개별 생산자, 개별소비자는 가격에 아무런 영향을 미칠 수 없다.
- ㉢ 모두가 완전한 정보를 보유하고 있어서 정보의 비대칭성이 발생하지 않고, 일물일가의 법칙이 성립한다.
- ㉣ 진입과 퇴출이 자유롭지만 가격수용자는 될 수 없다. 다만 완전 경쟁시장의 장기 균형에 중요한 영향을 미친다.

□ 애로의 불가능성 정리

사회적 선택 이론(Social Choice Theory)에서 완벽한 민주적 투표 방식은 존재할 수 없음을 증명한 이론이다. 핵심내용은 '세 명 이상의 유권자가 있고, 세 가지 이상의 선택지가 있는 경우, 어떠한 투표 제도도 아래 5가지 조건을 동시에 만족하는 완벽한 사회적 선택 방법을 제공할 수 없다.'는 것이다. 공정한 투표의 조건으로 이사회성, 비독재성, 파레토 원칙, 독립성, 이행성을 조건으로 했다.

□ 국내총생산(GDP : Gross Domestic Product)

경제주체(가계, 기업, 정부)가 한 국가 안에서 일정 기간(통상 1년) 동안 새롭게 창출한 부가가치 또는 최종 생산물을 시장가격으로 평가한 합계이다. 국내에 거주하는 비거주자(외국인)에게 지급되는 소득도 포함된다. 이때 해외 거주자의 수입은 포함되지 않는다. 적용방법에 따라 명목 GDP(Nominal GDP)와 실질 GDP(Real GDP)로 구분된다.

① 명목 GDP … 1인당 국민소득, 국가경제 규모 등을 파악하는 데 이용되는 지표로, 금년도 시장가격을 계산한 것이다. 물가 상승률이 반영된다.

명목 GDP = 금년도 최종 생산량 × 금년도 가격

② 실질 GDP … 국내경제의 생산활동 동향을 나타내는 경제성장률 산정에 이용되는 지표로, 기준연도 가격으로 계산한 것이다. 물가 상승률을 고려한다.

실질 GDP = 금년도 최종 생산량 × 기준가격

□ GDP 디플레이터

경제 전체의 물가 수준 변화를 측정하는 지표로 명목 GDP(Nominal GDP)와 실질 GDP(Real GDP) 간의 관계를 이용해 물가 상승률(인플레이션)을 반영하는 척도이다. 명목 GDP를 실질 GDP로 나눈 수치에 100을 곱한 값이다. 경제 전체의 물가 수준을 반영하고, 고정된 품목이 아니라, 경제 구조 변화에 따라 가중치가 변화한다. 소비자 물가지수(CPI)와 달리, 정부 지출·수출입까지 포함하는 광범위한 물가지수이다.

□ 소비자물가지수(CPI)

소비자가 구입하는 상품과 서비스의 평균 가격 수준 변동을 측정하는 지표이다. 일반 가계의 생활비 변화를 반영하는 대표적인 물가 지표이다. 소비자가 직접 체감하는 물가 수준을 반영한다. 고정된 상품 바구니를 기준으로 측정하고 인플레이션(물가 상승) 및 디플레이션(물가 하락) 분석에 활용한다. 소비자물가지수는 정부 정책(금리 결정, 임금 협상, 연금 조정 등)에 중요한 지표이다.

□ 국민총소득(GNI : Gross National Income)

한 국가의 국민이 생산 활동에 참가한 대가로 받은 소득을 모두 합한 것이다. 국내 총생산이 생산 활동을 측정하는 지표라면, 국민 총소득은 사람들이 버는 소득을 측정하는 지표로 활용된다. 1인당 국민 총소득은 국민 총소득을 달러로 환산한 후 그 나라의 인구로 나누어 구하는데, 여러 국가의 소득 수준을 비교할 때 자주 사용한다.

GNI = GDP + 해외로부터의 요소소득 수령액 - 해외로부터의 요소소득 지급액

① **명목 GNI** … 한 국가의 국민이 국내외에서 생산 활동의 참여 대가로 벌어들인 명목소득이다.

② **실질 GNI** … 한 국가의 국민이 국내외에 제공한 생산요소에 의해 발생한 소득 합계로, 거주자에게 최종적으로 귀착된 모든 소득의 합이다.

☐ 물가

① 개별 상품의 가격을 경제생활에 차지하는 중요도 등을 고려하여 평균을 낸 값을 말한다.

② 우리가 필요로 하는 각각의 상품이 가지고 있는 값을 가격이라고 부르는데, 개별 가격을 모아 평균하여 얻은 값이 바로 물가인 것이다. 물가는 작년과 비교하여 올랐는지 내렸는지를 알 수 있다.

③ 물가가 올랐다는 것은 시장에서 거래되는 상품과 서비스의 가격들이 전반적으로 올랐다는 뜻이고 반대로 물가가 내렸다는 것은 상품과 서비스들의 가격이 전반적으로 내렸다는 뜻이다. 물가는 물가지수로 표시할 수 있다.

☐ 물가안정목표제(Inflation Targeting)

① **개념** … 중앙은행이 명시적인 중간목표 없이 일정 기간 동안 또는 중장기적으로 달성해야 할 물가 상승률 목표치를 미리 제시하고 이에 맞추어 통화정책을 운영하는 방식이다.

② **특징**
　　㉠ 중앙은행은 통화량, 금리, 환율 등 다양한 정보변수를 활용하여 장래의 인플레이션을 예측하고 실제 물가 상승률이 목표치에 수렴할 수 있도록 통화정책을 운영하며 시장의 기대와 반응을 반영하면서 정책방향을 수정해 나간다.
　　㉡ 물가정책은 경제가 효율적으로 기능을 발휘할 수 있도록 하는 시장기구의 경제균형 기능이 작용하는 바탕 위에서 실현되어야 하며, 사회조직이 효율적으로 원활한 기능을 갖기 위한 사회통합성의 제고, 정치면에서 정책이 유효하게 기능을 발휘하는 통치성의 유지가 필요하다.
　　㉢ 물가안정목표제는 1990년 뉴질랜드에서 처음 도입되었으며 우리나라는 1998년부터 물가안정목표제를 도입하여 시행하고 있다.

☐ 물가지수

물가의 움직임을 알기 쉽게 지수화한 경제지표를 일컫는다. 가격변화 추이를 수치로 나타내므로 조사 당시의 전반적인 물가수준을 측정할 수 있다. 물가의 변동은 그 국가의 투자와 생산, 소비 등을 모두 반영하는 것으로 경제정책 수립에 반드시 필요한 지표이다.

□ 생산자 물가지수(PPI : Producer Price Index)

국내시장의 1차 거래단계에서 기업 상호간에 거래되는 상품과 서비스의 평균적인 가격변동을 측정하기 위하여 작성되는 물가지수를 말하며, 대상품목의 포괄범위가 넓어 전반적인 상품과 서비스의 수급 동향이 반영된 일반적인 물가수준의 변동을 측정할 수 있기 때문에 일반목적지수로 성격을 갖는다. 지수작성에 이용되는 가격은 제1차 거래단계의 가격으로 생산자가 제품 한 단위당 실제로 수취하는 기초가격으로 하며 한국은행에서 작성하고 있다.

□ 생산자잉여

생산자가 어떤 상품을 판매하여 얻는 실제수입과 생산자가 상품을 판매하여 반드시 받아야 하는 최저 수입의 차이를 말한다. 시장 가격이 높아질수록 생산자잉여는 커진다.

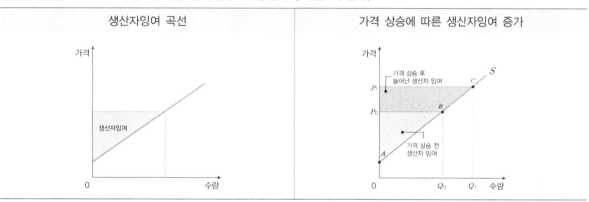

□ 생활물가지수(CPI for living)

장바구니 물가라고도 하며, 체감물가를 파악하기 위해 일상생활에서 구입 빈도가 높고 지출비중이 높아 가격변동을 민감하게 느끼는 생활필수품을 대상으로 작성한 소비자 물가지수의 보조지표이다. 통계청은 지수물가와 체감물가와의 차이를 설명하기 위해 일반소비자들이 자주 구입하는 품목과 기본생필품(쌀, 달걀, 배추, 소주 등)을 중심으로 품목을 선정하여 생활물가지수를 작성하고 있다.

□ 소비자 물가지수(CPI : Consumer Price Index)

일반 가구가 소비생활을 유지하기 위하여 구입하는 각종 상품과 서비스의 가격변동을 종합적으로 파악하기 위하여 작성되는 물가지표를 말하며, 우리나라의 소비자 물가지수는 통계청에서 작성하고 있으며 기준연도를 100으로 하여 작성된다. 조사대상 상품 및 서비스의 구성과 가중치도 경제 상황에 맞게 주기적으로 조정된다.

☐ 수출입 물가지수(Export and Import Price Index)

수출 및 수입상품의 가격변동을 파악하고 가격변동이 국내물가, 생산 활동 및 대외 경쟁 등 미치는 영향을 사전에 측정하기 위하여 작성되는 지수를 말하며, 수출입 관련 업체들의 수출채산성 변동 및 수입원가 부담 등을 파악한다. 수출입 물가지수의 상호비교를 통하여 가격측면에서의 교역조건을 측정하는 데에 이용한다.

☐ 필립스곡선

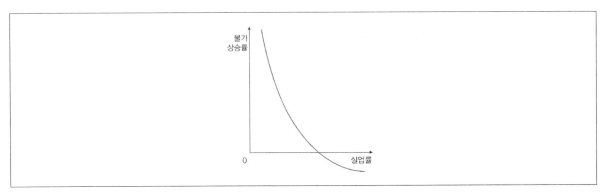

물가 상승률과 실업률 사이에 있는 역의 상관관계를 나타낸 곡선이다. 영국의 경제학자인 윌리엄 필립스가 1860년대부터 1950년대 사이 영국 실업률과 명목 상승률 통계자료를 분석하여 실업률과 명목임금 상승률 사이에 역의 관계가 존재한다는 것을 발견하였다. 정부가 물가 상승률을 감소시키면 실업률은 증가하고, 실업률을 감소시킬 경우 물가가 상승한다. 물가안정과 완전고용이라는 두 가지 경제정책 목표는 동시에 달성될 수 없으며, 정부가 실업을 해결하기 위해서는 어느 정도의 인플레이션을 감수해야 하고, 물가를 안정시키기 위해서는 실업률 상승을 받아들여야 한다.

☐ 명목이자율

인플레이션을 고려하지 않은 이자율이다. 금융기관에서 표시하는 공식적인 이자율로 실제 구매력 변화를 반영하지 않는다.

☐ 실질이자율

인플레이션을 고려한 실제 구매력 증가율이다. 명목이자율에서 물가상승률(인플레이션)을 뺀 값이다. 실제 돈의 가치가 얼마나 증가하는지 측정한다.

☐ 실업

노동할 의욕과 능력을 가진 자가 능력에 상응한 노동 기회를 얻지 못한 상태를 말한다.

□ 실업률

경제활동인구 중 실업자가 차지하는 비율을 의미한다.

$$\text{실업률(\%)}=\frac{\text{실업자 수}}{\text{경제활동인구}}\times100=\frac{\text{실업자 수}}{\text{취업자 수}+\text{실업자 수}}\times100$$

□ 실업의 유형

① 자발적 실업
　㉠ 일할 능력은 있지만 임금 및 근로 조건이 자신의 욕구와 맞지 않아 일할 의사가 없는 상태를 의미한다.
　㉡ 자발적 실업은 크게 마찰적 실업과 탐색적 실업으로 구분할 수 있다.
　• 탐색적 실업 : 기존의 직장보다 더 나은 직장을 찾기 위해 실업상태에 있는 것을 말한다.
　• 마찰적 실업 : 직장을 옮기는 과정에서 일시적으로 실업상태에 놓여있는 것을 말한다.

② 비자발적 실업
　㉠ 일할 능력과 의사가 있지만 어떠한 환경적인 조건에 의해 일자리를 얻지 못한 상태를 의미한다.
　㉡ 일반적으로 실업을 언급할 경우 비자발적 실업을 가리킨다. 비자발적 실업은 크게 경기적 실업, 계절적 실업, 기술적 실업, 구조적 실업 등으로 구분된다.
　• 경기적 실업
　-경기 하강으로 인해 발생하는 실업이다.
　-경기가 회복되면 경기적 실업은 해소되므로 정부에서는 지출을 늘려 경기를 부양하는 확대재정정책 등을 시행하게 된다.
　• 계절적 실업
　-재화의 생산이나 수요가 계절에 따라 변화를 가져올 때 발생하는 실업이다.
　-농촌이나 어촌 등에서 농한기에 일시적으로 실업자가 되는 현상이다.
　• 기술적 실업
　-기술의 진보에 따라 산업 구조가 변화하면서 발생하는 실업을 말한다.
　-보통 기계가 노동을 대체하면서 나타난다.
　• 구조적 실업
　-산업구조의 변화와 함께 나타나는 실업이다.
　-스마트폰 보급으로 유선전화기 제조가 사양화에 접어들면 그와 관련한 노동자들의 일자리가 사라지게 되는 것을 구조적 실업이라고 한다.

□ 실업의 대책

① 완전고용 상태에서도 자발적 실업은 존재하며 이를 줄이기 위해서는 시장의 직업정보를 경제주체들에게 원활하게 제공하는 것이다.

② 경기적 실업은 경기가 살아나면 기업의 노동수요가 증가하여 실업이 어느 정도 해소될 것이다.

③ 구조적 실업은 노동자들에게 재교육을 시켜 다른 산업으로 이동할 수 있도록 도와주는 것으로 해소할 수 있다.

□ 경제활동인구

한 국가의 인구에서 일할 능력과 의사를 가진 사람을 경제활동인구라고 한다. 만 15세 이상 사람들 가운데 일할 능력이 있어 취업한 자와 취업할 의지가 있으면서 취업이 가능한 인구를 말한다.

□ 경제활동인구와 비경제활동인구의 비교

구분			내용
만 15세 이상	경제 활동인구	취업자	• 수입을 목적으로 1시간 이상 일한 사람 • 주당 18시간 이상 일한 무급가족종사자 • 일시 휴직자
		실업자	4주간 구직활동을 했음에도 일자리를 얻지 못한 사람
	비경제 활동인구		• 일할 능력이 없는 환자 • 고령자 • 주부 · 학생 • 군복무자 • 교도소 수감자 등

□ 경제성장률

각 경제활동이 만들어낸 부가가치가 전년도에 비하여 얼마나 증가하였는가를 보기 위하여 경제성장률을 이용한다. 흔히 경제성장률이라 하면 물가요인을 제거한 실질경제성장률을 의미한다.

$$실질경제성장률 = \frac{금년도\ 실질\ GDP - 전년도\ 실질\ GDP}{전년도\ 실질\ GDP} \times 100$$

□ 잠재성장률

한 국가의 경제가 보유하고 있는 자본, 노동력, 자원 등 모든 생산요소를 사용해서 물가 상승을 유발하지 않으면서도 최대한 이룰 수 있는 경제성장률을 말한다. 잠재성장률이 낮으면 경제가 이미 자본이나 노동 등이 제대로 활용되고 있다는 의미이고, 잠재성장률이 높으면 앞으로 자본이나 노동 등이 더 활용되어야 한다는 의미이다.

□ 경제활동참가율

15세 이상 인구 중에서 경제활동인구가 차지하는 비율을 의미한다.

$$경제활동참가율(\%) = \frac{경제활동인구}{15세\ 이상의\ 인구} \times 100$$

□ 고용률

15세 인상의 인구 중에서 취업자가 차지하는 비율을 의미한다.

$$고용률(\%) = \frac{취업자\ 수}{15세\ 이상의\ 인구} \times 100$$

□ 청년실업률

15세부터 29세에 해당하는 청년층의 실업 비율을 의미한다.

$$청년실업률(\%) = \frac{15 \sim 29세\ 실업자}{15 \sim 29세\ 경제활동인구} \times 100$$

□ 10분위분배율

최하위 40%(1~4분위) 계층의 최상위 20%(9, 10분위)의 소득점유율로 나눈 것으로 국가 전체 가구를 소득의 크기에 따라 저소득에서 고소득 순으로 10등분한 지표이다. 10분위 분배율의 최솟값은 0이 되고, 최댓값은 2가 된다. 2에 가까울수록 소득이 평등하게 분배되는 것이다.

$$10분위분배율 = \frac{최하위\ 40\%의\ 소득점유율}{최상위\ 20\%의\ 소득점유율} = 0 \sim 2$$

□ 환율의 결정 및 변동

① 환율의 결정
   ㉠ 시장에서 수요와 공급이 상품 균형가격을 결정하는 것처럼 외환시장에서 외화에 대한 수요와 공급이 외화의 가격을 결정하게 된다.
   ㉡ 외환의 공급량보다 수요량이 많으면 환율이 상승하고 반대로 공급량이 수요량보다 많으면 환율이 하락한다.

② 환율의 변동 요인
   ㉠ 외환의 수요와 공급에 영향을 주는 대외거래, 물가, 통화량 등이 있으며 경제성장률도 환율 변동의 요인이 된다.
   ㉡ 우리나라의 경제성장률이 높으면 우리나라 경제에 대한 신뢰도가 높아지고 외국인 투자가 늘어나면 환율을 하락시키는 요인이 된다.
   ㉢ 우리나라의 경제성장률이 높으면 국내 소득수준이 전반적으로 높아지게 되므로 외국상품의 수입이 늘어나 환율을 상승시키는 요인으로 작용할 수도 있다.

③ 환율변동의 영향

구분	환율상승	환율하락
수출	원화가치 하락으로 인한 수출상품 가격하락(수출 증가)	원화가치 상승으로 인한 수출상품 가격상승(수출 감소)
수입	수입상품 가격상승(수입 감소)	수입상품 가격하락(수입 증가)
국내 물가	수입원자재 가격상승(물가 상승)	수입원자재 가격하락(물가 안정)
해외여행 및 외채상환	해외여행 경비 증가(해외여행 감소), 외채 상환 부담 증가	해외여행 경비 감소(해외여행 증가), 외채 상환 부담 경감

□ 환율의 종류

① 재정환율
   ㉠ 미국의 달러화 환율을 기본으로 하여 자동 결정되는 달러화 이외의 기타 통화 환율이다.
   ㉡ 기준환율을 통해서 간접적으로 계산하며, 달러화에 대한 우리나라 원화의 환율은 국내 외환시장에서 형성된 전일의 원/달러 거래가격이 가중평균을 기초로 당일 기준환율을 정하도록 되어 있다.

② 기준환율
   ㉠ 자국의 환율 계산 시 그 기준으로 삼는 특정국 통화와의 환율이다.
   ㉡ 시장평균환율 또는 매매기준율 이라고도 하며, 금융결제원의 자금중개실을 경유하여 외국환은행간에 거래된 원화의 대미 달러화 현물환율과 거래액을 가중평균하여 산출한다.

③ 명목환율

    ㉠ 외환시장에서 매일 고시되는 환율이다.

    ㉡ 일반적으로 은행 간 거래에 적용되는 환율이다.

④ 실질환율 … 두 나라 간의 물가변동을 반영하여 구매력 변동을 나타내도록 조정한 환율이다.

$$실질환율 = 명목환율 \times \frac{국외\ 물가수준}{국내\ 물가수준}$$

☐ 고정환율제도와 변동환율제도

① 고정환율제도 … 정부가 환율을 일정 범위 내로 고정시켜 환율을 안정적으로 유지하려는 제도이다.

    ㉠ 장점 : 환율이 안정되어 환율불균형에 의한 자본 이동의 폐해를 방지할 수 있다.

    ㉡ 단점 : 국제수지균형을 위한 신용제한과 무역 및 외환관리로 인한 국내 압박으로 경제성장이 억제되고 무역 및 외환의 자유화가 불가능하다.

② 변동환율제도 … 수요와 공급에 의해 환율이 자유롭게 결정되도록 하는 제도이다.

    ㉠ 장점 : 환율의 실세를 반영하여 융통성 있게 변동할 수 있다.

    ㉡ 단점 : 환투기의 가능성이 있을 때에는 환율의 안정을 잃게 된다.

☐ 환율표시법

① **직접표시법(자국통화표시법)** … 외국통화 한 단위를 자국통화 단위수로 나타내는 방법으로, 우리나라는 자국통화표시법을 사용하고 있다.

② **간접표시법(외국통화표시법)** … 자국통화 한 단위를 외국통화 단위수로 나타내는 방법이다.

☐ 로렌츠 곡선

① 미국의 통계학자 로렌츠가 고안한 것으로 국민의 소득 분배를 확인하기 위해 인구의 누적 비율과 소득의 누적 점유율 간의 관계를 나타낸 곡선이다.

② 소득분포도를 나타낸 도표에서 가로축은 누적된 소득 인원 비율을 나타낸다.

③ 소득분포도를 나타낸 도표에서 세로축은 누적된 소득 금액 비율을 나타낸다.

④ 소득분포가 균등할수록 직선에 가까운 완전균등분포선은 대각선으로 그려지며, 불균등할수록 한쪽으로 굽은 곡선이 그려진다.

⑤ 소득의 불균등을 나타내는 곡선을 로렌츠 곡선이라고 하며, 완전균등분포선과 로렌츠 곡선의 사이를 불균등 면적이라고 한다.

□ 지니계수

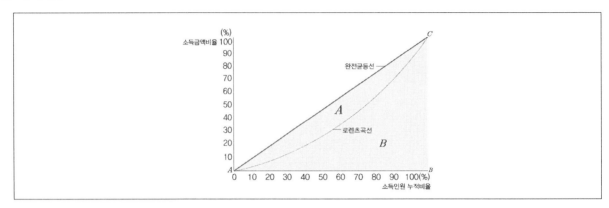

① 이탈리아의 통계학자 지니가 제시한 지니의 법칙에 따라 나온 계수로, 소득분배의 불평등을 나타내는 수치이다.

② 분포의 불균형을 의미하며 소득이 어느 정도 균등하게 분배되어 있는가를 나타낸다.

③ 대각선과 로렌츠 곡선 사이 면적을 A, 로렌츠 곡선 아래 면적을 B라고 하면 지니계수는 $\dfrac{A}{A+B}$가 된다.

④ 지니계수는 0과 1 사이의 값을 가지며 값이 0에 가까울수록 소득분배는 균등한 것을 뜻한다.

⑤ 지니계수가 0이면 완전 평등한 상태이고 지니계수가 1이면 완전 불평등한 상태이다.

□ 시장실패

① 개념 … 시장이 배분 상태가 효율적이지 못한 것을 말하며, 시장실패의 보완을 위해 정부의 개입이 필요한 경우가 있다.

② 원인
   ㉠ 시장지배력 : 생산물이나 생산요소의 공급자가 시장지배력을 가지면 비효율이 발생한다.
   ㉡ 외부효과 : 시장에 의한 자원배분이 비효율적으로 이루어진다.
   ㉢ 정보의 비대칭 : 정보의 부족은 경쟁시장의 비효율성을 발생시킨다.

□ 무차별곡선

① 개념 ··· 소비자에게 동일한 만족 혹은 효용을 제공하는 재화의 묶음들을 연결한 곡선을 말한다.

② 특징

　㉠ 하나의 재화에 대한 소비량이 증가되면 다른 하나의 재화의 소비량은 감소하므로 무차별곡선은 우하향하는 모습을 띤다.

　㉡ 원점을 향해 볼록한 모양을 갖게 되며 원점에서 멀수록 높은 효용수준을 나타낸다. 이때, 무차별곡선은 서로 교차하지 않는다.

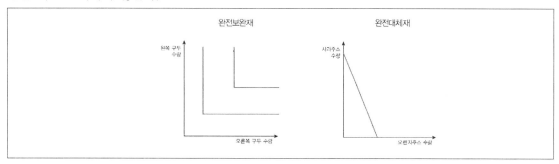

　㉢ 완전보완재의 경우는 위 그림처럼 직각의 무차별곡선을 갖게 된다.
　㉣ 사과주스와 오렌지주스처럼 완전대체재일 경우 우하향하는 직선 형태의 무차별곡선을 갖게 된다.

□ 시장의 효율성

자원배분이 총잉여를 극대화할 때 효율성이라고 하는데, 배분 상태가 효율적이지 않다면 시장 거래로 얻을 수 있는 이득 중 일부를 얻지 못한다는 의미이다.

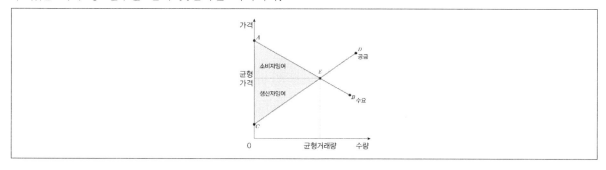

□ 리카디언 등가정리(Ricardian Equivalence Theorem)

정부가 조세를 줄이고 동일한 금액만큼 국채를 발행해 재원을 충당하더라도, 국민들은 이를 미래 조세 부담 증가로 인식하여 소비를 늘리지 않고 저축을 증가시킨다는 이론이다.

공원에 공공재인 벤치를 설치하려고 한다. 공원 근처에 거주하는 A, B, C 세 가구의 벤치 1개당 효용 가치는 A가구는 4만원, B가구는 3만원, C가구는 2만원에 해당한다. 벤치 1개당 설립비용이 7만원인 경우에, 사회적으로 효율적인 벤치 설치 개수는 몇 개인가?

① 1개
② 2개
③ 3개
④ 4개

공공재는 비배제성, 비경합성을 가지므로, 각 개인의 효용을 합산하여 사회적 한계편익(SMB, Social Marginal Benefit)과 비교해야 한다.
벤치 1~2개는 사회적 한계편인이 한계비용보다 크기 때문에 설치해야 한다.
벤치 3개 이상부터는 추가효용이 없기 때문에 비효율적이다. 따라서 최적의 설치개수는 2개에 해당한다.

답 ②

1 환율결정 이론에 대한 설명으로 옳지 않은 것은?

① 이자율평가설은 국가 간 자유로운 자본이동을 전제로 한다.

② 구매력평가설은 금융거래만 고려하고 경상거래를 배제한다.

③ 이자율평가설에 따르면 환율은 양국 간 이자율 차이에 의해 결정된다.

④ 무역장벽과 비교역재의 존재는 구매력평가설의 현실설명력을 낮춘다.

> ✔해설 ② 구매력평가설은 재화와 서비스의 가격 수준이 국가 간 환율을 결정하는 주요 요인이라는 이론이다. 환율은 각국의 물가 수준에 의해 장기적으로 결정된다고 가정하며, 무역(경상거래)이 핵심 요소이다. 금융거래가 아니라 실물 경제(경상거래)를 중심으로 설명한다.

2 다음은 연도별 물건 가격과 수량이다. 2025년의 물가상승률은?

2024년(기준연도)			2025년		
품목	가격	수량	품목	가격	수량
A	2,000원	10개	A	2,500원	10개
B	3,000원	5개	B	3,500원	5개
C	1,500원	8개	C	1,800원	8개

① 10%

② 15%

③ 18%

④ 21%

> ✔해설 물가상승률 $= \dfrac{2025년\ 물가\ 비용 - 2024년\ 물가\ 비용}{2024년\ 물가\ 비용} \times 100$으로 구할 수 있다.
>
> • 2024년 물가 : $(2,000 \times 10) + (3,000 \times 5) + (1,500 \times 8) = 47,000$
>
> • 2025년 물가 : $(2,500 \times 10) + (3,500 \times 5) + (1,800 \times 8) = 56,900$
>
> 물가상승률$= \dfrac{56,900 - 47,000}{47,000} \times 100 = 21.06\%$

Answer 1.② 2.④

3 정부가 정부지출 수준의 변화 없이 조세징수액을 줄이고, 그 대신 동일액의 국채를 발행하여 재원을 충당하였다. 이에 대한 리카디언 등가정리(Ricardian equivalence theorem)의 설명으로 옳지 않은 것은? (단, 초기에 경제는 장기 균형상태에 있다)

① 조세삭감으로 소비자는 소비를 증가시키지 않는다.

② 민간저축과 정부저축이 증가하여 총저축은 증가한다.

③ 재정적자는 단기에 국민소득과 물가에 영향을 미치지 못한다.

④ 재정적자는 장기에 국민소득과 물가에 영향을 미치지 못한다.

> ✔해설 ② 정부저축(공공저축)은 줄어들고 민간저축이 증가하지만, 총저축은 변하지 않는다. 국채 발행으로 정부저축이 감소하지만, 민간이 저축을 늘려 보완하는 구조이므로 총저축(민간저축 + 정부저축)은 변하지 않기 때문에 총저축이 증가한다는 설명은 틀리다.

4 고정환율제도하의 소규모 개방경제에서 IS-LM-BP곡선이 균형상태에 있다. 정부지출 증가 시 최종균형에 대한 설명으로 옳은 것은? (단, 자본이동은 완전히 자유롭고, IS곡선은 우하향하고, LM곡선은 우상향하며, 환율예상은 정태적이다)

① 환율은 불변이고, 소득수준은 증가한다.

② 환율은 상승하고, 소득수준은 증가한다.

③ 환율은 불변이고, 소득수준은 불변이다.

④ 환율은 하락하고, 소득수준은 불변이다.

> ✔해설 ②④ 고정환율제도에서 환율이 상승이나 하락을 할 수 없다.
> ③ 정부지출 증가로 IS 곡선은 이동한다.

5 대부자금 시장의 수요는 투자로 구성되고, 공급은 민간저축과 정부저축(조세수입 − 정부지출)의 합으로 구성된다. 대부자금 시장에서 재정적자를 통해 정부지출을 증가시키는 경우, 이에 대한 설명으로 옳지 않은 것은? (단, 대부자금 수요곡선과 공급곡선은 각각 실질이자율에 대해 우하향, 우상향하고, 초기에 정부는 균형재정상태에 있다)

① 대부자금 수요곡선은 이동하지 않는다.
② 대부자금 공급곡선은 왼쪽으로 이동한다.
③ 실질이자율은 하락하고, 대부자금 거래량은 감소한다.
④ 정부차입으로 인한 민간 투자의 감소 현상을 구축효과라고 한다.

✔해설 ③ 정부가 대부자금을 차입하면서 실질이자율이 상승해야 한다. 이자율 상승으로 민간 투자가 감소하지만, 대부자금 시장의 전체 거래량(정부 차입 + 민간 투자)은 줄어들지 않는다.

6 생산가능인구, 경제활동인구, 실업자가 다음과 같을 때, 이에 대한 설명으로 옳지 않은 것은?

• 생산가능인구 : 2,000만 명
• 경제활동인구 : 1,600만 명
• 실업자 : 80만 명
---

① 실업률은 5 %이다.
② 고용률은 95 %이다.
③ 경제활동참가율은 80 %이다.
④ 비경제활동인구는 400만 명이다.

✔해설 ② 경제활동참가율 $= \left(\dfrac{\text{경제활동인구}}{\text{생산가능인구}} \right) \times 100 = \left(\dfrac{1,600}{2,000} \right) \times 100 = 80\%$

7 경기변동에 대한 설명으로 옳은 것은?

① 케인즈는 경기변동의 원인으로 총수요의 변화를 가장 중요하게 생각하였다.

② IS-LM 모형에 의하면 통화정책은 총수요에 영향을 미칠 수 없다.

③ 케인즈에 의하면 불황에 대한 대책으로 재정정책은 효과를 갖지 않는다.

④ 재정정책은 내부시차보다 외부시차가 길어서 효과가 나타날 때까지 시간이 오래 걸린다.

✔해설 ② IS-LM 모형에서는 통화정책이 총수요에 영향을 줄 수 있다. 통화량이 증가하면 LM 곡선이 오른쪽으로 이동하여 금리가 낮아지고, 투자가 증가하여 총수요가 증가한다.
③ 케인즈는 오히려 경기침체(불황) 시 적극적인 재정정책(정부지출 확대, 감세 등)을 통해 총수요를 증가시켜야 한다고 주장했다.
④ 재정정책은 내부시차(정책 결정·집행까지 걸리는 시간)가 길고, 외부시차(정책 효과가 경제에 미치는 시간)는 상대적으로 짧다. 통화정책은 내부시차가 짧지만, 외부시차(실제 효과 발생까지의 시간)는 더 길다.

8 물가와 국민소득의 평면에 그린 단기 총공급곡선은 우상향한다. 이에 대한 설명으로 옳은 것만을 모두 고르면?

㉠ 소비 수요와 투자 수요가 이자율에 민감하지 않을수록, 물가와 국민소득의 평면에 그린 총수요곡선의 기울기는 작아진다.

㉡ 소비 수요와 투자 수요가 이자율에 민감하지 않을수록, 유가 상승에 따른 물가 상승효과는 크다.

㉢ 소비 수요와 투자 수요가 이자율에 민감하지 않을수록, 유가 상승으로 경기가 침체되면 경기 회복을 위해서는 재정정책이 통화정책보다 효과적이다.

---

① ㉠㉡

② ㉠㉢

③ ㉡㉢

④ ㉠㉡㉢

✔해설 ㉠ 총수요곡선(AD)의 기울기는 이자율 변화에 대한 소비·투자의 반응도에 의해 결정된다. 이자율에 둔감할수록 총수요곡선은 더 가파르게 형성되면서 기울기는 커진다.

9 국제 시장에서 셔츠를 수입하고 있는 개방경제를 가정하자. 국제 시장에서의 셔츠 가격 하락이 국내 시장에 미치는 영향으로 옳지 않은 것은? (단, 국제 시장에서의 셔츠 가격 하락 이외에 다른 변화는 없다고 가정하며, 셔츠 시장은 수요와 공급 법칙을 따른다)

① 셔츠의 국내 가격은 하락한다.
② 국내 셔츠 생산자의 생산자잉여는 감소한다.
③ 국내 셔츠 소비자의 소비자잉여는 증가한다.
④ 국내 총잉여는 감소한다.

> ✔해설 ④ 총잉여는 소비자잉여와 생산자잉여의 합이다. 생산자잉여는 감소하지만, 소비자잉여가 증가하여 보통 총잉여는 증가하거나 유지된다. 자유무역으로 인해 소비자들이 더 저렴한 가격에 상품을 구매할 수 있으므로, 국내 경제 전체적으로는 효율성이 증가한다.

10 두 재화 X와 Y의 무차별곡선에 대한 설명으로 옳지 않은 것은?

① 두 재화 중 하나가 비재화라면 무차별곡선의 기울기는 음(−)이다.
② 무차별곡선이 원점에 대해 볼록한 이유는 한계대체율 체감의 법칙이 성립하기 때문이다.
③ 완전 대체관계가 있는 두 재화에 대한 무차별곡선은 원점에 대해 볼록하지 않은 직선이다.
④ 완전 보완관계가 있는 두 재화에 대한 무차별곡선은 한계대체율 체감의 법칙을 따르지 않는다.

> ✔해설 ① 소비자의 효용을 감소시키는 재화인 비재화가 포함된 경우, 무차별곡선의 기울기는 (+)가 될 수도 있다.

11 노동시장에 대한 설명으로 옳지 않은 것은?

① 노동시장에서의 수요독점은 자중손실을 발생시킨다.
② 노동수요곡선이 우하향하는 이유는 한계생산체감의 법칙을 가정하기 때문이다.
③ 노동시장에서 수요독점 기업이 지불하는 임금 수준은 노동의 한계지출(한계비용)과 한계수입생산(한계편익)이 같아지는 수준에서 결정된다.
④ 근로 또는 정상재인 여가를 택하는 노동자의 노동공급곡선이 후방굴절하는 이유는 임금상승에 따른 소득효과가 대체효과를 압도하기 때문이다.

> ✔해설 ③ 수요독점 기업은 노동의 한계지출와 한계수입생산이 같아지는 지점에서 고용량을 결정한다. 그러나 지불하는 임금은 그 결정된 고용량에서의 노동공급곡선에 따라 결정한다. 기업이 실제로 지불하는 임금은 ME(노동의 한계지출)와 MRP(한계수입생산)가 같은 수준이 아니라, 노동공급곡선에서 결정된 값이다.

Answer 9.④ 10.① 11.③

12 독점에 대한 설명으로 옳은 것만을 모두 고르면?

> ㉠ 독점시장에서는 완전경쟁시장이나 독점적 경쟁시장과 달리 상품차별화를 통해 이윤극대화를 달성한다.
>
> ㉡ 자연독점이란 규모의 경제에서 우위를 갖는 하나의 기업이 산업생산량 전체를 생산하는 현상을 일컫는다.
>
> ㉢ 정부는 독점기업이 설정하는 가격이 한계비용과 같도록 유도하는 가격규제를 통해 독점력을 억제할 수 있다.
>
> ㉣ 독점기업의 이윤극대화 생산량은 완전경쟁기업과 달리 항상 한계수입이 한계비용보다 높은 수준에서 결정된다.

① ㉠㉡   ② ㉠㉣

③ ㉡㉢   ④ ㉢㉣

> ✔해설 ㉠ 상품 차별화는 독점적 경쟁시장의 특징이다. 독점시장에서는 하나의 기업이 시장 전체를 지배하므로 상품 차별화가 필요하지 않다. 독점기업은 진입장벽을 유지하며 높은 가격을 설정하여 이윤을 극대화한다.

13 소규모 개방경제에서의 정책목표에 대한 불가능성 정리(trilemma 또는 impossible trinity)의 세 요소에 해당하지 않는 것은?

① 환율 안정   ② 경상수지 흑자

③ 독자적 통화정책   ④ 자유로운 자본이동

> ✔해설 불가능성 정리는 국가가 동시에 세 가지 정책 목표를 달성할 수 없다는 경제학적 원리이다. 환율안정, 독자적 통화정책, 자유로운 자본이동 이중에 두 가지만 선택이 가능하며 세 가지를 동시에 달성하는 것은 불가능하다는 것이다.

14 공공재가 가지고 있는 중요한 두 가지 특성으로 옳은 것은?

① 효율성, 형평성   ② 비경합성, 비배제성

③ 공공성, 가치성   ④ 외부성, 대중성

> ✔해설 공공재는 시장 메커니즘에 의해 효율적으로 공급되기 어려운 재화로 비경합성, 비배제성을 가진다.

15 갑의 일주일 소득은 1,000원에서 1,100원으로 증가했고, 이로 인해 갑의 햄버거에 대한 지출액은 300원에서 310원으로 증가했다. 이때, 햄버거에 대한 설명으로 옳은 것은? (단, 햄버거의 가격은 일정하다)

① 햄버거는 정상재이면서 필수재이다.　　② 햄버거는 정상재이면서 사치재이다.

③ 햄버거는 열등재이다.　　④ 햄버거 수요의 소득 탄력성은 탄력적이다.

> ✔해설　② 사치재의 기준은 1보다 커야 하지만 여기서는 1보다 작기 때문에 사치재가 아니다.
> ③ 소득이 증가할 때 햄버거 소비도 증가했으므로 정상재이다.
> ④ 햄버거는 비탄력적이다.

16 현재 국제 유가 급등으로 휘발유 가격이 폭등했다. 이때, 정부가 교통·에너지·환경세의 세율을 인하한다면, 휘발유 시장의 변화로 옳은 것은? (단, 소비자는 휘발유와 음식에만 자신의 소득을 지출하고 휘발유와 음식은 모두 정상재이며, 교통·에너지·환경세의 세율을 제외한 모든 조건은 동일하다)

① 휘발유의 소비량은 변화 없다.　　② 휘발유의 소비량은 감소한다.

③ 휘발유의 시장 가격은 변화 없다.　　④ 휘발유의 시장 가격은 하락한다.

> ✔해설　① 휘발유 가격이 낮아지면 소비량이 증가한다.
> ② 세율 인하로 인해 휘발유 가격이 낮아지면 소비량이 증가한다.
> ③ 세율이 인하되면 휘발유 가격이 하락하는 변화가 있다.

17 다음 중 규모의 경제에 해당하는 사례로 적절한 것은?

① 한 중소기업이 제품을 소량 생산하여 개별 단가가 높아졌다.

② 대형 전자회사 A가 대량생산을 통해 제품당 원가를 절감하였다.

③ 신생 스타트업이 작은 규모의 공장에서 효율적으로 생산하여 높은 수익을 달성했다.

④ 중소기업이 공장 규모를 확장하였으나 생산 효율이 감소하여 비용이 증가했다.

> ✔해설　① 소량 생산은 오히려 평균 비용이 증가하여 규모의 경제와 반대되는 현상이다.
> ③ 작은 규모에서 생산성을 높이는 것은 규모의 경제와 무관하다.
> ④ 생산 규모가 너무 커지면 관리 비용 증가, 비효율성 증가 등으로 단위 비용이 상승할 수 있다.

Answer　15.①　16.④　17.②

18 A국가에서 2025년 생산가능인구 5,000만 명, 경제활동참가율 60%, 고용률 55%로 지표가 나왔다. A국가에서 나타날 수 있는 현상으로 옳은 것을 모두 고른 것은?

> ㉠ 실업률이 낮아지고 노동시장이 과열될 가능성이 높다.
> ㉡ 노동시장 참여 인구가 전체 인구의 절반을 넘지 못하여 경제성장이 둔화될 가능성이 있다.
> ㉢ 경제활동참가율이 높아 고용 기회가 충분한 상태이다.
> ㉣ 생산가능인구 대비 취업자의 비율이 낮아 노동 공급 부족 문제가 발생할 수 있다.

① ㉠㉡   ② ㉡㉣
③ ㉢㉣   ④ ㉠㉡㉢

✔해설
- 경제활동참가율 $=$ 생산가능인구 $\times \dfrac{\text{경제활동참가율}}{100} = 5{,}000$만 $\times \dfrac{60}{100} = 3{,}000$만 명
- 취업자 수 $=$ 경제활동인구 $\times \dfrac{\text{고용률}}{100} = 3{,}000$만 $\times \dfrac{55}{100} = 1{,}650$만 명
- 실업자 수 $=$ 경제활동인구 $-$ 취업자수 $= 3{,}000$만 $- 1{,}650$만 $= 1{,}350$만 명
㉠ 실업률이 45%로 매우 높아 노동시장 과열이 아니라 경기 침체 가능성이 높다.
㉢ 경제활동참가율(60%)이 높은 편이 아니며, 실업률이 높아 일자리 부족 문제가 존재한다.

19 A국가에서 조세 부과 전에 시장 상황은 균형 가격이 1,000원이었고 균형 거래량이 10,000개였다. A나라에서 공급자에게 단위당 200원의 조세를 부과했다. 조세 부과 후에 공급자가 판매하는 가격은 1,100원이 되고, 소비자가 지불하는 가격은 1,150원이 되었고 8,000개 거래량이 감소하였다. 이에 대한 설명으로 옳은 것을 모두 고른 것은?

> ㉠ 공급자 조세 부과로 인해 공급곡선이 좌측으로 이동했다.
> ㉡ 소비자가 부담하는 조세 부담은 단위당 150원이다.
> ㉢ 조세 부과 후 시장에서 소비자와 공급자가 부담하는 조세의 합은 단위당 350원이다.
> ㉣ 공급자 조세 부과는 시장 거래량을 증가시키는 효과가 있다.

① ㉠㉡   ② ㉡㉢
③ ㉢㉣   ④ ㉠㉢

✔해설
㉢ 조세 총액은 단위당 200원(정부가 공급자에게 부과한 조세)이다. 소비자가 150원, 공급자가 50원 부담하면 총 부담액은 200원이다.
㉣ 조세가 부과되면 가격 상승으로 인해 거래량이 감소한다. 기존 10,000개에서 8,000개로 감소하였다.

Answer 18.② 19.①

20 관세를 부과하면 나타나는 현상으로 옳은 것은?

① 수입품의 가격이 하락하여 소비자 후생이 증가한다.

② 국내 생산자들이 경쟁력을 잃고 시장 점유율이 감소한다.

③ 수입량이 감소하고, 국내 생산품의 판매량이 증가할 가능성이 있다.

④ 정부의 세수가 감소한다.

> ① 관세를 부과하면 수입품 가격이 상승하므로, 소비자 부담이 커지고 후생(소비자 효용)은 감소한다.
> ② 관세 부과는 국내 생산자 보호를 위한 조치이므로, 오히려 국내 생산자들이 시장 점유율을 확대한다.
> ④ 관세는 정부가 수입품에 부과하는 세금이므로 정부 세수는 증가한다.

21 A국의 수출입 총액은 300억 원으로 대외의존도가 30 %이며, 국외순수취요소소득은 50억 원이다. A국의 국민총생산(GNP)은? (단, 대외의존도는 수출액과 수입액의 합을 국내총생산(GDP)으로 나눈 값이다)

① 350억 원

② 950억 원

③ 1,000억 원

④ 1,050억 원

> • $GDP = \dfrac{수출입총액}{대외의존도} = \dfrac{300}{0.30} = 1,000$억 원
>
> • $GNP = GDP +$ 국외순수추요소소득 $= 1,000 + 50 = 1,050$억 원

22 완전경쟁시장에서 어느 기업의 단기 총비용함수가 $TC = Q^3 - 6Q^2 + 12Q$일 때, 이 기업에 대한 설명으로 옳지 않은 것은? (단, Q는 기업의 생산량이다)

① 고정비용을 갖지 않는다.

② 시장가격이 5이면 양(+)의 이윤을 얻는다.

③ 시장가격이 3이면 이윤은 0이다.

④ 시장가격이 2이면 손해를 보더라도 생산활동을 지속한다.

> ④ 가격(P)이 평균변동비용(AVC) 이상이면 생산 지속하고 가격(P)이 평균변동비용(AVC)보다 낮으면 생산 중단한다. 시장가격이 2이면 AVC보다 낮아 손실이 커지므로 생산을 중단해야 한다.

23 어느 재화를 생산하는 기업의 한계비용은 150원으로 생산량과 무관하게 일정하며, 100단위의 재화를 생산할 때의 평균고정비용은 50원이다. 이 기업의 비용에 대한 설명으로 옳지 않은 것은?

① 100단위 생산에 드는 총비용은 20,000원이다.

② 생산량이 증가할수록 평균비용은 하락한다.

③ 생산량이 증가하더라도 평균가변비용은 일정하다.

④ 생산량이 증가하더라도 평균고정비용은 일정하다.

✔**해설** ④ 평균고정비용은 고정비용을 생산량로 나눈 값으로 구한다. 생산량이 증가하면 평균고정비용은 감소한다.

24 생산물 1단위당 3만큼의 환경피해가 발생하는 어느 재화의 시장수요함수는 $Q = 12 - P$ 이며, 이 생산물을 생산하는 기업의 사적 한계비용은 $PMC = \frac{1}{2}Q$ 이다. 사회적으로 최적 수준의 생산량을 실현하기 위해 기업이 감축해야 할 생산량의 변화분은? (단, P 는 가격, Q 는 생산량이다)

① 2

② 4

③ 6

④ 8

✔**해설** 완전경쟁시장에서 균형조건은 $P = PMC$에 해당한다. 이 조건에 $Q = 12 - P$을 대입하면 $Q = 8$이 된다.
사회적 최적 생산량 조건은 $P = SMC$이다. 이 조건에 정리하면 $Q = 6$이 된다.
생산량의 변화분은 2이다.

25 국민소득 항등식을 이용한 경상수지에 대한 설명으로 옳지 않은 것은? (단, 국외순수취요소소득과 국외순수취경상이전은 모두 0으로 가정한다)

① 민간 저축이 증가하면 경상수지가 항상 개선된다.

② 국민 저축이 투자지출보다 크다면 경상수지는 흑자이다.

③ 경상수지는 국내총생산에서 소비지출, 투자지출, 정부지출을 뺀 값이다.

④ 국내총생산보다 총사용액(total absorption)이 작다면 경상수지는 흑자이다.

✔**해설** ① 민간 저축이 증가해도 정부 지출(G) 증가나 투자(I) 증가로 인해 경상수지가 악화될 수 있다.

Answer 23.④ 24.① 25.①

1   A, B, C 세 사람만 존재하는 경제에서 공공재로부터 개별 소비자 i가 얻는 한계편익(MB_i)은 각각 $MB_A = 4 - Q$, $MB_B = 5 - Q$, $MB_C = 6 - Q$이다. 공공재 생산의 한계비용이 9로 일정할 때, 사회적 최적 생산량은? (단, i = A, B, C이고, Q는 수량이다)

(   )

✔ **해설**   공공재는 비경합성(Non-Rivalry) 특성을 가지므로, 각 소비자의 한계편익을 수직 합산하여 사회적 한계편익(SMB)을 구한다. $SMB = MB_A + MB_B + MB_C$이다.

각각의 한계편익은 $MB_A = 4 - Q$, $MB_B = 5 - 7$, $MB_C = 6 - Q$에 해당한다.

이를 모두 더하면 $SMB = 15 - 3Q$가 된다. 사회적 최적 생산량은 사회적 한계편익(SMB)과 한계비용(MC)이 같아지는 지점에서 결정된다. 그러므로 MC=9가 일정하다는 가정하에 $15 - 3Q = 9$이므로 $Q = 2$가 된다.

2   어느 저축 상품의 명목 이자율(수익률)이 6 %이고, 이자소득에 대한 세율은 20 %이다. 기대물가상승률이 3 %일 때, 피셔방정식으로 계산한 세후 실질 이자율(수익률)은? (소수점 자리는 제외하고 반올림 없이 적는다)

(   )

✔ **해설**   세후 명목 이자율=명목 이자율×(1−세율)=6%×(1−0.2)=4.8%

피셔의 방정식에 따르면 $(1+r) = \dfrac{1 + r_{세후}}{1 + \pi}$

$(1+r) = \dfrac{1 + 0.048}{1 + 0.03} = \dfrac{1.048}{1.03} - 1 = 0.01748 \approx 1.75\%$

소수점 자리를 제외하고 반올림 없는 수는 1에 해당한다.

3 제품 A는 완전경쟁시장에서 거래되며, 수요곡선은 $Q^d = 150 - 5P$이다. 이 시장에 참여하고 있는 갑 기업의 한계수입곡선은 $MR = -\frac{2}{5}Q + 30$, 한계비용은 20이다. 갑 기업이 제품 A에 대한 독점기업이 되면서, 한계비용은 22가 되었다. 독점에 의한 사회적 후생 손실은? (단, Q^d는 수요량, P는 가격이다)

(   )

✔ 해설 완전경쟁시장에서는 가격과 한계비용(MC)는 동일하여 $P_C = MC_C = 20$에 해당한다.
수요곡선에 $P = 20$을 적용하여 균형수량을 구하면 $Q_C = 150 - 5(20) = 50$이다.
완전경쟁 시장에서의 균형은 $Q_C = 50$, $P_C = 20$이다.
독점기업에서는 MR(한계수입)=MC(한계비용) 조건에서 최적 생산량을 결정한다.
$MR = -\frac{2}{5}Q + 30 = 22$로 $Q_M = 20$이 된다.
독점가격 $P_M = 30 - \frac{20}{5} = 26$이 되면서 독점 시장에서의 균형은 $Q_M = 20$, $P_M = 26$이 된다.
사회적 후생손실은 $DML = \frac{1}{2}(Q_C - Q_M)(P_C - MC_C) = \frac{1}{2}(50 - 20)(26 - 22) = 60$이다.

4 커피에 대한 수요함수가 $Q^d = 2,400 - 2P$일 때, 가격 P^*에서 커피 수요에 대한 가격탄력성의 절댓값은 $\frac{1}{2}$이다. 이때 가격 P^*는? (단, Q^d는 수요량, P는 가격이다)

(   )

✔ 해설 수요함수는 $Q^d = 2400 - 2P$이고 가격탄력성 절대값은 $|E_d| = \frac{1}{2}$이다.
가격탄력성 공식은 $E_d = \frac{dQ}{dP} \times \frac{P}{Q}$이다.
$\frac{dQ}{dP} = -2$이고 공식에 넣으면 $\left| -2 \times \frac{P^*}{Q^*} \right| = \frac{1}{2}$이므로 $\frac{P^*}{Q^*} = \frac{1}{4}$가 된다.
$Q^* = 2400 - 2P^*$이므로 $\frac{P^*}{2400 - 2P^*} = \frac{1}{4}$가 되면서 $P^* = 400$이 된다.

5 다음은 어느 폐쇄경제의 대부자금시장 모형(loanable fund market)이다. 균형이자율은?

- 국내총생산: $Y = 1,000$
- 소비지출: $C = 500$
- 조세수입: $T = 100$
- 정부지출: $G = 120$
- 투자지출: $I = 480 - 25r$ (단, $r(\%)$은 실질 이자율이다)

(   )

✔해설 민간저축은 $S = (Y - T) - C = (1000 - 100) - 500 = 400$이고
정부저축은 $S = T - G = 100 - 120 = -20$에 해당한다. 총 저축은 380이 된다.
저축(S)=투자(I)에 해당한다. 투자함수는 $I = 480 - 25r$에 해당하므로 $480 - 25r = 380$이고
$r = 4$이므로 균형이자율은 4%가 된다.

주식과 관련한 문제가 빈번하게 출제된다. 주식과 관련된 용어에 대해서 다양하게 알고 있는 것이 필요하다. 주가수익비율, 주가교환비율 등과 같은 문항이 다수 출제되었다. 또한 최근 시사와 관련된 금융이슈에 관한 문제도 잘 알아두고 있는 것이 필요하다.

☐ 인플레이션(Inflation)

① 개념
  ㉠ 화폐 가치가 하락하여 물가수준이 전반적으로 상승하는 현상을 인플레이션이라고 한다.
  ㉡ 예측 가능한 인플레이션은 경제 활동에 활력을 불어넣을 수 있다.
  ㉢ 예측할 수 없는 극심한 인플레이션은 경제 전체에 여러모로 부정적인 영향을 미칠 수 있다. 특히 인플레이션은 자원의 비효율적 배분과 소득의 불공평한 분배를 유발하는 원인이 되기도 한다.

② 원인
  ㉠ 통화량의 과다증가로 인한 화폐가치 하락
  ㉡ 과소비 등으로 수요초과 발생
  ㉢ 임금, 이자율 등 요소가격과 에너지 비용 등의 상승으로 인한 제품의 생산비용 증가

③ 인플레이션의 영향
  ㉠ 부와 소득의 불평등한 재분배
    • 화폐의 가치는 하락하고, 실물의 가치는 상대적으로 상승한다.
    • 화폐를 보유한 사람은 손해를 보고 부동산이나 보석 등 실물을 가진 사람은 이익을 보는 현상이 나타난다. 이로 인해 빈부 격차가 확대될 가능성도 높아진다.
    • 채무자 입장에서는 돈의 가치가 떨어져 이익을 얻고, 채권자 입장에서는 손해를 보게 된다.
  ㉡ **투자 감소** : 인플레이션이 발생하면 실물 자산을 갖는 것이 유리하기 때문에 저축과 투자는 감소하고, 토지 등에 대한 투기가 증가하여 건전한 성장을 방해하는 원인이 되기도 한다.
  ㉢ **국제 수지 악화** : 국내에서 생산된 수출품들의 가격이 다른 나라의 경쟁 제품들에 비해 상대가격이 상승하여 수출품에 대한 외국인들의 수요는 감소하고, 수입품에 대한 내국인들의 수요는 증가하여 경상 수지가 악화될 가능성이 높다.

④ 인플레이션 유형
  ㉠ 수요견인인플레이션
    • 정의 : 총수요가 증가하면서 총수요곡선(AD)이 우측으로 이동하게 된다. 국민소득의 증가와 함께 물가가 상승하는 것을 말한다.
    • 원인 : 확대재정정책, 과도한 통화량 증가 또는 민간소비나 투자 등 갑작스러운 변동은 총수요를 증가시켜 물가 상승을 유발한다.
  ㉡ 비용인상인플레이션
    • 정의 : 원자재 가격, 세금, 임금, 등과 같이 상품 원가를 구성하는 항목들의 가격 상승에 의해 물가가 지속적으로 올라가는 현상을 말한다.
    • 원인 : 총수요의 변동이 없고 원자재 가격, 임금 등의 생산비용이 상승하면 기업들이 생산비용이 상승된 만큼 제품 가격을 인상시켜 물가 상승을 유발한다.
  ㉢ 하이퍼인플레이션
    • 정의 : 물가 상승이 통제 불가의 상태인 인플레이션을 말한다. 물가 상승으로 인한 거래비용을 급격하게 증가시켜 실물경제에 타격을 미친다.
    • 원인 : 정부나 중앙은행이 과도하게 통화량을 증대시킬 경우에 발생하는데, 전쟁 등 사회가 크게 혼란한 상황에서도 발생한다.
    • 예시 : 독일은 1차 세계대전 패전 직후 전쟁 배상금을 물어야 했던 탓에 정부가 화폐 발행을 남발하여 하이퍼인플레이션이 발생했다. 하이퍼인플레이션을 겪는 나라에는 베네수엘라, 브라질, 아르헨티나, 멕시코 등이 있다.
  ㉣ 스태그플레이션
    • 정의 : 경제 활동의 침체로 생산이 위축되면서 실업률이 높아졌음에도 인플레이션이 지속되어 물가 상승률과 실업률 사이에 역의 관계가 성립되지 않는 경우를 말한다.
    • 특징 : 물가와 실업률이 동시에 상승하기 때문에 억제재정정책만을 사용해서는 큰 효과를 낼 수 없어 정부에서는 임금과 이윤, 가격에 대해 기업과 노동조합을 견제하는 소득정책을 동반 사용한다.

☐ 디플레이션(Deflation)

① 개념
  ㉠ 인플레이션(Inflation)의 반대 개념으로 물가가 지속적으로 하락하는 것을 말한다.
  ㉡ 거래량에 비해 통화량이 적어져 물가는 떨어지고 화폐가치가 올라 경제활동이 침체되는 현상이다.
  ㉢ 공급이 수요보다 많으면 물가는 내리고 기업의 수익은 감소하기 때문에 경기불황을 야기하게 된다.

② 원인
  ㉠ 기술혁신이나 노동생산성의 향상으로 인한 초과공급 발생
  ㉡ 부의 불평등한 분배로 인한 소비량 감소
  ㉢ 소비와 투자의 감소로 인한 경제성장률 하락

③ 영향

　　㉠ 화폐가치의 상승 및 채무부담 : 재화의 가격이 하락하면서 화폐의 가치가 상승하게 된다. 이로 인해 채무자는 부채 상환의 어려움을 겪게 되고 파산을 야기하게 된다. 결국 금융시스템 붕괴로 이어지며 악순환이 반복된다.

　　㉡ 고용시장 악화 : 소비가 침체되면서 기업도 생산과 고용을 줄여 실업률이 증가한다. 이로 인해 소비가 감소하여 상품 가격은 더 하락하게 되고 악순환이 반복된다.

☐ 지급준비제도

은행이 고객의 예금 중 일정 비율을 중앙은행에 의무적으로 예치하도록 규정하는 제도이다. 금융 시스템의 안정성을 유지하고, 중앙은행이 통화량을 조절하는 주요 정책 수단으로 사용된다. 예금액 중 은행이 중앙은행에 반드시 예치해야 하는 비율은 지급준비율이며, 고객이 예금을 인출할 때를 대비하여 일정 부분을 보유하기 위해 은행이 중앙은행에 예치하는 실제 금액은 지급준비금에 해당한다. 지급준비율을 인상하면 시중 통화량이 감소하고 지급준비율을 인하하면 시중 통화량이 증가한다.

☐ 예금통화승수

은행이 지급준비금(Reserve)으로부터 창출할 수 있는 총 예금의 배율을 의미한다. 은행이 일정한 지급준비율(RR)을 유지하면서, 고객 예금으로 얼마나 많은 돈을 창출할 수 있는지를 나타내는 지표이다. 예금통화승수는 1에서 지급준비율을 나눠서 구한다. 예금통화승수 값이 클수록, 동일한 예금에서 더 많은 통화 창출이 가능하다. 지급준비율이 낮을수록 예금통화승수가 커지고, 시중 통화량이 증가하면서 경기 부양 효과가 나타난다. 지급준비율이 높을수록 예금통화승수가 작아지고, 시중 통화량이 감소하여 인플레이션 억제 효과가 나타난다.

☐ 승수효과

정부 지출, 투자, 소비 등의 경제적 충격이 초기 변화보다 더 큰 영향을 미쳐 총생산(GDP)이 증가하는 현상을 의미한다. 하나의 경제적 변화가 연쇄적으로 파급 효과를 일으켜 경제 전체의 소득과 생산이 증폭되는 과정이다. 승수효과의 기본원리는 어떤 경제 주체가 지출을 증가시키면 다른 사람의 소득이 되어 추가적인 소비를 유발한다. 이 과정이 반복되면서 경제 전체적으로 총수요(AD)가 증가하고, GDP가 확대되는 연쇄 반응을 측정하는 비율이 '승수'이다.

① **지출승수** ⋯ 정부 지출 또는 민간 투자가 GDP를 얼마나 증가시키는지 측정한다.

② **조세승수** ⋯ 세금이 감소하면 가계의 가처분소득이 증가하여 소비가 늘어나면서 GDP 증가한다. 조세승수는 일반적으로 지출승수보다 작다.

③ **수출승수** ⋯ 수출 증가가 국내 소득과 생산에 미치는 효과이다.

④ **균형예산승수** ⋯ 정부가 세금과 지출을 동일하게 증가시킬 때 GDP 증가하는 효과가 있다.

□ 피셔효과

명목이자율(Nominal Interest Rate)이 실질이자율(Real Interest Rate)과 예상 인플레이션율(Expected Inflation Rate)의 합으로 결정된다는 이론이다. 인플레이션이 상승하면 명목이자율도 동일한 비율로 상승한다는 개념이다. '명목이자율=실질이자율+예상 인플레이션율'이 피셔효과의 공식이다.

□ DB형 퇴직연금

퇴직 시 근로자가 받을 퇴직금이 사전에 확정되어 있고, 기업이 퇴직연금을 운용하는 방식이다. 퇴직금의 지급 기준이 근속연수와 평균임금으로 정해져 있으며, 기업이 모든 운용 책임을 진다. 퇴직급여는 평균임금에 근속연수를 곱하여 구한다. 퇴직금이 미리 확정되어 있어 근로자 입장에서 안정성이 높다. 기업이 운용 주체이며, 운용 수익과 손실은 기업이 부담한다.

□ DC형 퇴직연금

기업이 매년 근로자의 연봉 일정 비율(보통 1/12)을 퇴직연금 계좌에 적립하고, 근로자가 직접 운용하는 방식이다. 근로자가 어떤 금융상품(예금, 펀드, 채권 등)에 투자할지 결정하며, 운용 성과에 따라 퇴직금이 달라진다. 기업이 연간 급여의 1/12을 근로자의 DC 계좌에 적립한다. 근로자가 직접 투자 결정 가능하고 운용 수익률에 따라 퇴직금이 달라질 수 있다. 기업 부담이 적으며, 개인이 운용 능력을 발휘할 기회를 제공한다.

□ IRP(개인형 퇴직연금)

근로자와 자영업자가 퇴직 후 노후 자금을 마련하기 위해 개인적으로 가입하는 퇴직연금 계좌를 의미한다. 퇴직금이나 추가적인 연금 저축을 적립하고, 운용하여 세제 혜택을 받을 수 있는 금융상품이다. 개인이 직접 가입하고 운용할 수 있다. 한도 내에서 세액공제가 가능하다. 예금, 펀드, 채권, ETF 등 다양한 투자가 가능하며 퇴직연금(DB, DC) 가입자도 추가로 가입할 수 있다.

□ ISA(Individual Savings Account)

예금, 펀드, 주식, ETF 등 다양한 금융상품을 한 계좌에서 운용할 수 있으며, 일정 조건을 충족하면 세제 혜택을 받을 수 있는 절세형 금융상품인 개인종합자산관리계좌이다. 하나의 계좌에서 다양한 금융상품을 관리할 수 있는 통합 계좌이며, 일정 기간 유지하면 비과세 및 저율 분리과세 혜택을 받을 수 있다. 주요 특징으로는 세제 혜택 제공, 납입 한도 제한, 하나의 계좌에서 다양한 금융상품 운용 가능, 의무 가입 기간이 있다. 일반형과 서민형/청년형 ISA가 있다.

□ 예금자보호제도

금융회사가 영업정지나 파산 등으로 예금 등을 지급할 수 없는 경우 예금보험공사가 금융회사를 대신하여 예금 등을 지급하는 제도이다. 예금보험의 적용을 받는 금융회사는 「은행법」에 따라 인가를 받은 은행, 한국산업은행, 중소기업은행, 농협은행, 수협은행, 「은행법」에 따라 인가를 받은 외국은행의 국내 지점 및 대리점, 증권을 대상으로 투자매매업·투자중개업의 인가를 받은 투자매매업자·투자중개업자, 증권금융회사, 보험회사, 종합금융회사, 상호저축은행중앙회가 있다. 농·수협 지역조합, 신용협동조합, 새마을금고는 현재 예금보험공사의 보호대상 금융회사는 아니다.

□ 예금보험금

예금보험에 가입한 금융회사가 예금의 지급정지, 영업 인·허가 취소, 해산 또는 파산 등 보험사고로 인하여 고객의 예금을 지급할 수 없는 경우 예금보험공사가 해당 금융회사를 대신하여 지급하는 금전이다. 보험사고 발생 금융회사 예금자의 장기간 금융거래 중단에 따른 경제적 불편을 최소화하기 위해 보험금 지급 이전에 보험금 지급한도 내에서 예금보험위원회가 정하는 금액(원금 기준)을 예금자의 신청에 의해 미리 가지급금이 지급된다. 장기간에 걸친 파산절차로 인한 예금자의 불편을 해소해 드리기 위해 예금자가 향후 파산배당으로 받게 될 예상배당률을 고려하여 예금자의 보호한도 초과 예금 등 채권을 예금자의 청구에 의하여 공사가 매입하고, 그 매입의 대가로 예금자에게 개산지급금이 지급된다.

□ 국제결제은행(BIS)

1930년에 설립되어 본부는 스위스 바젤에 위치하고 있다. 국제 금융 안정을 도모하고 중앙은행 간 협력을 촉진하기 위해 설립된 국제 금융 기구이다. 금융 시스템의 안정성과 은행 건전성을 유지하는 역할을 한다. 주요 역할은 국제 금융 안정성을 유지하고, 중앙은행 간 협력을 촉진한다. BIS 자기자본비율 규제(BIS Ratio)를 제정하며 국제 결제 시스템의 운영을 지원한다.

□ BIS 자기자본비율

(자기자본 ÷ 위험가중자산) × 100으로 구할 수 있다. 은행의 건전성을 평가하는 주요 기준에 해당한다. BIS 규제 기준은 국제적으로 최소 8% 이상 유지해야 한다. 은행이 일정 비율 이상의 자본을 보유하도록 하여 금융 위기를 방지한다.

□ BIS 협약(바젤 합의)

① 바젤 I : 최초의 은행 건전성의 규제 기준을 제정했다.
② 바젤 II : 리스크 평가 및 감독을 강화했다.
③ 바젤 III : 글로벌 금융위기 이후 자본 건전성 기준을 강화했다.

☐ 동아시아·태평양 중앙은행 기구(EMEAP)

1991년 2월 설립된 동아시아·태평양 지역내 중앙은행간 정책협의체에 해당한다. EMEAP은 총재회의, 임원회의, 실무자 워킹그룹 등으로 구성된다. 워킹그룹은 금융시장·은행감독·지급결제·IT 등 중앙은행의 주요 업무분야를 실무자들이 참여하여 연구 및 정책협의를 진행한다.

☐ 동남아중앙은행기구(SEACEN)

1966년 2월 설립되었다. 회원은행간 정보 및 의견교환과 조사연구 및 연수를 통한 전문가 양성을 목적으로 동남아지역 국가 중심의 중앙은행간 협력체이다.

☐ 국제통화기금(IMF)

1944년 브레튼우즈 협정에서 설립되었다. 국제 금융 안정과 경제 협력을 촉진하기 위해 설립된 국제 기구이다. 국가 간 무역과 경제 성장을 지원하며, 금융 위기 발생 시 회원국에 자금을 지원하는 역할을 한다. 국제 금융 안정 유지, 회원국에 금융 지원(구제금융), 경제 정책 자문 및 기술 지원, 국제 무역 및 경제 성장 촉진의 역할을 한다. IMF의 주요 기능으로는 구제금융, 경제감시, 특별인출권 운영이 있다.

☐ 세계은행그룹

IBRD(국제부흥개발은행), IDA(국제개발협회), IFC(국제금융공사), MIGA(다자간투자보증기구), ICSID(국제투자분쟁해결센터)이 있다. 우리나라는 1962년부터 빈곤국을 대상으로 한 세계은행의 장기저리인 IDA 자금, 1968년부터는 상업베이스인 IBRD 자금을 이용했다.

☐ 경제협력개발기구(OECD)

1961년에 설립된 기구로, 시장경제와 민주주의를 기반으로 한 국가들의 경제 성장, 무역 확대, 생활 수준 향상, 금융 안정 등을 목표로 하는 국제 경제 기구이다. 주요 역할은 회원국 경제 정책 조율 및 협력, 국제 무역 및 투자 촉진, 경제 연구 및 통계 제공, 사회 발전 및 복지 증진, 세계 경제 안정 및 지속가능한 성장 도모가 있다. 핵심 활동으로는 경제 정책 및 거시경제 분석, 교육 및 노동 시장 연구, 환경 및 지속가능성 연구, 디지털 경제 및 혁신 정책, 조세 정책 및 반부패 정책 등이 있다.

☐ G-20

1999년 9월 「국제금융체제 강화」에 관한 G-7 재무장관 보고서에 기초하여 창설된 선진국과 주요 신흥시장국간의 대표적인 회의체이다. G-7국가, 기타 12개 주요국 등 19개국과 유럽연합(EU), 아프리카연합(AU)으로 구성된다. G-7 국가에는 미국, 일본, 독일, 영국, 캐나다, 이탈리아, 프랑스가 있고, 12개 주요국에는 한국, 중국, 인도, 인도네시아(아시아), 아르헨티나, 브라질, 멕시코(남미), 러시아, 터키, 호주(유럽 및 오세아니아), 남아프리카공화국, 사우디아라비아(아프리카 및 중동)가 있다.

☐ 금융안정위원회(FSB)

글로벌금융위기 이후 위기 극복과 재발방지를 위한 새로운 금융규제체계 마련을 목적으로 2009년 기존 금융안정포럼(FSF)을 확대 개편하여 설립된 국제회의체이다. 금융당국, 국제기준 제정기구 및 국제기구간의 업무를 조정 · 총괄하고 금융시스템 취약성 감시, 규제감독 정책 개발 · 실행 등의 업무를 수행한다.

☐ ASEAN+3

아시아 역내의 금융협력 강화 및 위기대응능력 제고를 목적으로 1999년 4월 설립된 국제회의체이다. 외환위기 재발방지를 위해 역내국간 통화스왑 계약 체결을 주요 내용으로 하는 치앙마이 이니셔티브(Chiang Mai Initiative)를 채택하였다. 아시아 국가들의 막대한 외환보유고를 역내로 합류시키기 위해서는 역내국의 채권시장 육성이 긴요하다는 인식하에 아시아 채권시장 육성방안(ABMI)을 집중적으로 연구 · 논의한다.

☐ 베타 계수 (Beta)

개별 주식이 시장 지수(KOSPI, S&P500) 대비 얼마나 민감하게 움직이는지를 나타내는 지표이다.

① 베타 〉 1 : 시장보다 변동성이 크다. 예시로는 성장주, IT기업 등이 있다.

② 베타 〈 1 : 시장보다 변동성이 적다. 예시로는 필수소비재, 공기업 등이 있다.

☐ ETF(Exchange Traded Fund)

주식처럼 거래소에서 사고팔 수 있는 펀드로, 특정 지수(KOSPI200, S&P500)나 자산(원자재, 채권 등)의 가격을 추종하는 금융상품이다. 펀드의 분산 투자 효과와 주식의 실시간 거래 기능을 결합한 상품으로, 투자자들이 특정 지수를 쉽게 따라가며 투자할 수 있도록 설계된 금융상품이다. 거래소에 상장되어 주식처럼 실시간 거래가 가능하다. 여러 종목에 분산 투자가 가능하며, 운용비용이 저렴하다.

① **주식형 ETF** : KOSPI200, S&P500 등 주가지수를 추종하는 ETF

② **채권형 ETF** : 국채, 회사채 등 채권을 기초 자산으로 하는 ETF

③ **원자재 ETF** : 금, 은, 원유 등의 가격을 추종하는 ETF

④ **레버리지 ETF** : 기초 지수의 2배 수익을 목표로 하는 ETF

⑤ **인버스 ETF** : 기초 지수와 반대 방향으로 움직이는 ETF (하락장에서 수익 가능)

⑥ **테마형 ETF** : 특정 산업(2차전지, AI, 친환경 등) 관련 주식으로 구성된 ETF

□ PER(주가수익비율)

주가가 기업의 1주당 순이익(EPS, 주당순이익)의 몇 배에 거래되고 있는지를 나타내는 지표이다. 기업이 벌어들이는 이익 대비 주가가 고평가 또는 저평가되었는지를 판단하는 기준으로 사용된다. PER은 주각에서 EPS(주당순이익)을 나눠서 구할 수 있다. PER가 높다는 것은 주가가 기업 이익 대비 높게 평가되는 것이다. 미래 성장 기대가 크거나, 시장에서 높은 가치를 인정받는 기업이다. PER이 낮다는 것은 주가가 기업 이익 대비 낮게 평가되는 것으로 기업의 성장성이 낮거나, 시장에서 관심을 받지 못하는 기업이다.

□ PBR(주가순자산비율)

기업의 주가가 순자산(자본) 대비 몇 배로 거래되고 있는지를 나타내는 지표이다. 기업의 실질적인 자산 가치(장부가치)와 시장에서 평가받는 주가를 비교하여 고평가 또는 저평가 여부를 판단하는 기준으로 사용된다. PBR은 주가에서 BPS(주당순자산)을 나눠서 구할 수 있다.

① PBR 〉 1인 경우
  ㉠ 기업이 보유한 순자산보다 주가가 높다.
  ㉡ 시장에서 기업의 성장 가능성을 높게 평가되고 있다.
  ㉢ 고성장 기업, 브랜드 가치가 높은 기업에 주로 해당한다.

② PBR 〈 1인 경우
  ㉠ 기업이 보유한 순자산보다 주가가 낮다.
  ㉡ 시장에서 저평가된 기업일 가능성이 있다.
  ㉢ 기업의 성장성이 낮거나 재무 위험이 클 수도 있다.

□ ROE(자기자본이익률)

기업이 보유한 자기자본(순자산)을 이용해 얼마나 효율적으로 이익을 창출했는지를 나타내는 지표이다. 주주가 투자한 돈(자기자본) 대비 기업이 벌어들인 순이익의 비율을 의미한다. 기업의 수익성과 경영 효율성을 평가하는 핵심 지표에 해당한다. 높을수록 기업이 주주의 자본을 효과적으로 활용하여 높은 이익을 내고 있음을 의미한다. ROE는 순이익에서 자기자본을 나눈 값에 100을 곱하면 구할 수 있다.

① 높은 ROE
  ㉠ 기업이 주주 자본을 효과적으로 활용하여 높은 수익 창출을 낸다.
  ㉡ 성장성이 높고 투자 매력이 클 가능성이 있다.
  ㉢ IT, 금융, 소비재 등 성장성이 높은 업종에서 높은 ROE를 기록하는 경우가 많다.

② 낮은 ROE
  ㉠ 기업의 수익성이 낮거나, 자본을 비효율적으로 사용 중이다.
  ㉡ 자산이 많아도 수익을 내지 못하면 낮은 ROE가 나타난다.
  ㉢ 제조업, 공기업 등 안정적인 산업은 상대적으로 낮은 ROE를 보일 수 있다.

□ BPS(주당순자산가치)

기업이 보유한 순자산(자산 − 부채)을 주식 수로 나눈 값으로, 1주당 기업의 순자산 가치를 의미하는 지표이다. 회사가 청산될 경우, 1주당 주주가 받을 수 있는 자산 가치를 나타낸다. BPS가 높을수록 기업의 재무 건전성이 양호하고, 자산 가치가 크다고 볼 수 있다. BPS는 자기자본(순자산)에서 발행주식수를 나눠서 구할 수 있다. 자기자본(순자산)은 총자산에서 총부채를 빼면 나온다. BPS가 높다는 것은 기업의 순자산이 많고 재무적으로 안정적이라는 것이고, BPS가 낮다는 것은 기업의 순자산이 적거나, 부채가 많아 재무 건전성이 낮을 가능성이 있다는 것이다.

□ CAPM(자본자산가격결정모형)

투자자의 위험 감수에 따른 보상(위험 프리미엄)을 반영하여 자산 가격을 평가하는 모델이다.

$$E(R) = R_f + \beta(R_m - R_f)$$

$E(R)$: 주식의 기대수익률
R_f : 무위험이자율
$R_m - R_f$: 시장 위험 프리미엄
β : 주식의 베타값

베타(β) 값이 클수록 시장 변동에 민감하여 기대수익률이 높아진다. 무위험자산은 베타가 0이므로 시장 변동과 관계없이 수익률이 고정된다.

□ 공매도

주가 하락을 예상하고 주식을 빌려서 판 후, 나중에 싼 가격에 다시 사서 갚아 차익을 얻는 투자 방식이다. 현재 없는 주식을 먼저 팔고 나중에 사서 갚는 방식으로, 주가 하락 시 수익을 얻을 수 있는 투자 전략이다. 거래방식은 주식을 빌리고, 시장에서 주식을 매도한다. 주가가 하락하면 낮은 가격에 주식을 매수하고 빌린 주식을 갚으면서 차익을 실현하는 것이다. 차입 공매도와 무차입 공매도가 있다. 차입 공매도는 주식을 미리 빌린 후 매도하는 방식으로 기관과 외국인이 주로 활용한다. 무차입 공매도는 주식을 빌리지 않고 매도하는 방식이다. 실제 보유하지 않은 주식을 팔기 때문에 시장 교란 위험이 있기에 한국에서는 불법이다.

□ IPO(Initial Public Offering, 기업공개)

기업이 처음으로 주식을 발행하여 증권시장에 상장하는 과정으로 IPO 후 주식은 일반 투자자도 거래가 가능하다.

☐ 주식 시가총액

기업의 전체 가치를 나타내는 지표에 해당한다. '주가 × 발행 주식 수'로 구할 수 있다.

☐ RSI(상대강도지수)

주식이 과매수(Overbought) 또는 과매도(Oversold) 상태인지 판단하는 기술적 분석 지표이다. 최근 일정 기간 동안 주가 상승 폭과 하락 폭을 비교하여, 주가의 상승·하락 강도를 수치(0~100)로 나타내는 지표이다.

$$RSI = 100 - \left(\frac{100}{1+RS}\right), \ RS = \frac{최근\,N일\,동안\,평균\,상승폭}{최근\,N일\,동안\,평균\,하락폭}$$

① RSI ≥ 70
- ㉠ 과매수 구간에 해당한다.
- ㉡ 주가가 단기적으로 과하게 상승하여 조정(하락) 가능성 있다.
- ㉢ 매도 타이밍을 고려할 수 있다.

② RSI ≤ 30
- ㉠ 과매도 구간에 해당한다.
- ㉡ 주가가 단기적으로 과하게 하락하여 반등(상승)할 수 있다.
- ㉢ 매수 타이밍을 고려할 수 있다.

☐ 국채

정부가 재정적자를 보전하거나 공공사업 등의 재원을 조달하기 위해 발행하는 채권이다. 정부가 발행하고 국민, 금융기관, 투자자들이 이를 매입하며, 일정 기간 후 원금과 이자를 지급한다. 국가가 지급을 보증하므로 신용도가 높고, 일반적으로 안전한 투자자산으로 간주된다. 단기(1년 이하), 중기(1~10년), 장기(10년 이상) 등 다양한 만기 구조가 있다. 발행 목적은 정부 지출이 세입보다 많을 때 부족한 자금 충당하고 인프라, 국방, 복지 등 대규모 정부 프로젝트 자금 조달을 하기 위해서이다. 국채 금리는 시장 금리, 인플레이션, 정부 신용도 등에 따라 변동된다.

☐ 채권

정부, 공공기관, 기업 등이 일정한 이자(쿠폰금리)를 지급할 것을 약속하고 발행하는 채무 증서이다. 투자자는 채권을 구매함으로써 발행자(채무자)에게 자금을 빌려주고, 이에 대한 대가로 일정 기간 동안 이자를 받고 만기 시 원금을 상환받는다.

□ LTV(Loan To Value)

부동산(주택, 상가 등)의 담보 가치 대비 대출 가능한 금액의 비율을 나타내는 지표이다. 부동산을 담보로 대출받을 때, 금융기관이 해당 부동산 가치의 몇 %까지 대출해줄 수 있는지를 결정하는 기준이다.

$$LTV = \frac{\text{대출 가능 금액}}{\text{담보가치 (감정평가액)}} \times 100,$$

LTV 비율이 높을수록 대출 가능 금액이 많아진다. 정부는 LTV를 조정하여 부동산 시장과 대출 규제를 관리한다. LTV 규제가 강화되면 주택 구매자의 대출 한도가 줄어들어 부동산 가격 상승을 억제하는 효과가 있다. LTV 규제가 완화되면 대출이 늘어나 부동산 시장이 활성화될 가능성이 있다.

□ DSR(Debt Service Ratio)

개인이 보유한 모든 대출의 연간 원리금 상환액이 연소득 대비 얼마나 되는지를 나타내는 지표이다. 주택담보대출뿐만 아니라 신용대출, 자동차 할부, 학자금 대출 등 모든 금융권 대출의 원금과 이자를 합산하여 소득 대비 부채 부담을 평가하는 기준이다. DSR이 높을수록 대출자의 부채 상환 부담이 크다는 의미이며, 대출 한도에 영향을 미친다.

$$DSR = \left(\frac{\text{모든 대출의 연간 원리금 상한액}}{\text{연소득}} \right) \times 100$$

DSR이 낮을수록 대출 한도가 늘어난다. DSR이 40~50%를 초과하면 추가 대출이 어려워질 가능성이 크다. 소득이 높을수록 DSR 한도가 높아 대출이 유리하다. 신용대출, 자동차 할부 등 기존 부채가 많을수록 추가 대출이 제한된다.

□ DTI(총부채상환비율)

개인의 연소득 대비 주택담보대출의 원리금(이자+원금) 상환액이 차지하는 비율을 나타내는 지표이다. 개인이 벌어들이는 소득 대비 주택담보대출의 부담이 얼마나 되는지를 평가하는 기준으로 사용된다. DTI는 주택담보대출을 중심으로 대출 한도를 결정하는 핵심 지표이며, 부동산 시장 안정과 가계부채 관리에 중요한 역할을 한다.

$$DTI = \left(\frac{\text{주택담보대출 연간 원리금 상한액}}{\text{연소득}} \right) \times 100$$

DTI가 40%를 초과하면 추가 대출이 어려울 수 있다. DTI가 낮을수록 주택담보대출 한도가 늘어난다. 소득이 높을수록 DTI 한도가 높아 대출이 유리하다. DTI가 낮으면 대출 승인 가능성이 높아지고, 규제가 심하면 대출 한도가 줄어든다.

☐ REITs(Real Estate Investment Trusts)

부동산 자산을 보유·운영하며 배당을 지급하는 투자 상품이다. 여러 투자자로부터 자금을 모아 부동산에 투자하고, 임대 수익이나 매각 차익을 투자자들에게 배당한다. 부동산을 직접 소유하지 않고도 부동산 투자 효과를 얻을 수 있는 간접 투자 방식이다. 소액으로 투자가 가능하며 정기적인 배당 수익을 받을 수 있고 주식처럼 거래가 가능하다. 하지만 부동산 경기 변동의 영향이 큰 편에 해당한다.

☐ Cap Rate

부동산 투자에서 연간 순수익(NOI)을 부동산 가격으로 나눈 비율을 의미한다. 부동산을 매입했을 때 기대할 수 있는 연간 수익률을 나타내는 지표이다.

$$\text{cap rate} = \frac{\text{순영업소득}(NOI)}{\text{부동산 매입 가격}} \times 100$$

순영업소득(NOI)은 연간 임대수익에서 운영비용(세금, 유지보수, 보험, 관리비 등)을 빼면 구할 수 있다. Cap Rate가 높을수록 투자 수익률이 높다. Cap Rate가 높을 경우 부동산 가격 대비 수익성이 높은 투자처에 해당하지만 리스크가 클 수 있다. Cap Rate가 낮을 경우 부동산 가격이 비싸거나 수익률이 낮지만 안전한 투자처로 인식될 가능성이 높다.

☐ 부동산 경기선행지수(Leading Index of Real Estate Market)

부동산 시장의 미래 흐름을 예측하기 위해 사용되는 지표로, 부동산 경기 변동에 앞서 움직이는 여러 경제 지표를 종합하여 산출한 지수이다. 미래 부동산 경기를 예측할 수 있고 경제 전체의 경기순환보다 먼저 움직이는 특성을 가진다.

다음 제시된 조건을 통해서 예금통화승수를 구하면?

- 지급준비율 : 10%
- 본원통화 : 1,000억 원

① 10
② 20
③ 30
④ 40

① 예금통화승수는 $m = \dfrac{1}{R}$ 로 구할 수 있다. $m = \dfrac{1}{R} = \dfrac{1}{0.1} = 10$에 해당한다.

답 ①

1 통화정책에 대한 설명으로 옳지 않은 것은?

① 중앙은행이 법정지급준비율을 인하하면 총지급준비율이 작아져 통화승수는 커지고 통화량은 증가한다.

② 중앙은행이 재할인율을 콜금리보다 낮게 인하하면 통화량이 증가한다.

③ 중앙은행이 양적완화를 실시하면 본원통화가 증가하여 단기이자율은 상승한다.

④ 중앙은행이 공개시장조작으로 국채를 매입하면 통화량이 증가한다.

✔해설 ③ 양적완화(QE)는 본원통화를 증가시키지만, 단기이자율은 상승이 아니라 하락한다.

2 갑국의 중앙은행은 금융기관의 초과지급준비금에 대한 금리를 −0.1%로 인하했다. 이 통화정책의 기대효과로 옳지 않은 것은?

① 중앙은행에 하는 저축에 보관료가 발생할 것이다.

② 은행들은 가계나 기업에게 하는 대출을 확대할 것이다.

③ 기업들이 투자와 생산을 늘려서 고용을 증대시킬 것이다.

④ 기업의 투자자금이 되는 가계부문의 저축이 증가할 것이다.

✔해설 ④ 마이너스 금리 정책은 금리를 낮추어 가계의 저축 유인을 감소시키고 소비를 촉진하는 것이 목적이다. 가계는 낮은 이자율로 인해 저축보다 소비를 증가시킬 가능성이 크기 때문에 기업의 투자자금이 되는 가계 저축이 증가하지 않는다.

Answer 1.③ 2.④

3 주요 국제통화제도 또는 협정에 대한 설명으로 옳은 것은?

① 1960년대 미국의 경상수지 흑자는 국제 유동성 공급을 줄여 브레튼우즈(Bretton Woods)체제를 무너뜨리는 요인이었다.

② 1970년대 초 금 태환을 정지시키고 동시에 미 달러화를 평가절상하면서 브레튼우즈체제는 종식되었다.

③ 1970년대 중반 킹스턴(Kingston)체제는 통화로서 금의 역할을 다시 확대하여 고정환율체제로의 복귀를 시도하였다.

④ 1980년대 중반 플라자(Plaza)협정으로 미 달러화의 평가절하가 추진되었다.

> ✔해설 ① 브레튼우즈 체제가 붕괴된 주요 원인 중 하나는 미국의 경상수지 적자와 과도한 달러 공급 때문이다.
> ② 1971년 닉슨 대통령이 금 태환 정지(Nixon Shock)를 선언했지만, 이는 달러 평가절상이 아니라 평가절하가 되었다.
> ③ 킹스턴 체제는 금의 역할을 공식적으로 축소한 체제이다.

4 인플레이션 비용에 대한 설명으로 옳지 않은 것은?

① 기대인플레이션율의 상승은 화폐보유의 기회비용을 증가시킨다.

② 인플레이션이 발생하면 민간부문으로부터 정부부문으로 부가 이전된다.

③ 메뉴비용으로 일부 기업들이 가격조정을 자주 하지 않는다면 인플레이션율이 상승할수록 상대가격 변화가 커진다.

④ 실제 인플레이션율이 기대인플레이션율보다 낮으면 대여자에게서 차입자에게로 소득이 이전된다.

> ✔해설 ④ 실제 인플레이션이 기대보다 낮다면, 대출 계약 시 명목이자율이 기대인플레이션을 반영하여 결정되기 때문에 차입자가 손해를 보고 대여자가 이익을 본다. 실제 인플레이션이 기대보다 낮으면, 차입자의 실질 상환 부담이 증가하고, 대여자는 실질 수익이 증가한다.

5 디플레이션에 대한 설명으로 옳지 않은 것은?

① 소비가 지연됨에 따라 GDP에 부정적인 영향을 줄 수 있다.

② 인플레이션과 마찬가지로 부와 소득의 재분배가 초래될 수 있다.

③ 주식 및 부동산 가격 하락은 부의 효과(wealth effect)를 통해 소비를 더 크게 위축시킬 수 있다.

④ 전월 물가상승률이 10%에서 금월 1%로 하락하였다면 디플레이션이 발생한 것이다.

> ✔해설 ④ 전월 물가상승률이 10%에서 금월 1%로 하락하였다면 물가상승률이 둔화한 것에 해당한다. 디플레이션은 물가 수준 자체가 하락하는 것이다.

Answer 3.④ 4.④ 5.④

6 국채에 대한 설명으로 옳지 않은 것은?

① 국채의 수익률곡선이란 국채의 만기와 만기수익률 간의 관계를 나타낸 것이다.

② 만기수익률과 국채가격은 정(+)의 관계에 있다.

③ 유동성 프리미엄이론에 따르면 투자자들이 유동성위험을 감안하여 장기채권보다는 단기채권을 더 선호한다.

④ 일반적으로 정부의 국채발행은 확장적 재정정책을 위한 재원조달 목적으로 이루어진다.

> ✔해설 ② 채권 가격과 금리는 반비례 관계이다. 만기수익률(Yield)이 상승하면, 국채 가격(Bond Price)은 하락한다. 만기 수익률과 국채가격은 음(−)의 관계이다.

7 DB형 퇴직연금의 특징으로 옳은 것은?

① 퇴직급여는 근로자의 운용 성과에 따라 변동되며 근로자가 투자 위험을 부담한다.

② 근로자가 직접 자신의 퇴직연금을 운용하며 다양한 금융상품을 선택할 수 있다.

③ 사용자가 부담하는 비용이 일정하지 않고 퇴직급여 지급을 위해 추가 부담이 발생할 수 있다.

④ 퇴직 후 지급받는 연금액은 사전에 정해진 확정급여율이 아니라 운용 수익률에 따라 변동된다.

> ✔해설 ① DB형 퇴직연금에서는 근로자가 아닌 회사(사용자)가 투자 위험을 부담한다.
> ② DB형 퇴직연금은 회사가 운용하며, 근로자가 직접 투자하지 않는다.
> ④ DB형 퇴직연금은 퇴직 후 지급받는 금액이 사전에 확정된다.

8 ISA(Individual Savings Account)의 특징으로 옳지 않은 것은?

① 한 사람이 여러 개의 계좌를 개설하여 운용할 수 있다.

② 발생한 금융소득은 일정 한도 내에서 비과세 혜택이 적용된다.

③ 예 · 적금, 펀드, ETF 등 다양한 금융상품을 한 계좌에서 운용할 수 있다.

④ 일정 기간 동안 계좌를 유지하면 만기 시 세제 혜택을 받을 수 있다.

> ✔해설 ① 1인 1계좌가 원칙이다.

Answer 6.② 7.③ 8.①

9   지급준비율이 인상되면 시장에서 나타나는 현상은?

① 시중은행의 대출 여력이 증가하여 시장에 유동성이 확대된다.

② 중앙은행이 국채를 매입하는 효과와 같아 통화량이 증가한다.

③ 은행의 지급준비금이 증가하여 대출이 감소하고 통화량이 축소된다.

④ 시중 금리가 하락하여 소비와 투자가 촉진된다.

> ✔해설 ① 지급준비율 인상은 오히려 은행의 대출 여력을 줄여 유동성을 축소된다.
> ② 중앙은행이 국채를 매입(QE, 양적완화)하면 시장에 유동성이 증가하지만, 지급준비율 인상은 반대 효과가 나타난다.
> ④ 지급준비율이 인상되면 자금 공급이 줄어들어 금리는 상승한다.

10   ROE가 높게 나타나는 기업의 특징으로 옳지 않은 것은?

① 높은 순이익을 창출하여 자기자본 대비 이익이 크다.

② 자산 회전율이 낮아도 ROE가 높게 유지될 수 있다.

③ 부채를 적절히 활용하여 자기자본 대비 수익성을 높일 수 있다.

④ 고부가가치 사업을 영위하여 높은 이익률을 확보할 가능성이 크다.

> ✔해설 ② ROE는 기업이 자기자본을 활용하여 얼마나 효율적으로 이익을 창출하는지를 나타내는 지표이다. 자산 회전율이 낮으면 ROE가 하락한다.

Answer 9.③ 10.②

1 [주관식] 다음 제시된 금액을 확인하여 DSR을 구하시오.

> • 연소득 : 5,000만 원
> • 주택담보대출 연간 상환액 : 1,500만 원
> • 신용대출 연간 상환액 : 500만 원
> • 학자금 대출 연간 상환액 : 200만 원

(   )

✔ 해설 총 원리금 상환액 = 1,500 + 500 + 200 = 2,200만 원

$$DSR = \left(\frac{2,200}{5,000}\right) \times 100 = 44\%$$

2 자본자산가격결정모형(Capital Asset Pricing Model)에 따르면 무위험이자율이 3%이고, 시장의 위험프리미엄은 8%, 베타가 1.5인 주식의 기대수익률은?

(   )

✔ 해설 $E(R) = R_f + \beta(R_m - R_f)$ 공식에 따라 숫자를 넣는다. $E(R) = 3 + (1.5 \times 8) = 15\%$
주식의 기대수익률은 15%가 된다.

3 명목이자율(Nominal Interest Rate)이 실질이자율(Real Interest Rate)과 예상 인플레이션율(Expected Inflation Rate)의 합으로 결정된다는 이론은?

(   )

✔ 해설 '피셔효과'이다.

Chapter 04 시사

시사는 경영과 경제, 금융과 관련된 최신 시사용어가 출제된다. 최근에 시행되고 있는 통화정책과 재정정책에 대해서 잘 알아두고 있는 것이 필요하다.

□ 디커플링

국가와 국가, 또는 한 국가와 세계의 경제흐름이 탈동조화(脫同調化) 되는 현상으로 한 나라 또는 일정 국가의 경제가 인접한 다른 국가나 보편적인 세계 경제의 흐름과는 달리 독자적인 경제흐름을 보이는 현상을 말한다. 크게는 국가경제 전체, 작게는 주가나 금리 등 국가경제를 구성하는 일부 요소에서 나타나기도 한다. 수출과 소비, 주가 하락과 환율 상승 등과 같이 서로 관련있는 경제요소들이 탈동조화 현상을 포괄하는 개념이다.

□ 트럼프 트레이드

도널드 트럼프(Donald Trump) 미국 대통령 당선 이후, 그의 경제 정책(감세, 인프라 투자, 보호무역 등)에 대한 기대감으로 금융시장과 경제에 나타난 투자 흐름과 트렌드를 의미하는 용어이다. 주요 특징으로는 미국 증시 상승, 국채 금리 상승, 달러 강세, 금융주 · 산업재 강세, 보호무역 정책, 관세 부과, 기술주 변동성 확대 등이 있다.

□ 태스크포스

전문가로 구성된 문제해결을 위한 유기한의 임시조직으로 '특수임무가 부여된 특별 편제의 기동부대'란 뜻의 군사용어에서 유래됐다. 태스크포스팀은 직위의 권한보다도 능력이나 지식의 권한으로 과제에 대응하며, 성과 달성 후에는 팀이 해체되고 구성원들은 기존조직으로 복귀하는 유연성이 부가된다.

□ 파이어족

경제적 자립을 통해 조기 은퇴하려는 사람들로, '경제적 자립(Financial Independence)'을 토대로 자발적 '조기 은퇴(Retire Early)'를 추진하는 사람들을 말한다. 이들은 일반적인 은퇴 연령인 50 ~ 60대가 아닌

30대 말이나 늦어도 40대 초반까지는 조기 은퇴의 목표를 가진다. 따라서 20대부터 소비를 줄이고 수입의 70 ~ 80% 이상을 저축하는 등의 극단적 절약을 선택하기도 한다. 파이어족들은 원하는 목표액을 달성해서 부자가 되는 것이 목표가 아니라, 조금 덜 쓰고 덜 먹더라도 자신이 하고 싶은 일을 하면서 사는 것을 목표로 한다.

☐ 초전도

특정 온도 이하에서 전기 저항이 완전히 사라지는 물리적 현상으로 온도에서 물질을 냉각시키면 전기저항과 내부 지속밀도가 0이 되는 물리적인 현상을 말한다. 전류가 에너지 손실 없이 영구적으로 흐를 수 있다. 이때 온도를 임계온도라고 한다.

☐ 빅데이터

정형 · 반정형 · 비정형 데이터세트의 집적물, 그리고 이로부터 경제적 가치를 추출 및 분석할 수 있는 기술로 기존 데이터보다 방대하여 기존의 방법으로는 수집 · 저장 · 분석 등이 어려운 정형 · 비정형 데이터를 뜻한다. 빅 데이터의 '세 가지 V'로 알려진 특징은 데이터의 크기, 속도 및 다양성이다.

① 크기(Volume) : 일반적으로 수십 테라바이트에서 수십 페타바이트 이상의 규모를 말한다.

② 다양성(Variety) : 다양한 소스 및 형식의 데이터를 포함한다(예 : 웹 로그, 소셜 미디어 상호 작용, 금융 트랜잭션 등).

③ 속도(Velocity) : 대용량의 데이터를 빠르게 처리하고 분석할 수 있다. 따라서 데이터를 하루 단위에서 실시간에 이르기까지 상대적으로 짧은 시간 내에 수집, 저장, 처리 및 분석한다.

☐ 핀테크

'금융(Finance)'과 '기술(Technology)'의 합성어로 모바일, SNS, 빅데이터 등 새로운 IT 기술을 활용한 금융 서비스를 말한다. 송금, 결제, 펀드, 자산관리 등 기존 금융 서비스를 ICT와 결합해 기존 서비스를 해체 및 재해석하였다. 핀테크 기업과 금융기관이 협업을 통해 앱 기반 간편결제시스템, 금융데이터 분석, 금융 슈퍼앱 등의 서비스가 발전하고 있다.

☐ 인포데믹

'정보(Information)'와 '전염병(Epidemic)'의 합성어로, 잘못된 정보가 전염병처럼 빠르게 퍼져나가는 것을 뜻하며 '정보전염병'이라고도 불린다. 수많은 정보 속에서 잘못된 정보가 인터넷, 미디어를 통해 전염병처럼 빠르고 광범위하게 퍼져나가는 것을 말한다.

□ 구두창비용

인플레이션(물가 상승)으로 인해 현금을 보유하는 비용이 증가하여, 사람들이 은행 방문과 같은 금융 거래를 더 자주 하게 되면서 발생하는 경제적 비용을 의미한다. 현금을 자주 인출하면서 신발이 닳는다는 비유에서 유래했다.

□ 메뉴비용

물가 상승(인플레이션)으로 인해 기업이 가격을 조정하는 과정에서 발생하는 비용을 의미한다. 기업이 새로운 가격을 설정하고 이를 소비자에게 반영하는 데 드는 시간, 노동, 자원 등의 비용을 포함한다. 레스토랑이 물가 상승으로 인해 메뉴판을 자주 교체해야 하는 비용에서 유래했다.

□ 매몰비용(Sunk Cost)

선택으로 인해 포기한 최대 가치를 기회비용(보이지 않는 비용)이라고 하면, 매몰비용은 선택하면서 발생한 비용(보이는 비용) 중 다시 회수할 수 없는 비용을 말한다.

□ 데드 캣 바운스(Dead Cat Bounce)

주가가 큰 폭으로 하락한 후, 일시적으로 반등하는 현상이다. 투자자들이 하락세가 끝났다고 착각하고 매수했다가 다시 하락하는 경우가 많다.

□ 옵션 쇼크

옵션 만기일(네 마녀의 날 등)에 대규모 프로그램 매매가 발생하면서 주가가 급변하는 현상을 의미한다.

□ 빅 피그(Big Figure, 빅 피겨)

주가지수나 환율이 특정 큰 숫자를 돌파할 때의 시장 반응을 의미한다.

□ 스캘핑(Scalping)

초단기 매매 전략으로, 매우 짧은 시간(몇 초~몇 분) 동안 주식을 사고팔아 작은 차익을 쌓아가는 투자 방식이다. 변동성이 큰 종목에서 많이 활용된다.

□ 네 마녀의 날(Quadruple Witching Day)

주가지수 선물, 주가지수 옵션, 개별 주식 옵션, 개별 주식 선물의 만기일이 겹치는 날을 의미한다. 주로 3월, 6월, 9월, 12월의 셋째 주 금요일이다. 시장 변동성이 커지고, 거래량이 급증할 가능성이 높다.

서킷 브레이커(Circuit Breaker)

주식시장이 과열되거나 급락할 때 주식 거래를 일정 시간 동안 정지하는 제도에 해당한다. 발동 기준은 1단계 8% 하락 시 20분간 거래 정지, 2단계 15% 하락 시 20분간 거래 정지, 3단계 20% 하락 시 당일 거래 정지이다.

R의 공포(Recession Fear)

경기침체(Recession)에 대한 두려움이 금융시장에 영향을 미치는 현상을 의미한다. 경제 성장률 둔화, 기업 실적 악화, 소비 위축과 관련된다.

디지털 달러(Digital Dollar)

미국 연방준비제도(Fed)에서 추진하는 중앙은행 디지털화폐(CBDC)에 해당한다. 기존 화폐를 대체하거나 보완할 목적으로 개발하고 있는 것이다.

QT(Quantitative Tightening, 양적 긴축)

중앙은행이 시중에 풀린 돈(유동성)을 줄이는 정책이다. 금리 인상과 함께 진행된다. 국채·MBS 매각 등을 통해 유동성을 회수한다.

QE(Quantitative Easing, 양적 완화)

중앙은행이 채권을 매입하여 시중에 유동성을 공급하는 정책이다. 경제 활성화 및 경기 부양을 위한 조치에 해당한다.

리보금리(LIBOR)

국제 금융시장에서 은행 간 단기 대출(자금 조달) 시 적용되는 기준 금리이다. 글로벌 금융거래에서 중요한 벤치마크 금리로, 대출·채권·파생상품의 금리 기준 역할을 한다. 1986년부터 사용되었으며, 미국 달러(USD), 유로(EUR), 영국 파운드(GBP), 일본 엔(JPY), 스위스 프랑(CHF) 등 여러 통화에 대해 책정된다. 2023년 6월부로 LIBOR는 완전히 폐지되고, 새로운 기준 금리(SOFR 등)로 대체되었다.

SOFR(Secured Overnight Financing Rate)

미국 연방준비제도(Fed)와 뉴욕연방은행(NY Fed)이 발표하는 새로운 벤치마크 금리로, 리보 금리를 대체하는 무위험 기준 금리(RFR, Risk-Free Rate)이다. LIBOR는 은행 간 단기 신용대출을 기준으로 했지만, SOFR은 담보부(미국 국채) 대출을 기준으로 한다. 미국 국채를 담보로 하는 환매조건부채권(Repo, 레포) 시장에서의 익일 대출 금리를 평균 내어 산출한다. 무위험 금리(Risk-Free Rate, RFR)이며 시장 기반 금리이며 글로벌 금융시장에 표준화가 되고 있다.

다음 기사를 확인하고 나타날 수 있는 경제현상으로 옳지 않은 것은?

> R의 공포 확산… 경기 침체 우려 속 금융시장 불안 가중
>
> 전 세계 경제가 R(Recession, 경기침체)의 공포에 휩싸이고 있다. 최근 글로벌 금융 시장에서는 주요국의 경제 성장 둔화와 소비 위축이 뚜렷해지면서 경기 침체(recession)에 대한 우려가 커지고 있다. 특히, 미국과 유럽을 중심으로 중앙은행의 긴축 정책이 장기화되면서 기업과 가계의 부담이 증가하고 있는 가운데, 금융시장도 불안정한 모습을 보이고 있다. 최근 발표된 주요 경제지표들은 경기 둔화를 시사하고 있다. 다우존스지수는 최근 3주 연속 하락하며 투자심리 위축하였고 국내 코스피는 2,400선이 붕괴되며 하락세 지속되고 있다. 비트코인 가격도 10% 이상 급락하면서 금융시장도 흔들리고 있다.

① 실업률이 증가하고 소비 심리가 위축된다.
② 기업 투자 감소로 인해 경제 성장률이 둔화된다.
③ 중앙은행이 금리를 인상한다.
④ 금융시장 불안으로 인해 주가가 하락할 가능성이 커진다.

③ 경기침체 국면에서는 물가상승 압력이 약해지므로 금리 인상이 아니라 금리 인하를 고려할 가능성이 높다.

답 ③

1 메뉴비용(Menu Cost)에 대한 설명으로 옳지 않은 것은?

① 메뉴비용이 크면 기업은 가격을 자주 변경하지 않으려는 경향이 있다.

② 인플레이션이 진행될수록 메뉴비용이 증가한다.

③ 기업이 가격을 조정할 때 발생하는 물리적 비용뿐만 아니라 소비자의 정보 탐색 비용도 포함한다.

④ 가격이 한 번 변경된 후에는 더 이상 발생하지 않는다.

> ✔ **해설** ④ 가격 변경 이후에도 다음 가격 조정을 할 때마다 메뉴비용이 지속적으로 발생한다.

2 다음 기사와 관련된 용어로 적절한 것은?

> 최근 국내 소비자들이 현금 사용을 줄이고, 자금을 더욱 효율적으로 관리하려는 경향이 강해지고 있다. 고물가·고금리 시대가 지속되고 있기 때문이다.
>
> 서울에 거주하는 직장인 김모(35)씨는 최근 지갑에서 현금을 찾아보기 어렵다. "예전에는 비상금을 항상 현금으로 들고 다녔지만, 요즘은 물가가 계속 오르다 보니 현금을 보유하는 게 손해처럼 느껴져요. 은행 이체를 통해 필요할 때만 사용하고 있습니다."
>
> 은행들은 계좌이체 건수가 급증하면서 새로운 금융 시스템을 도입하고 있다. A은행 관계자는 "인플레이션이 지속되면서 고객들이 현금을 보유하기보다 자금을 유동적으로 운용하려는 경향이 강해지고 있다. 이에 따라 ATM 이용 건수는 줄었지만, 모바일뱅킹과 인터넷뱅킹을 통한 거래량이 20% 이상 증가했다"고 밝혔다. 기업들도 현금 보유에 신중한 태도를 보이고 있다. 대기업 B사의 재무팀 관계자는 "고금리와 인플레이션이 지속되는 상황에서 현금을 보유하는 것은 기회비용이 너무 크다. 가급적 단기 금융상품이나 안전한 자산에 분산 투자해 유동성을 유지하고 있다"고 말했다.

① 구두창비용   ② 필립스 곡선

③ 절대우위   ④ DTI

> ✔ **해설** ② 실업률과 인플레이션 간의 반비례 관계를 설명하는 경제 이론이다.
> ③ 한 국가가 다른 국가보다 특정 재화를 더 효율적으로 생산할 수 있는 능력을 의미한다.
> ④ 개인의 연소득 대비 주택담보대출의 원리금(이자+원금) 상환액이 차지하는 비율을 나타내는 지표이다.

Answer 1.④ 2.①

3 다음 기사 이후에 발생할 수 있는 현상으로 적절하지 않은 것은?

> 정부가 부동산 시장 활성화를 위해 담보인정비율(LTV, Loan to Value)을 상향 조정하기로 결정했다. 이번 조치는 최근 부동산 거래 침체가 지속되면서 수요를 회복하고, 주택 매매 시장을 부양하기 위한 정책의 일환이다. 정부는 기존 LTV 한도를 60%에서 70%까지 변경하며, 생애최초 주택 구매자의 경우 LTV 최대 80%까지 허용, 조정대상지역 및 투기과열지구 규제 완화 검토 중에 있다. 이에 따라, 주택 구매자의 대출 한도가 증가하면서 시장 회복 가능성이 커질 것으로 예상된다. 부동산 업계에서는 이번 LTV 상향 조치가 부동산 시장 회복의 전환점이 될 수 있다고 기대하고 있다.

① 부동산 구매자의 대출 한도가 증가하여 주택시장 수요가 증가할 가능성이 높다.
② 부동산 가격 상승 압력이 커질 수 있다.
③ 금융기관의 대출 리스크가 감소하여 건전성이 개선된다.
④ 가계부채 증가로 인해 금융시장 불안정성이 커질 수 있다.

✔️**해설** ③ LTV 상승은 금융기관의 리스크를 증가시킨다.

4 SOFR에 대한 설명으로 옳은 것은?

① 은행 간 단기 무담보 대출 시장에서 형성되는 금리이다.
② LIBOR를 대체하기 위해 도입된 금리이며 실제 담보 거래를 기반으로 한다.
③ 시장 참가자의 신용 리스크를 반영하여 변동성이 크다.
④ 개별 은행이 보고한 이자율을 기반으로 산출된다.

✔️**해설** ① 무담보(Unsecured)가 아니라 미국 국채를 담보로 한 Repo(환매조건부거래) 시장에서 형성된다.
③ 담보(미국 국채)를 기반으로 하므로 신용 리스크가 거의 없다.
④ LIBOR는 은행들이 자체 보고한 금리를 바탕으로 산출되었으나, SOFR은 실제 거래 데이터를 기반으로 계산된다.

5 중앙은행 디지털화폐(CBDC)의 특징으로 옳지 않은 것은?

① 중앙은행이 직접 발행하는 디지털 형태의 법정화폐이다.
② 비트코인과 같은 암호화폐와 동일한 방식으로 운영되며 탈중앙화된 네트워크에서 작동한다.
③ 기존의 현금 및 은행예금과 함께 결제 및 금융 시스템에서 활용될 수 있다.
④ CBDC를 도입하면 금융포용성을 높이고 현금 사용 감소에 따른 비용 절감 효과를 기대할 수 있다.

✔️**해설** ② CBDC는 중앙은행이 직접 통제하며, 탈중앙화된 네트워크에서 운영되는 중앙집권적 시스템에서 발행되는 디지털 화폐이다.

Answer 3.③ 4.② 5.②

주관식 출제예상문제

1   중앙은행이 보유한 자산(국채·MBS 등)을 축소하여 시중의 유동성을 줄이는 통화정책을 의미하는 용어는?

(   )

✔ 해설 '양적긴축'에 해당한다.

2   선택하면서 발생한 비용 중 다시 회수할 수 없는 비용을 의미하는 용어는?

(   )

✔ 해설 '매몰비용'에 해당한다.

PART

03

면접

Chapter 01 면접의 기본

1 면접준비

(1) 경쟁력 있는 면접 요령

① 면접 전에 준비하고 유념할 사항

  ㉠ 예상 질문과 답변을 미리 작성한다.

  ㉡ 작성한 내용을 문장으로 외우지 않고 키워드로 기억한다.

  ㉢ 지원한 회사의 최근 기사를 검색하여 기억하고 관련 산업군의 최근 기사를 검색하여 기억한다.

  ㉣ 면접 전 1주일간 이슈가 되는 뉴스를 기억하고 자신의 생각을 반영하여 정리한다.

  ㉤ 찬반토론에 대비한 주제를 목록으로 정리하여 자신의 논리를 내세운 예상답변을 작성한다.

② 면접장에서 유념할 사항

  ㉠ **질문의 의도 파악** : 답변을 할 때에는 질문 의도를 파악하고 그에 충실한 답변을 해야 한다. 많은 지원자가 하는 실수 중 하나로 답변을 하는 도중 자기 말에 심취되어 질문의 의도와 다른 답변을 하거나 자신이 알고 있는 지식만을 나열하면 의사소통능력이 부족한 사람으로 인식될 수 있으므로 주의하도록 한다.

  ㉡ **답변은 두괄식** : 답변을 할 때에는 두괄식으로 결론을 먼저 말하고 그 이유를 설명하는 것이 좋다. 미괄식으로 답변을 할 경우 용두사미의 답변이 될 가능성이 높으며, 결론을 이끌어 내는 과정에서 논리성이 결여될 우려가 있다. 또한 면접관이 결론을 듣기 전에 말을 끊고 다른 질문을 추가하는 예상치 못한 상황이 발생될 수 있으므로 답변은 자신이 전달하고자 하는 바를 먼저 밝히고 그에 대한 설명을 하는 것이 좋다.

  ㉢ **지원한 회사의 기업정신과 인재상을 기억** : 답변을 할 때에는 회사가 원하는 인재라는 인상을 심어주기 위해 지원한 회사의 기업정신과 인재상 등을 염두에 두고 답변을 하는 것이 좋다. 모든 회사에 해당되는 두루뭉술한 답변보다는 지원한 회사에 맞는 맞춤형 답변을 하는 것이 좋다.

  ㉣ **난처한 질문은 정직한 답변** : 난처한 질문에 답변을 해야 할 때에는 피하기보다는 정면 돌파로 정직하고 솔직하게 답변하는 것이 좋다. 난처한 부분을 감추고 드러내지 않으려 회피하려는 지원자의 모습은 인사담당자에게 입사 후에도 비슷한 상황에 처했을 때 회피할 수도 있다는 우려를 심어줄 수 있다. 따라서 직장생활에 있어 중요한 덕목 중 하나인 정직을 바탕으로 솔직하게 답변을 하도록 한다.

(2) 면접의 종류 및 준비 전략

① **인성면접 준비전략** : 인성면접은 입사지원서나 자기소개서의 내용을 바탕으로 하는 경우가 많으므로 자신이 작성한 입사지원서와 자기소개서의 내용을 충분히 숙지하도록 한다. 또한 최근 사회적으로 이슈가 되고 있는 뉴스에 대한 견해를 묻거나 시사상식 등에 대한 질문을 받을 수 있으므로 이에 대한 대비도 필요하다. 자칫 부담스러워 보이지 않는 질문으로 가볍게 대답하지 않도록 주의하고 모든 질문에 입사 의지를 담아 성실하게 답변하는 것이 중요하다.

② **발표면접 준비전략** : 발표면접의 시작은 과제 안내문과 과제 상황, 과제 자료 등을 정확하게 이해하는 것에서 출발한다. 과제 안내문을 침착하게 읽고 제시된 주제 및 문제와 관련된 상황의 맥락을 파악한 후 과제를 검토한다. 제시된 기사나 그래프 등을 충분히 활용하여 주어진 문제를 해결할 수 있는 해결책이나 대안을 제시하며, 발표를 할 때에는 명확하고 자신 있는 태도로 전달할 수 있도록 한다.

③ **토론면접 준비전략** : 토론면접은 무엇보다 팀워크와 적극성이 강조된다. 따라서 토론과정에 적극적으로 참여하며 자신의 의사를 분명하게 전달하며, 갈등상황에서 자신의 의견만 내세울 것이 아니라 다른 지원자의 의견을 경청하고 배려하는 모습도 중요하다. 갈등상황을 일목요연하게 정리하여 조정하는 등의 의사소통능력을 발휘하는 것도 좋은 전략이 될 수 있다.

④ **상황면접 준비전략** : 상황면접은 먼저 주어진 상황에서 핵심이 되는 문제가 무엇인지를 파악하는 것에서 시작한다. 주질문과 세부질문을 통하여 질문의 의도를 파악하였다면, 그에 대한 구체적인 행동이나 생각 등에 대해 응답할수록 높은 점수를 얻을 수 있다.

⑤ **역할면접 준비전략** : 역할연기 면접에서 측정하는 역량은 주로 갈등의 원인이 되는 문제를 해결 하고 제시된 해결방안을 상대방에게 설득하는 것이다. 따라서 갈등해결, 문제해결, 조정·통합, 설득력과 같은 역량이 중요시된다. 또한 갈등을 해결하기 위해서 상대방에 대한 이해도 필수적인 요소이므로 고객 지향을 염두에 두고 상황에 맞게 대처해야 한다. 역할면접에서는 변별력을 높이기 위해 면접관이 압박적인 분위기를 조성하는 경우가 많기 때문에 스트레스 상황에서 불안해하지 않고 유연하게 대처할 수 있도록 시간과 노력을 들여 충분히 연습하는 것이 좋다.

(2) 면접 예절

① 행동 관련 예절

　ⓐ **지각은 절대금물** : 시간을 지키는 것은 예절의 기본이다. 지각을 할 경우 면접에 응시할 수 없거나, 면접 기회가 주어지더라도 불이익을 받을 가능성이 높아진다. 따라서 면접장소가 결정되면 교통편과 소요시간을 확인하고 가능하다면 사전에 미리 방문해 보는 것도 좋다. 면접 당일에는 서둘러 출발하여 면접 시간 20~30분 전에 도착하여 회사를 둘러보고 환경에 익숙해지는 것도 성공적인 면접을 위한 요령이 될 수 있다.

ⓛ 면접 대기 시간 : 지원자들은 대부분 면접장에서의 행동과 답변 등으로만 평가를 받는다고 생각하지만 그렇지 않다. 면접관이 아닌 면접진행자 역시 대부분 인사실무자이며 면접관이 면접 후 지원자에 대한 평가에 있어 확신을 위해 면접진행자의 의견을 구한다면 면접진행자의 의견이 당락에 영향을 줄 수 있다. 따라서 면접 대기 시간에도 행동과 말을 조심해야 하며, 면접을 마치고 돌아가는 순간까지도 긴장을 늦춰서는 안 된다. 면접 중 압박적인 질문에 답변을 잘 했지만, 면접장을 나와 흐트러진 모습을 보이거나 욕설을 한다면 면접 탈락의 요인이 될 수 있으므로 주의해야 한다.

ⓒ 입실 후 태도 : 본인의 차례가 되어 호명되면 또렷하게 대답하고 들어간다. 만약 면접장 문이 닫혀 있다면 상대에게 소리가 들릴 수 있을 정도로 노크를 두세 번 한 후 대답을 듣고 나서 들어가야 한다. 문을 여닫을 때에는 소리가 나지 않게 조용히 하며 공손한 자세로 인사한 후 성명과 수험번호를 말하고 면접관의 지시에 따라 자리에 앉는다. 이 경우 착석하라는 말이 없는데 먼저 의자에 앉으면 무례한 사람으로 보일 수 있으므로 주의한다. 의자에 앉을 때에는 끝에 앉지 말고 무릎 위에 양손을 가지런히 얹는 것이 예절이라고 할 수 있다.

ⓔ 옷매무새를 자주 고치지 마라. : 일부 지원자의 경우 옷매무새 또는 헤어스타일을 자주 고치거나 확인하기도 하는데 이러한 모습은 과도하게 긴장한 것 같아 보이거나 면접에 집중하지 못하는 것으로 보일 수 있다. 남성 지원자의 경우 넥타이를 자꾸 고쳐 맨다거나 정장 상의 끝을 너무 자주 만지작거리지 않는다. 여성 지원자는 머리를 계속 쓸어 올리지 않고, 특히 짧은 치마를 입고서 신경이 쓰여 치마를 끌어 내리는 행동은 좋지 않다.

ⓜ 다리를 떨거나 산만한 시선은 면접 탈락의 지름길 : 자신도 모르게 다리를 떨거나 손가락을 만지는 등의 행동을 하는 지원자가 있는데, 이는 면접관의 주의를 끌 뿐만 아니라 불안하고 산만한 사람이라는 느낌을 주게 된다. 따라서 가능한 한 바른 자세로 앉아 있는 것이 좋다.

② 답변 관련 예절

ⓐ 면접관이나 다른 지원자와 가치 논쟁을 하지 않는다. : 질문을 받고 답변하는 과정에서 면접관 또는 다른 지원자의 의견과 다른 의견이 있을 수 있다. 특히 평소 지원자가 관심이 많은 문제이거나 잘 알고 있는 문제인 경우 자신과 다른 의견에 대해 이의가 있을 수 있다. 하지만 주의할 것은 면접에서 면접관이나 다른 지원자와 가치 논쟁을 할 필요는 없다는 것이며 오히려 불이익을 당할 수도 있다. 정답이 정해져 있지 않은 경우에는 가치관이나 성장배경에 따라 문제를 받아들이는 태도에서 답변까지 충분히 차이가 있을 수 있으므로 굳이 면접관이나 다른 지원자의 가치관을 지적하고 고치려 드는 것은 좋지 않다.

ⓑ 답변은 항상 정직해야 한다. : 면접이라는 것이 아무리 지원자의 장점을 부각시키고 단점을 축소시키는 것이라고 해도 절대로 거짓말을 해서는 안 된다. 거짓말을 하게 되면 지원자는 불안하거나 꺼림칙한 마음이 들게 되어 면접에 집중을 하지 못하게 되고 수많은 지원자를 상대하는 면접관은 그것을 놓치지 않는다. 거짓말은 그 지원자에 대한 신뢰성을 떨어뜨리며 이로 인해 다른 스펙이 아무리 훌륭하다고 해도 채용에서 탈락하게 될 수 있음을 명심하도록 한다.

ⓒ 경력직인 경우 전 직장에 대해 험담하지 않는다. : 지원자가 전 직장에서 무슨 업무를 담당했고 어떤 성과를 올렸는지는 면접관이 관심을 둘 사항일 수 있지만, 이전 직장의 기업문화나 상사들이 어땠는지는 그다지 궁금해 하는 사항이 아니다. 전 직장에 대해 험담을 늘어놓는다든가, 동료와 상사에 대한 악담을 하게 된다면 오히려 지원자에 대한 부정적인 이미지만 심어줄 수 있다. 만약 전 직장에 대한 말을 해야 할 경우가 생긴다면 가능한 한 객관적으로 이야기하는 것이 좋다.

ⓔ 자기 자신이나 배경에 대해 자랑하지 않는다. : 자신의 성취나 부모 형제 등 집안사람들이 사회·경제적으로 어떠한 위치에 있는지에 대한 자랑은 면접관으로 하여금 지원자에 대해 오만한 사람이거나 배경에 의존하려는 나약한 사람이라는 이미지를 갖게 할 수 있다. 따라서 자기 자신이나 배경에 대해 자랑하지 않도록 하고, 자신이 한 일에 대해서 너무 자세하게 얘기하지 않도록 주의해야 한다.

❷ 면접 질문 및 답변 포인트

(1) 가족 및 대인관계에 관한 질문

① 당신의 가정은 어떤 가정입니까?

면접관들은 지원자의 가정환경과 성장과정을 통해 지원자의 성향을 알고 싶어 이와 같은 질문을 한다. 비록 가정 일과 사회의 일이 완전히 일치하는 것은 아니지만 '가화만사성'이라는 말이 있듯이 가정이 화목해야 사회에서도 화목하게 지낼 수 있기 때문이다. 그러므로 답변 시에는 가족사항을 정확하게 설명하고 집안의 분위기와 특징에 대해 이야기하는 것이 좋다.

② 친구 관계에 대해 말해 보십시오.

지원자의 인간성을 판단하는 질문으로 교우관계를 통해 답변자의 성격과 대인관계능력을 파악할 수 있다. 새로운 환경에 적응을 잘하여 새로운 친구들이 많은 것도 좋지만, 깊고 오래 지속되어온 인간관계를 말하는 것이 더욱 바람직하다.

(2) 성격 및 가치관에 관한 질문

① 당신의 PR포인트를 말해 주십시오.

PR포인트를 말할 때에는 지나치게 겸손한 태도는 좋지 않으며 적극적으로 자기를 주장하는 것이 좋다. 앞으로 입사 후 하게 될 업무와 관련된 자기의 특성을 구체적인 일화를 더하여 이야기하도록 한다.

② 당신의 장·단점을 말해 보십시오.

지원자의 구체적인 장·단점을 알고자 하기 보다는 지원자가 자기 자신에 대해 얼마나 알고 있으며 어느 정도의 객관적인 분석하고 개선의 노력 등을 시도하는지를 파악하고자 하는 것이다. 따라서 장점을 말할 때는 업무와 관련된 장점을 뒷받침할 수 있는 근거와 함께 제시하며, 단점을 이야기할 때에는 극복을 위한 노력을 반드시 포함해야 한다.

③ 가장 존경하는 사람은 누구입니까?

존경하는 사람을 말하기 위해서는 우선 그 인물에 대해 알아야 한다. 잘 모르는 인물에 대해 존경한다고 말하는 것은 면접관에게 바로 지적당할 수 있으므로, 추상적이라도 좋으니 평소에 존경스럽다고 생각했던 사람에 대해 그 사람의 어떤 점이 좋고 존경스러운지 대답하도록 한다. 또한 자신에게 어떤 영향을 미쳤는지도 언급하면 좋다.

(3) 학교생활에 관한 질문

① 지금까지의 학교생활 중 가장 기억에 남는 일은 무엇입니까?

가급적 직장생활에 도움이 되는 경험을 이야기하는 것이 좋다. 또한 경험만을 간단하게 말하지 말고 그 경험을 통해서 얻을 수 있었던 교훈 등을 예시와 함께 이야기하는 것이 좋으나 너무 상투적인 답변이 되지 않도록 주의해야 한다.

② 성적은 좋은 편이었습니까?

면접관은 이미 서류심사를 통해 지원자의 성적을 알고 있다. 그럼에도 불구하고 이 질문을 하는 것은 지원자가 성적에 대해서 어떻게 인식하느냐를 알고자 하는 것이다. 성적이 나빴던 이유에 대해서 변명하려 하지 말고 담백하게 받아들이고 그것에 대한 개선노력을 했음을 밝히는 것이 적절하다.

(4) 지원동기 및 직업의식에 관한 질문

① 왜 우리 회사를 지원했습니까?

이 질문은 어느 회사나 가장 먼저 물어보고 싶은 것으로 지원자들은 기업의 이념, 대표의 경영능력, 재무구조, 복리후생 등 외적인 부분을 설명하는 경우가 많다. 이러한 답변도 적절하지만 지원 회사의 주력 상품에 관한 소비자의 인지도, 경쟁사 제품과의 시장점유율을 비교하면서 입사동기를 설명한다면 상당히 주목 받을 수 있을 것이다.

② 만약 이번 채용에 불합격하면 어떻게 하겠습니까?

불합격할 것을 가정하고 회사에 응시하는 지원자는 거의 없을 것이다. 이는 지원자를 궁지로 몰아넣고 어떻게 대응하는지를 살펴보며 입사 의지를 알아보려고 하는 것이다. 이 질문은 너무 깊이 들어가지 말고 침착하게 답변하는 것이 좋다.

③ 당신이 생각하는 바람직한 사원상은 무엇입니까?

직장인으로서 또는 조직의 일원으로서의 자세를 묻는 질문으로 지원하는 회사에서 어떤 인재상을 요구하는 가를 알아두는 것이 좋으며, 평소에 자신의 생각을 미리 정리해 두어 당황하지 않도록 한다.

④ 직무상의 적성과 보수의 많음 중 어느 것을 택하겠습니까?

이런 질문에서 회사 측에서 원하는 답변은 당연히 직무상의 적성에 비중을 둔다는 것이다. 그러나 적성만을 너무 강조하다 보면 오히려 솔직하지 못하다는 인상을 줄 수 있으므로 어느 한 쪽을 너무 강조하거나 경시하는 태도는 바람직하지 못하다.

⑤ 상사와 의견이 다를 때 어떻게 하겠습니까?

과거와 다르게 최근에는 상사의 명령에 무조건 따르겠다는 수동적인 자세는 바람직하지 않다. 회사에서는 때에 따라 자신이 판단하고 행동할 수 있는 직원을 원하기 때문이다. 그러나 지나치게 자신의 의견만을 고집한다면 이는 팀원 간의 불화를 야기할 수 있으며 팀 체제에 악영향을 미칠 수 있으므로 선호하지 않는다는 것에 유념하여 답해야 한다.

(5) 여가 활용에 관한 질문 – 취미가 무엇입니까?

기초적인 질문이지만 특별한 취미가 없는 지원자의 경우 대답이 애매할 수밖에 없다. 그래서 가장 많이 대답하게 되는 것이 독서, 영화감상, 혹은 음악감상 등과 같은 흔한 취미를 말하게 되는데 이런 취미는 면접관의 주의를 끌기 어려우며 설사 정말 위와 같은 취미를 가지고 있다하더라도 제대로 답변하기는 힘든 것이 사실이다. 가능하면 독특한 취미를 말하는 것이 좋으며 이제 막 시작한 것이라도 열의를 가지고 있음을 설명할 수 있으면 그것을 취미로 답변하는 것도 좋다.

(6) 지원자를 당황하게 하는 질문

① 성적이 좋지 않은데 이 정도의 성적으로 우리 회사에 입사할 수 있다고 생각합니까?

비록 자신의 성적이 좋지 않더라도 이미 서류심사에 통과하여 면접에 참여하였다면 기업에서는 지원자의 성적보다 성적 이외의 요소, 즉 성격·열정 등을 높이 평가했다는 것이라고 할 수 있다. 그러나 이런 질문을 받게 되면 지원자는 당황할 수 있으나 주눅 들지 말고 침착하게 대처하는 면모를 보인다면 더 좋은 인상을 남길 수 있다.

② 당신은 이 회사에 적합하지 않은 것 같군요.

이 질문은 지원자의 입장에서 상당히 곤혹스러울 수밖에 없다. 질문을 듣는 순간 그렇다면 면접은 왜 참가시킨 것인가 하는 생각이 들 수도 있다. 하지만 당황하거나 흥분하지 말고 침착하게 자신의 어떤 면이 회사에 적당하지 않는지 겸손하게 물어보고 지적당한 부분에 대해서 고치겠다는 의지를 보인다면 오히려 자신의 능력을 어필할 수 있는 기회로 사용할 수도 있다.

③ 다시 공부할 계획이 있습니까?

이 질문은 지원자가 합격하여 직장을 다니다가 공부를 더 하기 위해 회사를 그만 두거나 학습에 더 관심을 두어 일에 대한 능률이 저하될 것을 우려하여 묻는 것이다. 이때에는 당연히 학습보다는 일을 강조해야 하며, 업무 수행에 필요한 학습이라면 업무에 지장이 없는 범위에서 야간학교를 다니거나 회사에서 제공하는 연수 프로그램 등을 활용하겠다고 답변하는 것이 적당하다.

1 인성 관련 질문

- 자기소개를 1분 안에 해보세요.
- 영어로 지원자를 간단하게 소개해보세요.
- 당사의 지원동기를 말해보세요.
- 마지막으로 하고 싶은 말은?
- 이직 또는 퇴직사유를 말해보세요.
- 지원자의 취미를 소개해보세요.
- 자사 말고 타 회사는 어디를 지원했는지 그리고 그 결과를 어땠는지 말해보세요.
- 지방근무(비연고지 근무)가 가능한가요?
- 입사 후의 포부를 말해보세요.
- 자신의 장점(강점)을 말해보세요.
- 지원 분야에 대한 자신의 강점은 무엇인가?
- 살아오면서 힘들었던 경험을 말해보세요.
- 지원자를 채용해야 하는 이유를 말해보세요.
- 지원자의 특기를 설명해보세요.
- 본인의 장단점을 말해보세요.
- 지원자의 학교 전공을 소개해보세요.
- 아르바이트 경험이 있다면 말해보세요.
- 동아리 경험이 있다면 말해보세요.
- 프로젝트 경험이 있다면 소개해보세요.
- 최근에 읽은 책이 있다면 말해보세요.
- 지원자 자신의 성격은 어떠하다고 생각하나요?
- 지원자가 생각하는 자시의 이미지는 어떠한지 말해보세요.
- 존경하는 인물 또는 롤 모델이 되었던 인물이 있다면 말해보세요.
- 지원자가 입사하게 되면 회사에 어떻게 기여를 하시겠습니까?
- 자사의 영업점을 방문해 본 적이 있는가? 있다면 그 소감을 말해보세요.

- 자사의 개선점이 무엇인지 말해보세요.
- 최근에 관심 있게 본 신문, 뉴스 기사는?
- 전공이 직무와 맞지 않는데 지원한 이유는 무엇인가?
- 지원자의 학교에서 받은 학점에 대해 어떻게 생각하는가?
- 당사에서 몇 년까지 일할 생각인가?
- 지원자는 친구가 많은가? 본인의 친구들을 소개해보세요.
- 우리 회사에 지원자가 아는 사람이 있는가?
- 면접경험이 있는가? 오늘 면접이 몇 번째 면접인가?
- 지원자의 공모전 경험이 있다면 소개해보세요.
- 자사 면접을 위해 준비한 것은 무엇인지 말해보세요.
- 조직생활 경험이나 단체생활 경험이 있다면 말해보세요.
- 가장 감명 깊게 본 영화는 무엇인가요?
- 창의력을 발휘하여 혁신적인 것을 이뤄본 경험이 있다면 말해보세요.
- 당사의 지점(영업점)이 몇 개인지 아십니까?
- 지원자는 주로 어떤 신문을 보나요?
- (인턴) 인턴을 통해 지원자가 얻고자 하는 것은 무엇인가요?
- 지원자가 생각하는 행복이란 무엇인가요?
- 뉴스 또는 신문 등을 볼 때 가장 관심 있게 보는 분야는 무엇인가요?
- 당사가 해외진출 시 필요한 전략은 무엇인가?
- 오늘 면접 올 때 부모님께서 무슨 말씀을 해 주셨는가?
- 지원자 중에서 누가 최고로 잘하고 있는지 말해보세요.
- 취업을 위해 지원자가 준비하는 것은 무엇인가?
- 자신의 성격이 지원한 분야에 어떻게 활용될 수 있는지 설명해보세요.
- 입사 후 어떤 상사와 일을 하고 싶은가?
- 당사의 최근 수익, 자산규모는 어느 정도인지 알고 있는가?
- 누군가를 감동시킨 경험이 있는가?
- 오늘 면접자 중 같이 입사하고픈 지원자 한 명을 지목해보세요.
- 지원자는 설득하는 편인가 아니면 설득을 당하는 편인가?
- 서울 숲의 넓이를 추정해보세요.
- 전국의 두루마리 휴지 길이를 추정해보세요.
- 고객이 선물을 준다면 받을 것인가?

② 직무 관련 질문

- 여기 면접관들에게 남산타워를 판매한다고 생각하고 영업을 해보세요.
- 상속과 증여의 차이를 말해보세요.
- 영업이란 무엇이라고 생각하는가?
- 즉석에서 임의의 상품을 선정하여 팔아보세요.
- 영업을 잘하기 위한 방법 또는 영업에서 가장 중요한 점은 무엇이라고 생각하는가?
- 진상 손님을 응대해 본 경험이 있다면 말해보세요.
- 고객의 10억을 어떻게 운용할 것인지 설명해보세요.
- 본인이 운영하는 블로그나 SNS 활동에 대해서 말해보세요.
- 콜 금리에 대해 아는 대로 말해보세요.
- 관세를 부과하는 정책이 경제에 미치는 영향에 대해서 설명해보세요.
- 즉석에서 금융상품 신규고객 300명을 유치해 오시오
- 미래 금융권의 모습을 말해보세요.
- 주가의 변동 원인은 무엇이라고 생각하는가?
- 최근 국내외 경제 동향 중 은행업에 가장 큰 영향을 미치는 요소는 무엇이라고 생각하는가?
- 금리 인상이 은행의 수익성과 고객 서비스에 어떤 영향을 미칠 것이라 생각하는가?
- 현재 금융 시장에서 가장 중요한 이슈는 무엇이며, 은행이 이에 어떻게 대응해야 한다고 생각하는가?
- 디지털 뱅킹과 전통적 은행 서비스의 차이점과 향후 발전 방향에 대해 말해보세요.
- 은행의 주 수익원은 무엇이며, 이를 극대화할 수 있는 방안에 대해 말해보세요.
- VIP 고객 관리 전략은 어떻게 설정해야 한다고 생각하는가?
- 고객이 높은 금리를 요구하며 타 은행과 비교할 때, 이를 어떻게 설득하시겠습니까?
- 고객의 금융 니즈를 파악하고 맞춤형 금융 상품을 추천하는 방법에 대해 설명해보세요.
- 은행이 금융 규제 준수를 위해 가장 신경 써야 할 부분에 대해 설명해보세요.
- 고객의 개인 정보를 보호하면서도 맞춤형 금융 상품을 제안하는 방법에 대해 설명해보세요.
- 핀테크 기업과 은행의 차이점은 무엇이며, 은행이 핀테크와 협력해야 하는 이유는 무엇이라고 생각하는가?
- 디지털 뱅킹이 고객 서비스에 미치는 긍정적·부정적 영향에 대해 설명해보세요.
- 모바일 뱅킹과 전통적인 지점 방문 서비스의 장단점에 대해 설명해보세요.
- 비대면 금융 서비스가 활성화되면서 은행 지점의 역할은 어떻게 변화해야 한다고 생각하는가?
- 은행 영업 실적을 높이기 위해 어떤 전략을 활용할 수 있을까에 대해 설명해보세요.
- 은행원이 금융 윤리를 지키면서도 영업 목표를 달성하기 위해 가져야 할 태도에 대해 설명해보세요.
- 금리 인상(혹은 인하)이 은행의 수익성과 대출·예금 상품에 미치는 영향에 대해 설명해보세요.

- 고물가 · 고금리 시대에서 은행이 취할 수 있는 전략에 대해 설명해보세요.
- 환율 변동이 은행의 외화 예금 및 외환거래에 미치는 영향에 대해 설명해보세요.
- 경제 불황 시 은행의 역할과 고객 지원 방안에 대해 설명해보세요.
- 최근 한국은행의 통화정책 변화가 은행업에 미치는 영향에 대해 설명해보세요.
- 비대면 금융 서비스의 확대가 은행의 미래에 미치는 영향과 대응 전략에 대해 설명해보세요.
- 핀테크 · 빅테크 기업과의 경쟁 속에서 은행의 생존 전략에 대해 설명해보세요.
- 디지털 뱅킹과 전통적 은행 지점 운영의 장단점 비교 및 개선 방안에 대해 설명해보세요..
- AI · 빅데이터 기술을 활용한 은행의 맞춤형 금융 서비스 혁신 방안에 대해 설명해보세요.
- 블록체인 기술과 중앙은행 디지털화폐(CBDC)의 도입이 은행업에 미치는 영향에 대해 설명해보세요.
- ESG(환경 · 사회 · 지배구조) 경영이 은행업에 중요한 이유와 실천 방안에 대해 설명해보세요.
- 친환경 금융상품(예: 녹색채권, ESG펀드)의 성장 가능성과 은행의 역할에 대해 설명해보세요.
- 소비자 보호와 지속 가능한 금융을 위한 은행의 책임에 대해 설명해보세요.
- 사회적 책임을 다하는 은행의 역할과 CSR(기업의 사회적 책임) 활동 전략에 대해 설명해보세요.
- 리스크 관리가 은행의 안정성과 지속 성장에 미치는 영향에 대해 설명해보세요.
- 은행의 건전성 확보를 위한 자본 적정성 규제(Basel Ⅲ)란 무엇이며, 은행에 어떤 영향을 미치는지에 대해서 설명해보세요.
- 디지털 금융 사기(보이스피싱, 해킹 등) 증가에 따른 은행의 대응 방안에 대해 설명해보세요.
- 고령화 사회에서 은행의 연금 · 자산관리 서비스 발전 방향에 대해 설명해보세요.
- 미국의 금리 정책 변화가 한국은행과 금융시장에 미치는 영향에 대해 설명해보세요.
- 국제 금융 시장에서 한국 은행의 경쟁력을 높이기 위한 전략에 대해 설명해보세요.
- MZ세대 고객 확보를 위한 은행의 차별화 전략에 대해 설명해보세요.
- 빅데이터 · AI 기술을 활용한 은행의 맞춤형 금융 서비스 제공 전략에 대해 설명해보세요.
- 10년간 은행 산업에서 가장 큰 변화는 무엇이며, 이에 대한 대응 전략에 대해 설명해보세요.
- 오픈뱅킹(Open Banking)과 마이데이터(MyData) 사업이 은행업에 미치는 영향에 대해 설명해보세요.
- 최근 금융권에서 강조되는 금융 윤리와 컴플라이언스(준법감시)의 중요성에 대해 설명해보세요.
- 디지털 금융이 확대되면서 발생할 수 있는 금융 소외 문제와 해결 방안에 대해 설명해보세요.
- 고객 맞춤형 금융 서비스 제공과 개인정보 보호 사이에서 은행이 취해야 할 균형점에 대해 설명해보세요.
- 은행권의 불완전판매 방지를 위한 개선 방안에 대해 설명해보세요.
- 금융 소비자 보호를 강화하기 위한 은행의 역할과 과제에 대해 설명해보세요.
- 한국 금융 시장 개방과 외국계 은행과의 경쟁에서 국내 은행이 나아가야 할 방향에 대해 설명해보세요.
- 해외 은행과 국내 은행의 주요 차이점에 대해 설명해보세요.

면접 질문 답변해보기

MZ세대 고객 확보를 위한 은행의 차별화 전략에 대해 설명해보세요.

답변

예상답변
MZ세대는 디지털 친화적이며, 개인 맞춤형 서비스와 편리함을 중요하게 생각하는 소비층입니다. 이를 반영하여 은행이 MZ세대를 확보하기 위해서는 다음과 같은 차별화 전략이 필요하다고 생각합니다.

오픈뱅킹(Open Banking)과 마이데이터(MyData) 사업이 은행업에 미치는 영향에 대해 설명해보세요.

답변

예상답변
오픈뱅킹과 마이데이터 사업은 은행업에 기회와 도전을 동시에 제공하고 있습니다. 고객 중심의 맞춤형 서비스 제공이 더욱 중요해졌으며, 은행은 디지털 금융 혁신과 데이터 기반의 개인화 서비스를 통해 경쟁력을 강화해야 합니다. 앞으로 은행이 단순한 금융 서비스 제공자가 아닌, 종합 금융 플랫폼으로 변화하는 것이 필수적이라고 생각합니다.

은행의 건전성 확보를 위한 자본 적정성 규제(Basel III)란 무엇이며, 은행에 어떤 영향을 미치는지에 대해서 설명해보세요.

답변

예상답변
Basel III는 은행의 자본 적정성을 강화하여 금융 시스템의 안정성을 높이는 데 중요한 역할을 합니다. 하지만 자본 확충 부담 증가로 인해 은행의 수익성이 일시적으로 낮아질 수 있으며, 대출 심사 기준 강화와 유동성 관리 변화가 요구됩니다. 따라서 은행들은 안정적인 자본 관리와 리스크 대응 능력을 향상시키면서도, 수익성 유지를 위한 전략을 병행해야 합니다.

은행 영업 실적을 높이기 위해 어떤 전략을 활용할 수 있을까에 대해 설명해보세요.

답변

예상답변
은행의 영업 실적을 높이기 위해서는 고객 중심의 맞춤형 서비스, 디지털 혁신, 법인 및 VIP 고객 대상 차별화된 금융 서비스 제공이 핵심이라고 생각합니다. 고객이 은행을 단순한 금융기관이 아니라, 라이프스타일 전반을 지원하는 파트너로 인식하도록 만드는 것이 장기적으로 성공적인 영업 전략이 될 것입니다.

친환경 금융상품(예: 녹색채권, ESG펀드)의 성장 가능성과 은행의 역할에 대해 설명해보세요.

답변

예상답변
친환경 금융상품의 성장은 단순한 금융 트렌드가 아니라, 지속 가능한 성장을 위한 필수 요소입니다. 은행은 ESG 금융을 활성화함으로써 기업과 투자자에게 새로운 기회를 제공하고, 장기적으로 금융 시장의 건전성과 지속가능성을 높이는 역할을 해야 합니다. 앞으로 은행들은 친환경 금융상품을 확대하고, ESG 기반의 금융 혁신을 선도하는 방향으로 나아가야 할 것입니다.

VIP 고객 관리 전략은 어떻게 설정해야 한다고 생각하는가?

답변

예상답변
VIP 고객 관리는 단순한 금융 거래를 넘어, 맞춤형 금융 솔루션과 프리미엄 서비스를 제공하여 고객의 신뢰와 충성도를 높이는 것이 핵심입니다. 이를 위해 자산관리 전문성을 강화하고, 차별화된 혜택과 네트워크를 제공하며, 디지털 프라이빗 뱅킹을 적극 도입하는 전략이 필요하다고 생각합니다.

가볍게! 빠르게! 확인하는 용어사전 시리즈

시사용어사전 | 경제용어사전 | 부동산용어사전

시사용어사전 1228

매일 접하는 각종 기사와 정보! 공기업/언론사/기업체/공무원 채용을 준비하는 수험생과
현대인이 꼭 알아야 할 최신 시사상식을 쏙쏙 뽑아 이해하기 쉽도록 영역별로 정리

경제용어사전 1050

주요 경제용어는 거의 다 실었다! 금융권/공기업/언론사/기업체/공무원 채용을 준비하기 전에,
경제 공부를 시작하기 전에 읽어보면 경제가 쉬워지도록 사전식으로 구성

부동산용어사전 1310

부동산에 대한 이해를 높이고 부동산의 개발과 활용, 투자 및 부동산 용어 학습에도
적극적으로 이용할 수 있는 교재, 공인중개사 출제용어도 수록